AF606363

SUEÑOS SABIOS

LISA MARCHIANO, DEBORAH STEWART
Y JOSEPH LEE

SUEÑOS SABIOS

Una guía inspirada en Jung para descubrir el significado oculto de tus sueños y transformar tu vida

Traducción de Montserrat Asensio
Prólogo de James Hollis

Autoconocimiento

DIANA

Obra editada en colaboración con Editorial Planeta – España

Título original: *Dream Wise*

Bajo el sello editorial DIANA M.R.
Avenida Presidente Masaryk núm. 111,
Piso 2, Polanco V Sección, Miguel Hidalgo
C.P. 11560, Ciudad de México
www.planetadelibros.com.mx

Primera edición impresa en España: marzo de 2026
ISBN: 978-84-1119-319-1

Primera edición impresa en México: abril de 2026
ISBN: 978-607-39-4124-2

Impreso en los talleres de Impregráfica Digital, S.A. de C.V.
Avenida 11 # 463, interior bodega 2, Colonia San Nicolas Tolentino
Iztapalapa, CDMX, C.P. 09850
Impreso en México – *Printed in Mexico*

Dedicamos este libro a nuestros profesores, a nuestros analistas, a los oyentes de This Jungian Life *y a nuestros clientes y sus sueños*

El sueño es una pequeña puerta oculta en el rincón más íntimo y secreto del alma, que se abre a esa noche cósmica primigenia que fue psique mucho antes de que existiera el ego consciente, y que seguirá siendo psique por mucho que se expanda la consciencia del ego.

C. G. Jung

SUMARIO

PRÓLOGO

¿Quién de nosotros no se ha despertado alguna vez en pleno sueño preguntándose de dónde han salido esas imágenes, qué podrían significar y si las hemos entendido o no? ¿Quién de nosotros no ha deseado encontrar la llave con la que descifrar las imágenes, con frecuencia opacas, con las que la psique nos invita a dialogar con la consciencia? Eso es precisamente lo que nos ofrece *Sueños sabios*: un libro que combina teoría, herramientas prácticas para la interpretación de sueños y numerosos ejemplos de trabajo onírico al mismo tiempo que mantiene abierta la puerta al misterio de por qué soñamos y qué podrían estar pidiéndonos a cambio esos visitantes espectrales.

Un estudio sobre sueños concluyó que, si llegamos a cumplir los ochenta años, habremos pasado unos seis años de nuestra vida soñando. Soñando, no durmiendo (en este caso, el porcentaje es muchísimo más elevado). ¡Seis años soñando! Al parecer, los sueños están profundamente ligados a nuestra naturaleza y a su esfuerzo por procesar, metabolizar, corregir y sanar las fisuras que todos albergamos en nuestro interior. Otros estudios indican que tenemos hasta seis sueños por noche, muchos más de los que recordamos. La mayor cantidad que he recibido de un cliente fue de dieciocho sueños en una sola semana, todos ellos maravillosamente mecanografiados y registrados. Sin embargo, la mayoría de nosotros solo recordamos fragmentos inconexos. Y, lo que resulta aún más perturbador, la mayoría de nosotros encontramos una interpretación inmediata y cómoda para esos recuerdos («Ah, es lo que vi por la tele el otro día»), que nos «explica» de un modo eficaz qué significa el sueño y cierra así la puerta a su otredad radical, a ese desafío que lanza a la consciencia del ego, a la que reta a conversar y a expandirse mediante esta invitación al diálogo.

Como todos sabemos, el problema con el inconsciente es, precisamente, que es inconsciente. No podemos decir nada definitivo acerca de él y, sin embargo, gran parte de lo que le atribuimos se manifiesta en nuestros comportamientos, en nuestras fantasías, en nuestros patrones de autosabotaje, etc. Prestar atención a los sueños, por recónditas que puedan parecer sus formas, es una manera de abrir la puerta y vislumbrar lo que sucede bajo el umbral de la consciencia. Y los sueños están al alcance de la mano.

No creo que exista nada semejante a un «mal» sueño. Aunque a veces no nos guste su contenido ni nos invite a responsabilizarnos, o incluso aunque nos asuste, todos los sueños forman parte del esfuerzo de la psique por sanar, por corregir y por invitarnos a una participación más informada. Jung llamó a esta actividad de la psique la *función trascendente*: el esfuerzo del alma por tender un puente entre nuestros dos mundos y ponerlo al servicio tanto del desarrollo como de la sanación. Tanto los sueños como los síntomas son ejemplos de la función trascendente en acción. El inconsciente permanece alejado de la consciencia del ego, pero los síntomas, y también los sueños, sí que son conscientes y cada uno de estos visitantes está a caballo entre ambos reinos. Si respetamos y atendemos estas manifestaciones del inconsciente, por fin podremos empezar a discernir la dirección hacia la que la psique quiere conducirnos.

Trabajar con los sueños nos exige enfrentarnos a una paradoja: hay algo profundo en el interior de todos nosotros, un *locus* de energía autónoma que nos conoce mejor de lo que nosotros mismos nos conocemos. En palabras de Jung: ¿quién no querría conversar con un sabio de dos millones de años que llama a nuestra puerta, que conoce todo lo que sabe la naturaleza y que, quizá, el soñador ha olvidado? Cada noche, esta fuente de sabiduría natural llama a nuestra puerta para invitarnos a conversar. Visto de este modo, ¿cómo podríamos no prestarle atención y respeto?

Recuerdo a una clienta a la que le pedí que intentara recordar sus sueños, y ella, habiendo solicitado terapia, respondió: «Ah, pero es que no quiero que me conozca tan bien». Como cabe imaginar, tuvimos que sortear algunos obstáculos durante nuestro trabajo, aunque su ambivalencia era comprensible. Respetar un sueño es una lección de humildad. Le dice al ego: «Mira, aquí tienes algo que no sabías de ti mismo. ¿Qué vas a hacer al respecto?». Sin embargo, si uno persevera en el proceso, con el tiempo el trabajo se vuelve primero gratificante y, luego, transformador. Lo que sucede en este proceso es un desplazamiento de la «autoridad»: pasa de residir «afuera» (en el mundo externo, al que debemos rendir cuentas a diario) a residir en las verdades fundamentales de nuestro mundo interior (esa realidad interna a la que también se nos pide que rindamos cuentas y respetemos).

Los sueños no son necesariamente agradables paseos por esferas algodonosas y nos pueden llevar a lugares muy oscuros. Sin embargo, si la psique identifica la necesidad de adentrarnos en ellos, hacer caso omiso no hará que la dificultad desaparezca. Simplemente volverá a sumergirse bajo la superficie, hará metástasis y se manifestará en nuestras relaciones y en nuestros torpes titubeos en esa intersección entre destino inevitable y destino posible, donde nuestras decisiones conscientes son más importantes que nunca, pero también donde más las descuidamos. En este caso, es posible que acabemos trasladando la carga de nuestros asuntos pendientes a nuestros hijos, quienes heredarán el viaje evolutivo que nosotros hemos olvidado o evitado.

Jung nos plantea una pregunta reveladora: ¿qué te sostiene cuando nada te sostiene? ¿A qué puedes recurrir cuando las instrucciones del mundo te han hecho descarrilar? ¿Con qué puedes contar cuando el mundo que has construido se vuelve inhabitable? Entonces, en esa oscuridad, una luz parpadeante se prende y el sueño aparece. Recuerdo que, una vez, durante mi cuarto año de análisis en Zúrich, salí de una sesión de terapia con otro sueño que apuntaba al tema al que me estaba enfrentando en aquel momento. Tras cuatro años de terapia y una considerable inversión de tiempo y dinero, era evidente que estaba muy comprometido con el proceso, pero, en ese instante, me di cuenta de que mi psique me había estado enviando el mismo mensaje una y otra vez. Supe entonces que resistirme era inútil y que la decisión que tenía ante mí era difícil, pero clara. En ese momento, el trabajo con los sueños dejó de ser una afirmación de la mente para convertirse en una experiencia sentida, de un compromiso intelectual a algo que reconfortaba el corazón. En la oscuridad, el sueño aparece no como un teletipo que nos dice qué hacer —como desearía el ego—, sino como una expresión simbólica del dilema, del lugar de donde ha surgido y de la tarea que nos pide que acometamos.

Sueños sabios es una guía práctica e informada para que trabajes con tus sueños. Está repleta de información reveladora acerca del proceso de creación de sueños, de la formación de símbolos y de la importancia de atender esta conversación con el mundo que habita en nuestro interior. Los autores, Marchiano, Stewart y Lee, son analistas junguianos con muchos años de experiencia a sus espaldas. Este trabajo con los sueños es real. Es posible que nos cautiven las formas que bailan ante los ojos de la mente, o las exigencias del mundo tangible que nos rodea, pero gran parte de ese mundo está también gobernado por el mundo invisible que mueve y moldea nuestras decisiones. El mundo interior es tan real como el mundo exterior, e incluso puede serlo más, porque nuestra presencia, nuestras decisiones y nuestro ser en esa arena exterior están regidos por la psique, no por el ego. La función de los sueños no es consolarnos ni facilitarnos la vida. Por eso muchos prestamos tan poca atención a ellos. Sin embargo, nos piden atención, respeto y humildad, y, en última instancia, responsabilidad en el mundo de la acción.

Sueños sabios es una aportación notable al campo de la psicología analítica y una guía práctica para trabajar con tus sueños. Tomarte en serio este libro significa tomarte en serio tu vida y, al hacerlo, descubrirás que esta se vuelve más profunda. Una autoridad serena irá creciendo en tu interior y te sostendrá cuando el resto del mundo no lo haga, y descubrirás que tu vida transcurre en el profundo misterio de tu tiempo en esta tierra, aunque al mismo tiempo habrá algo que te acompañe durante todo el proceso. Entonces, descubrirás lo que te sostiene cuando nada te sostiene. La idea de que algo en tu interior te conozca mejor de lo que tú mismo te conoces dejará de ser motivo de miedo para convertirse en fuente de consuelo. Entonces, la consciencia del ego se reconfigurará, se expandirá y se profundizará. Es imposible llegar a ese lugar sin antes atender a lo que tu interior desea expresar a través de ti. Ten la seguridad de que las herramientas, técnicas y actitudes que *Sueños sabios* describe con tanto acierto te acompañarán durante todo ese camino.

James Hollis
Analista junguiano, escritor

INTRODUCCIÓN

La llamada de la aventura

Si prestamos atención a nuestros sueños, en lugar de vivir en un mundo frío e impersonal de casualidades sin sentido, podemos empezar a emerger en un mundo propio, lleno de acontecimientos importantes y secretamente ordenados.

Marie-Louise von Franz

LA GUARDIANA DEL UMBRAL

Cabalgo a lomos de una bestia enorme y peluda, semejante a un mamut lanudo. Avanza a pasos lentos y pesados, y me lleva hacia lo que sé que es un gran cañón. Ante mí se alza un arco de roca por el que tendré que pasar para llegar al cañón y, sobre el arco, aguarda una mujer ataviada con una túnica. De algún modo, sé que le tengo que pedir permiso para entrar en el cañón. Justo entonces, un hombre a caballo galopa hacia el arco de entrada. Apenas se detiene un momento para saludar a la guardiana del umbral, que alza la mano para ordenarle que se detenga. Él hace caso omiso, espolea al caballo y cruza el arco a toda velocidad. La mujer se da la vuelta y, con un gesto de la mano, incinera al hombre y a su caballo. Me quedo sobrecogida.

Brynn tuvo este sueño cuando le quedaban un par de años para cumplir los cincuenta. Sus hijos ya iban a la universidad y ella se había mudado a una ciudad en la que no conocía a nadie. Tenía un trabajo abrumador y su marido trabajaba muchas horas al día. Sintiéndose sola y perdida, decidió probar con la psicoterapia, aunque dudaba de que pudiera ayudarle con problemas claramente circunstanciales.

La terapeuta de Brynn era de orientación junguiana y le sugirió que empezara a prestar atención a sus sueños. Brynn pensaba que era poco probable que hablar sobre ellos la ayudara a sentirse menos a la deriva o a gestionar mejor las presiones de su jefe, pero, al menos, parecía que la terapeuta tenía un plan. Semana tras semana, Brynn anotó lo que soñaba en un diario de sueños y habló de ello durante las sesiones de terapia. Le parecía interesante, aunque esencialmente irrelevante para resolver sus problemas de la «vida real».

Entonces, gracias a este sueño, Brynn experimentó su potente e independiente mundo interior. Fue como un recuerdo: había vivido el pesado avance hacia el cañón a lomos de la bestia, visto a la sacerdotisa y presenciado la ejecución del jinete. En lugar de recibir soluciones a sus problemas del mundo exterior, Brynn había accedido a un reino interior lleno de significados misteriosos y de energía vital. Un mundo nuevo se abría ante ella, y estaba dispuesta a adentrarse en él a lomos de su bestia.

La analista junguiana Marie-Louise von Franz observó que, aunque los sueños no pueden evitar que atravesemos los altibajos de la vida, sí pueden conectarnos con un sentido profundo, ofrecernos una guía valiosa ante las dificultades y ayudarnos a seguir nuestro propio destino.[1] El sueño de Brynn le ofrecía precisamente esa orientación. Le decía: «Crees que el problema es tu trabajo o la poca disponibilidad de tu marido. Pero lo que importa es más profundo».

El misterio de los sueños

Carl Gustav Jung (1875-1961), el célebre psiquiatra suizo, teórico y fundador de la psicología analítica, descubrió que los sueños hablan en un lenguaje primordial y transmiten la sabiduría del inconsciente. Si se comprenden, los sueños pueden informar y enriquecer nuestra vida consciente de manera significativa. En palabras de Jung, «todos los sueños nos transmiten, a su manera, un mensaje. No solo nos indican que algo no va bien en lo más profundo de nuestro ser, sino que también nos ofrecen una solución para resolver la crisis».[2]

Jung se dejó guiar por sus sueños durante toda su vida. En sus memorias, *Recuerdos, sueños, pensamientos*, narra sueños importantes que lo inspiraron y moldearon los acontecimientos de su vida plena y notable. Los sueños ayudaron a Jung a salir de encrucijadas vitales, lo confrontaron cuando se desviaba del rumbo y le señalaron lo que se perdía por el camino. También lo conectaron con los grandes temas transpersonales que marcaron su vida.

La interpretación de los sueños era un elemento fundamental del trabajo que Jung llevaba a cabo con sus pacientes. Estimó que, a lo largo de su vida, había interpretado unos ochenta mil sueños.[3] La manera sumamente matizada con la que Jung trabajaba con los sueños sentó las bases de la mayoría de las escuelas modernas de trabajo con sueños, y la interpretación de los sueños sigue siendo una de las piedras angulares del análisis junguiano. Por eso, la formación de los analistas incluye un estudio y una práctica muy rigurosos del lenguaje de los sueños: imágenes, símbolos y emociones.

> *Hay muchas cosas que pueden ser efectivas aunque no las comprendamos. Sin embargo, no cabe duda de que podemos potenciar su efecto si entendemos el sueño, algo que suele ser necesario, dada la facilidad con la que se desoye la voz del inconsciente.*
>
> C. G. Jung

Los tres nos formamos juntos como analistas junguianos y hemos trabajado con muchos soñadores (y con sus sueños), en ocasiones a lo largo de varios años. Hace mucho que los tres registramos nuestros sueños y trabajamos con ellos. Unos sueños que nos han confrontado, corregido y consolado. Hemos despertado del sueño sintiéndonos sobrecogidos o reconfortados. Hemos sido testigos, una y otra vez, de cómo los sueños apoyan, guían y desafían a nuestros pacientes y deshacen nudos angustiantes en sus vidas. Sabemos que los sueños están llenos de sentido.

Durante nuestra formación, pasamos muchas horas juntos estudiando teoría junguiana en una sala con vistas a la pintoresca Rittenhouse Square de Filadelfia. Nos ayudamos durante los exámenes y las tesis, nos acompañamos en pérdidas y derrotas, y celebramos y lloramos cuando las graduaciones nos separaron. Compartimos muchas comidas, infinitas tazas de café y muchas risas. Cuando finalizó nuestra formación y el proyecto común dejó de ofrecernos tiempo garantizado juntos, decidimos lanzar un pódcast como otra forma de colaboración creativa. Nos comprometimos a un año de experimento y, seis años después, nuestro pódcast semanal, *This Jungian Life*, sigue siendo tan satisfactorio, retador y significativo como el primer día.

Un gran manojo de llaves

Este libro es una guía práctica para la interpretación de los sueños, escrita con el propósito de traducir el complejo arte del trabajo con sueños en pasos manejables. Nuestro enfoque es fundamentalmente junguiano, y hemos diferenciado y secuenciado las principales teorías junguianas sobre la interpretación de los sueños. Además, también hemos incluido en el libro aportaciones propias y técnicas que hemos ido desarrollando a lo largo de los años. Nuestro objetivo ha sido sintetizar y hacer accesibles los conceptos más útiles y prácticos del trabajo con sueños. Hemos presentado cada una de estas técnicas de modo que se puedan aplicar directamente y las hemos llamado *llaves*, porque abren la puerta al significado de los sueños. En los capítulos que siguen, explicamos las llaves, las ilustramos con uno o dos sueños de ejemplo y te enseñamos a aplicarlas a tus propios sueños. La mayoría de los capítulos incluyen también una breve exploración de motivos oníricos comunes, como ser perseguido, estar desnudo o sueños con animales o casas. Aunque los símbolos oníricos no tienen un significado fijo, te presentaremos distintas ideas que te orientarán cuando reflexiones acerca de estos temas habituales.

> *En última instancia, la mayoría de nuestras dificultades hunden sus raíces en la pérdida de contacto con el instinto, con la olvidada sabiduría ancestral que albergamos en nuestro interior. ¿Cómo podemos conectar con nuestro anciano o anciana interior? Soñando.*
>
> C. G. JUNG

A medida que avances en la lectura, irás adquiriendo llaves. Aprender a usar todo el manojo te ayudará a adquirir habilidad en el trabajo con sueños, pero tendrás que practicar. Te aconsejamos que uses las llaves que encontrarás en cada capítulo antes de pasar a las del siguiente, porque así te será más fácil ir absorbiendo la información. El objetivo es trabajar con los sueños, no leer acerca del trabajo con sueños. Al final del libro, encontrarás una lista con todas las llaves, para que las puedas localizar rápidamente. Una vez te hayas hecho con unas cuantas, puedes empezar a probarlas una a una cuando te encuentres con una puerta cerrada en tus sueños. Habrá llaves que no encajen, pero otras te revelarán información inspiradora.

Unas palabras acerca de los sueños de ejemplo. Todos los sueños que encontrarás en el libro son reales y han sido soñados por personas reales que nos han dado su autorización expresa para utilizarlos. También hemos incluido algunos de nuestros sueños; en estos casos, indicamos si pertenecen a Deb, Lisa o Joseph. Los sueños reales son caóticos. Aunque nos hemos esforzado en encontrar sueños que ilustren con claridad cada concepto, muchos encajarán con más de una llave o contendrán imágenes que no son directamente relevantes para el tema que tratamos. Aprender a sentirse cómodo con el caos inherente a los sueños es un elemento vital del trabajo con ellos.

Algunos de los sueños que incluimos son espectaculares y contienen imágenes fantásticas, como el de Brynn. La mayoría de nosotros tenemos sueños así, al menos de vez en cuando. Sin embargo, hemos procurado incluir muchos sueños «normales». Si tus sueños te parecen anodinos (fragmentos confusos con imágenes cotidianas que no suscitan emociones potentes), no te dejes intimidar por los sueños grandes y míticos que hemos incluido. Los sueños considerados ordinarios también son depósitos de una enorme riqueza: la tuya, hecha a medida para ti. Atesora tus sueños por simples, infrecuentes u opacos que te parezcan. Confía en que tu creador de sueños, ese sabio y misterioso «otro» que teje tus sueños, confecciona mensajes relevantes y te los envía solo a ti. Incluso un fragmento diminuto, aparentemente insignificante, puede suscitar una revelación profunda.

Espejos alrededor de una hoguera central

El inconsciente no encaja en compartimentos definidos. El analista junguiano Murray Stein explicó que, cuando uno de los alumnos de Jung criticó la falta de congruencia de uno de los puntos de su teoría, este respondió: «Tengo la mirada puesta en la hoguera central, e intento colocar espejos alrededor de ella para mostrársela a otros. A veces, los bordes de esos espejos dejan resquicios y no encajan exactamente. No lo puedo evitar. ¡Mira a lo que intento mostrar!».[4] Nosotros te pedimos lo mismo en relación con este libro. Es posible que encuentres resquicios, puntos en los que los conceptos no encajan a la perfección. Si alguno te desconcierta, sigue leyendo. El inconsciente (y los sueños que surgen de él) escapa al alcance de la razón, pero si nos aproximamos a él con el corazón abierto, la comprensión intuitiva hace su aparición.

También es posible que haya lugares donde los límites entre categorías sean borrosos o que aparezcan redundancias cuando dos o más ideas se solapen. Muchas de las llaves abordan conceptos similares desde perspectivas distintas. Cuando paseamos alrededor de una escultura, la vemos desde distintos ángulos y experimentamos su gestalt global. De un modo similar, cuando circunvalamos un sueño, exploramos un mismo material desde distintos puntos de vista y añadimos capas de significado que generan una comprensión multidimensional. Cuando el río desemboca en la bahía, es imposible decir qué es agua dulce y qué es agua salada. No te preocupes por la falta de límites claros entre los conceptos. Haz un esfuerzo por mantener la mirada en la hoguera del centro.

Aunque son muchas las personas que refieren dificultades para recordar lo que sueñan, la investigación ha demostrado que todos soñamos durante casi dos horas cada noche. Podemos soñar en cualquier momento, pero los sueños más vívidos suelen ocurrir durante la fase del sueño caracterizada por los movimientos oculares rápidos, conocida como sueño REM. El sueño REM es la cuarta etapa del sueño, una fase durante la que la frecuencia cardiaca se eleva y la actividad cerebral aumenta. Si bien los científicos no han podido explicar con exactitud por qué soñamos, hay pruebas de que soñar nos ayuda a consolidar recuerdos y a procesar emociones. Soñar es una actividad que se extiende por todo el reino animal: los mamíferos y las aves sueñan, e incluso parece que los pulpos y las arañas también sueñan.[5] Si soñar es tan prevalente, ha de conferir una clara ventaja adaptativa. Lo más probable es que sueñes todas las noches, incluso si nunca lo recuerdas. Si eres una de las muchas personas a las que les cuesta recordar lo que sueñan, al final del libro encontrarás un apéndice con consejos para facilitarlo. Si los aplicas con constancia (y recibes a tu creador de sueños con amabilidad sincera), tu capacidad para recordar lo que sueñas debería mejorar.

Trabajar con los sueños te exigirá que cultives una actitud nueva. Tendrás que relajar tu mente literal y aprender a sentirte cómodo con la incertidumbre, la paradoja e incluso la confusión. Si te cuesta, piensa en el trabajo con sueños como en un juego. El juego es algo serio, absorbente y alegre. Cuando jugamos, nos sumergimos en la tarea, dejamos en suspenso la mente racional y nos abrimos al mundo de la imaginación. Trabajar con los sueños requiere flexibilidad, fluidez y soltura con lo simbólico. Acercarte a los sueños con un espíritu lúdico te ayudará.

Tus salas desconocidas

Un sueño es como una casa con muchas salas y estancias espléndidas pero cerradas. Este libro te brinda llaves con las que abrirlas. Seguir las indicaciones del libro te ayudará si deseas conectar con tu sorprendente, iluminadora y constante vida interior. Siempre ha estado ahí, aguardándote. Si anhelas una perspectiva más profunda cuya presencia intuyes pero a la que aún no has podido acceder, este libro es para ti. Está dirigido a quienes desean encontrarse con esa parte fiel y constante de sí mismos, el creador de sueños que nos visita cada noche con regalos de sabiduría. También es para quienes estén dispuestos a emprender una aventura sin igual.

Tras el velo del sueño aguarda un mundo de imágenes míticas, encuentros improbables y belleza extraña. Los sueños son nuestros compañeros nocturnos y nos recuerdan que participamos en otra dimensión, más allá de la consciencia. Los sueños nos hacen saber que no estamos solos. Mientras que las horas de vigilia se ocupan de lo mundano, lo práctico y lo específico, nuestros sueños manifiestan una existencia que trasciende los límites de la consciencia y nos ofrecen otra perspectiva. Son la prueba, noche tras noche, de que hay algo grande, profundo, poderoso y misterioso que siempre está en acción bajo la superficie de la vida cotidiana.

CAPÍTULO 1

¿Por qué trabajar con los sueños?

Alcanzar la plenitud

Mi intuición consistió en la revelación repentina y muy inesperada de que mi sueño era yo, mi vida, mi mundo, toda mi realidad...

C. G. Jung

En sus memorias, que escribió unos años antes de morir a los ochenta y cinco años de edad, Jung reflexionaba acerca de su vida: «Me parece que he sido llevado. Existo sobre la base de algo que no conozco. A pesar de todas las incertidumbres, siento una solidez que subyace a toda existencia y una continuidad en mi modo de ser».[1] Jung se experimentaba a sí mismo como si una fuerza infinitamente vasta lo hubiera llevado hacia un destino invisible, en un proceso al que llamó *individuación*.

La individuación es el desarrollo más pleno posible de nuestro yo personal en una relación viva con el fundamento incognoscible que nos sostiene. Es un proceso que dura toda la vida y que consiste en crecer hasta convertirse en la persona que estamos destinados a ser. Hasta alcanzar la plenitud. De la misma manera que todas las bellotas contienen en su interior el patrón del roble que pueden llegar a ser, nuestras posibilidades y personalidades se desarrollan a lo largo del tiempo siguiendo un diseño innato. Pero, a diferencia de las bellotas, nosotros podemos intervenir en nuestro desarrollo. Ello requiere devoción por nuestra plenitud personal, confrontarnos con nosotros mismos y autoaceptación.

Para individuarnos, nos tenemos que entregar a un proceso que supera a nuestra comprensión consciente. Debemos cultivar un interés apasionado por nosotros mismos, especialmente por esas partes de nosotros que no nos gustan. La individuación nos exige que recibamos cada obstáculo, pena o decepción como una oportunidad para conocernos más profundamente, de modo que nos podamos desarrollar hasta convertirnos en la versión más plena posible de nosotros mismos. «El impulso de convertirnos en lo que somos es invenciblemente potente, y siempre podemos contar con ello —escribió Jung—, pero eso no significa que las cosas necesariamente salgan bien. Por mucho que uno no esté interesado en su propio destino, el inconsciente sí lo está».[2]

El compromiso con la individuación nos ayuda a hacer realidad nuestro patrón único. Cuando lo hacemos, permanecemos abiertos: al amor, a la crítica, al error, al sufrimiento, a la alegría. Sentimos nuestras emociones. Reconocemos nuestras debilidades, pero hacemos valer nuestras fortalezas. Nos mantenemos fieles a nosotros mismos y a nuestra verdad, pero no permanecemos a la defensiva más tiempo del necesario. Todos conocemos a personas que encarnan estos rasgos. Nos gusta estar cerca de ellas. Su humildad, apertura y calidez nos atraen. Son personas únicas que no se limitan a repetir mecánicamente opiniones convencionales. Percibimos su profundidad y, al mismo tiempo, su capacidad para jugar y reírse de sí mismas. Incluso cuando son ya muy mayores, conservan un espíritu joven y disfrutan intensamente de la vida.

En última instancia, la individuación es un proceso de integración del inconsciente. Requiere aceptar que somos más que nuestra personalidad consciente (el ego) y desear conocer al resto de nosotros. Los sueños son una de las mejores y más fiables maneras de explorar nuestras misteriosas profundidades. Dirigen nuestra atención hacia lo que hemos olvidado, descartado o dejado sin desarrollar. Son la puerta por la que las partes desconocidas, exiliadas o proscritas de nuestro ser encuentran el camino hacia la consciencia. Ser constante en el trabajo con los sueños facilita el diálogo entre lo superficial y lo profundo, y constituye una herramienta esencial en nuestro proceso de desarrollo personal.

¿Por qué trabajar con los sueños?

Nuestros sueños son abundantes y, si los entendemos, funcionan como una brújula hacia nuestro verdadero devenir. Son un conducto hacia el vasto e incognoscible fundamento del que hablaba Jung, y promueven y documentan la experiencia de dejarnos llevar. Como descubrió Jung: «En la psique hay cosas que no produzco yo, sino que se producen a sí mismas y tienen vida propia», y los sueños evidencian la vida independiente del alma.[3] Pueden parecer inescrutables y, sin embargo, ahí están: indiscutible y únicamente tuyos. Su sabiduría es específica para cada uno de nosotros y para nuestra situación vital, y aprender su lenguaje es la manera más directa y fiel de integrar el contenido del inconsciente en la consciencia y avanzar así hacia la individuación.

Los sueños abordan los asuntos pendientes de la jornada y anticipan acontecimientos futuros. El inconsciente integra información que la consciencia ha pasado por alto y, mediante los sueños, nos muestra lo que hemos omitido o malinterpretado. Como el inconsciente va por delante de la consciencia, los sueños pueden alertarnos de posibilidades y probabilidades que podrían presentarse más adelante. Los sueños promueven el equilibrio psicológico. Así como los procesos fisiológicos mantienen la homeostasis regulando funciones como la temperatura corporal o la tensión arterial, los sueños nos permiten restablecer el equilibrio psíquico compensando lo que está desequilibrado.

La consciencia no es tan fiable como nos gustaría creer. Al igual que un foco de luz, ofrece una iluminación intensa pero limitada. En palabras de Jung, es «frágil, vulnerable ante peligros específicos y fácilmente dañable».[4] Todos hemos experimentado malos humores, lapsos sociales y tormentas emocionales. El inconsciente, una vez reconocido e integrado, proporciona a la personalidad consciente una base psíquica más profunda y amplia, lo cual resulta profundamente tranquilizador y estabilizador.

Los sueños nos conectan con la fuente eterna y revitalizadora que Jung llamó *inconsciente colectivo*.[5] Como descubrió Brynn, los sueños nos proporcionan imágenes que no tienen nada que ver con nuestra experiencia personal. Estas imágenes provienen de formas universales que Jung denominó *arquetipos*, y suelen aparecer en el umbral de la consciencia mientras soñamos. Estas imágenes dinámicas vinculan nuestra vida cotidiana con el ámbito del mito, la religión y el símbolo. Captan nuestra atención, nos reorientan y nos liberan de los angostos confines del «no es más que un sueño». Nos conectan con el significado trascendente más allá de la consciencia y con la realidad mítica que subyace a esta. Nos conmueven.

Mediante los sueños, percibimos parte del significado y del misterio más profundos de la vida, y descubrimos que formamos parte de un todo más grande. Los sueños tienen *telos*, dirección y propósito: están al servicio de nuestro crecimiento. El inconsciente es más que un depósito de recuerdos personales y de acontecimientos olvidados; da lugar a revelaciones y descubrimientos sorprendentes que nos hacen avanzar.

> *Los sueños son la expresión de nuestra vida interior y nos muestran la actitud falsa que nos ha llevado a este callejón sin salida.*
>
> C. G. Jung

Los sueños nos confrontan con la sombra y, aunque las pesadillas pueden ser perturbadoras, sirven como proceso de refinamiento del ego, al enfrentarnos con aspectos ocultos o exiliados de nosotros mismos, los cuales, si se admitieran en la consciencia, nos dejarían menos a merced de ellos. Jung dice: «Si se superan, los conflictos [internos] más intensos dejan tras de sí una sensación de seguridad y calma que es muy difícil perturbar... Son precisamente esos conflictos intensos y su conflagración lo que necesitamos para obtener resultados valiosos y duraderos».[6] La sombra es inevitable. Y los sueños nos ofrecen la oportunidad de entenderla, en lugar de dejarnos sabotear por ella.

Los sueños son una puerta a la creatividad. Los sueños nos introducen en lo no pensado y en lo desconocido. Nos piden que los conozcamos en el reino de la imaginación y deambulemos, paseemos y cavilemos. Artistas y científicos, desde Salvador Dalí hasta Albert Einstein, se dejaron inspirar por sus sueños. La creatividad exige relacionarse con el inconsciente, que es la esencia del trabajo con los sueños y un aspecto fundamental de la individuación.

Cuando trabajamos con los sueños, el ego ya no ha de cargar solo con el peso de las vicisitudes de la vida. Ahora, lo acompaña un «otro» misterioso, que está presente y observa mientras navegamos por nuestra vida exterior. Por desconcertantes que puedan resultar, los sueños siempre nos ofrecen una perspectiva nueva y nos recuerdan que somos más que nuestro yo consciente y gobernado por el ego.

Sabiduría interior

Tus sueños pueden resultar extraños y difíciles de entender, porque surgen de una parte de ti que es misteriosa e inescrutable y, sin embargo, son tuyos. La sabiduría que contienen procede de ti y es específica para tu situación vital y tu psique (la totalidad de la mente, que incluye lo consciente y lo inconsciente). El cuerpo de una madre lactante sabe cómo producir leche perfectamente adaptada a la edad, etapa evolutiva e incluso necesidades inmunológicas de su bebé, en cambio constante. De manera similar, tu creador de sueños produce exactamente el sueño adecuado para cada momento. Los sueños son la medicina que el creador de sueños formula para ayudarnos a abordar problemas específicos. Sinesio de Cirene, filósofo neoplatónico del siglo IV, instaba a todo el mundo a convertirse en experto de sus propios sueños, porque el conocimiento hallado allí «procede de nuestro interior y es la propiedad especial del alma de cada uno de nosotros».[7] Cuando trabajamos con nuestros sueños, accedemos a la sabiduría que albergan nuestras profundidades.

Ya tienes la primera llave

Los sueños ofrecen una enorme riqueza de sabiduría y de revelaciones, pero debemos levantarnos —literalmente— para ir a su encuentro. Es crucial que escribas lo que recuerdes de tus sueños en cuanto te despiertes: son las exhalaciones del alma y se desvanecen de la consciencia casi al instante. Te sugerimos que marques tu viaje interior con un ritual de compromiso. Si el trabajo con los sueños es una práctica nueva (o si la recuperas después de una pausa), comienza por escribirle una carta a tu creador de sueños. Hazle saber que lo escuchas y comprométete a registrar y a prestar atención a los sueños que te envíe. De un modo u otro, intenta conectar con tu creador de sueños.

Si aún no tienes un diario de sueños, compra uno ahora e imbuye este paso de una intención simbólica. Puedes comprar un diario artesanal hecho a mano, pero también puedes acudir a una papelería próxima y elegir un cuaderno que sea del tamaño y color perfectos para ti. Déjalo en tu mesita de noche, junto al bolígrafo que quieras usar. Los hay que tienen incluso una lucecita diminuta en la punta, para escribir en la oscuridad. Procura que tu primera acción al despertarte sea escribir en el diario de sueños y escribe tanto como puedas. Escribir el sueño en presente de indicativo ayuda a mantener la sensación de inmediatez. También te sugerimos que pongas título al sueño, porque te puede ayudar a enfocar la comprensión y a encontrar sueños específicos más adelante.

Comprométete con tus sueños

- Si aún no tienes un método para registrar tus sueños, piensa en uno que te funcione. Compra un diario de sueños, descarga una aplicación o crea cualquier otro lugar especial en el que anotar tus sueños cada mañana.
- Si te cuesta recordar lo que sueñas, visita el apéndice al final del libro y experimenta con distintas sugerencias.
- Escribe en el diario de sueños en cuanto te despiertes, antes de hacer cualquier otra cosa. Pon título al sueño y escríbelo en presente de indicativo.

SUGERENCIA PARA EL DIARIO

Escribe una carta a tu creador de sueños para manifestarle tu agradecimiento por la guía que te ofrece. Hazle saber que quieres escuchar su sabiduría y que prestarás atención a los regalos que te envíe.

El modelo de psique junguiano

Conocer los fundamentos del concepto de psique facilita la comprensión de los sueños. Jung tenía una visión única de la estructura y la dinámica de la psique, así como de las imágenes que estas creaban en los sueños. Contar con un mapa de la psique nos ayuda a navegar por el paisaje onírico: podemos identificar sus elementos, relacionarlos entre sí y facilitar que emerja el significado simbólico.

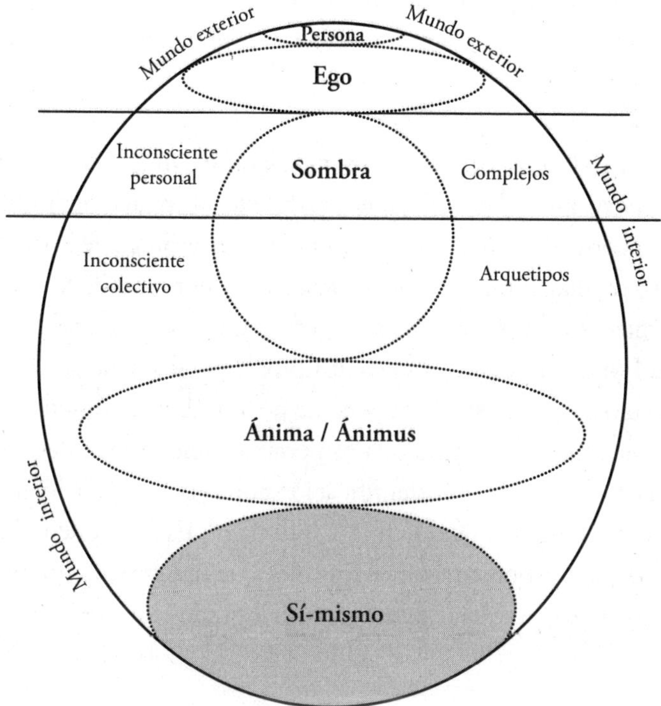

El ego

El ego, o el «yo», es el centro energético de la vida mientras estamos despiertos: la consciencia, la voluntad, los valores, los deseos y la identidad son funciones del ego. El ego se relaciona tanto con la realidad interior como con la exterior y nos permite adaptarnos a circunstancias cambiantes, tomar decisiones y ejercer nuestra autonomía. Es la fuente de una sensación nuclear y continua de identidad: soy la misma persona que era de niño y, al mismo tiempo, soy una persona distinta. Como la punta de un iceberg, el ego descansa sobre contenidos inconscientes sumergidos. Los sueños eclipsan al ego y a la consciencia, porque cada noche, el otro que habita en nuestro interior, el creador de sueños, nos presenta sus propios intereses, ideas e imágenes. El «yo» de nuestros sueños (el ego onírico) actúa como sustituto de nuestra personalidad consciente. Aunque nos reconocemos cuando soñamos, es muy probable que nos comportemos de un modo muy distinto a cuando estamos despiertos. Las percepciones y la conducta del ego onírico tienen que ver con una realidad muy distinta.

La persona

La *persona*, palabra de origen latino que significa «máscara», es el rostro social que mostramos al mundo, nuestro director de relaciones públicas. Al igual que la córnea protege al ojo, la persona nos protege de la desaprobación ajena y media las interacciones sociales. A diferencia de lo que sucede con la córnea, moldeamos a nuestra persona en sintonía con las normas culturales. Por ejemplo, mostramos distintos aspectos de nosotros mismos en el trabajo o en una fiesta. Una persona poco trabajada dificulta la adaptación social y puede hacer que se nos perciba como insensibles, ineptos o torpes. En cambio, una hiperidentificación con la persona da lugar a un yo inauténtico y protegido que dificulta la intimidad. Es fundamental diferenciar el ego de la persona: no somos los roles que desempeñamos en la vida (ni tampoco la imagen que proyectamos en las redes sociales).

La sombra

Mientras que la persona intenta presentar al mundo exterior un yo ideal, la sombra es todo aquello que no nos gusta, negamos e intentamos ocultar. Son las partes de nuestra personalidad incompatibles con quienes creemos ser o deberíamos ser. La sombra se suele anunciar con emociones como vergüenza, miedo o ira, pero para que el ego crezca, es imprescindible reclamarla y aceptarla.

La sombra desempeña una función importantísima en los sueños y ejerce de contrapeso entre el ego y la persona. Acostumbra a aparecer como alguien del mismo sexo que el soñador y, por lo general, representa una cualidad que hemos rechazado en nosotros. Cuando soñamos con nuestro mejor amigo, con un vecino que nos cae mal o con una persona irritante a la que no conocemos, es posible que estemos soñando con nuestra sombra. La tarea consiste en relacionarnos con ella, reflexionar y hacerle un espacio en la consciencia.

El ánima/ánimus

El ánima o ánimus suele aparecer en películas, obras de ficción y sueños (y también en la vida cotidiana) como un «otro» cautivador del sexo opuesto al nuestro: lo que no somos. Se puede manifestar de un modo idealizado, como Helena de Troya o Superman, o en su aspecto oscuro, como Medea o Drácula. Mientras que la sombra tiene mucho que ver con la experiencia personal, el ánima/ánimus está imbuido de cualidades no personales y arquetípicas. Sea luminosa u oscura, esta figura nos conecta con el mundo interior y con el inconsciente colectivo. Si esta energía permanece inconsciente, puede resultar posesiva. Llevada a la consciencia, es inspiradora.

El inconsciente colectivo

Jung, tras estudiar mitos, símbolos y material religioso, planteó la existencia de un inconsciente colectivo, una capa profunda de experiencia psíquica compartida por toda la humanidad. Se trata de un concepto exclusivo de la psicología junguiana. El inconsciente colectivo funciona como un depósito de experiencias humanas prototípicas e instintivas acumuladas a lo largo de milenios, y es fuente de patrones y posibilidades universales e inherentes que aparecen en todas las culturas a lo largo de la historia de la humanidad. Las imágenes del inconsciente colectivo aparecen en sueños que van de lo familiar, como un jardín o un sombrero, a lo que nos sacude profundamente, como un tsunami o un monstruo. El inconsciente colectivo nos conecta a todos. Discurre bajo nuestros pies como un río subterráneo que serpentea hacia el mar y que nos une a medida que fluye. Bajo la superficie, todos nacemos de la misma raíz. En los sueños, acostumbramos a ver imágenes de esta capa profunda de la psique.

Los arquetipos

Los arquetipos son las estructuras heredadas, dinámicas y autónomas de los procesos y patrones vitales que conforman el inconsciente colectivo. Todos los arquetipos son bipolares, ya que presentan tanto aspectos creativos como destructivos. Como abarcan el amplio espectro entre el instinto y el alma, tienen una carga emocional muy potente que se puede imponer al ego. Representar a los arquetipos es imposible, y los inferimos a partir de patrones conductuales, imágenes, rituales, mitos, símbolos y sueños universales. Las imágenes arquetípicas nos permiten relacionarnos con el Sí-mismo, que nos mueve sin ser visto.

Los complejos

Un complejo es un centro de energía autónomo formado por recuerdos, experiencias sensoriales, imágenes e ideas organizadas alrededor de un núcleo arquetípico. Jung descubrió los complejos al comienzo de su carrera mediante su test de asociación de palabras: las respuestas de los sujetos se demoraban o eran inadecuadas si la palabra en cuestión tenía carga emocional y provocaba interferencia inconsciente. Los complejos son factores dinámicos de la estructura psíquica y también se moldean por la experiencia personal, sobre todo a partir de relaciones tempranas, conflictos internos y traumas. Se caracterizan por un tono emocional potente y sensaciones corporales intensas (desde la obsesión hasta la ira del conductor), y pueden abrumar al ego y distorsionar la percepción de la realidad.

El Sí-mismo

El Sí-mismo (el centro y la circunferencia de la psique) es el concepto nuclear de la psicología junguiana. Es el verdadero centro de la personalidad y el arquetipo de la plenitud, el principio rector que constituye la base del ego al tiempo que lo trasciende. Unifica arquetipos y equilibra opuestos. Los encuentros con el Sí-mismo pueden estar marcados por imágenes numinosas y la sensación de sobrecogimiento u otredad. El Sí-mismo, la misteriosa fuente principal de la energía vital, se suele representar con símbolos y figuras religiosas. Jung escribió que «el Sí-mismo es un hecho de la naturaleza y siempre aparece como tal en los sueños y las visiones inmediatas... es el alma de la piedra, el gran secreto que hay que descifrar...». A veces, podemos sentir su presencia como un guía benévolo que nos acompaña y apoya en nuestro desarrollo.

El creador de sueños te ama

El Sí-mismo nos halla en sueños y nos impele ineludiblemente hacia la plenitud. Nuestra vida onírica (aproximadamente una tercera parte de todas las horas que pasamos en este mundo) tiene mucho que decir acerca de nosotros y del desarrollo que constituye la individuación. Este libro te ofrece llaves que abren la puerta a tus sueños. Jeremy Taylor, que trabaja con sueños, afirma que los sueños siempre llegan en interés de la curación y la plenitud.[8] El creador de sueños, nuestro leal compañero interior, quiere lo mejor para nosotros. Quizá sea significativo que, en varios idiomas, como el inglés o el castellano, entre otros, la palabra *sueño* denote tanto las visiones que llegan a nosotros mientras dormimos como las mayores aspiraciones para nuestra vida. Los sueños nos invitan a ir más allá del ego, a relacionarnos creativamente con lo no racional y a reconocer un amor fiero y fiel que nos apoya desde dentro. El amor que el creador de sueños siente por nosotros no flaquea jamás. Nos envía sueños noche tras noche, incluso si les hacemos caso omiso. «Los sueños no se detienen», escriben los analistas junguianos Edward C. Whitmont y Sylvia Brinton Perera. «El Sí-mismo que nos guía no retira el flujo de expresión de apoyo, tanto si escuchamos como si no».[9]

La prolongada relación de la humanidad con el mundo de los sueños abarca eones. Aunque carecemos de pruebas directas de que las majestuosas y antiguas pinturas rupestres de Lascaux y Chauvet estén relacionadas con la vida onírica en el Paleolítico, la investigadora del sueño Kelly Bulkeley plantea la posibilidad de que nuestros antepasados durmieran y soñaran en esos espacios subterráneos, que habrían funcionado como cámaras de incubación de sueños chamánicos. Cabe la posibilidad de que los sueños inspiraran las extraordinarias imágenes que decoran las paredes.[10]

Todos sueñan, en todas partes. Una tableta con escritura cuneiforme registra un sueño que Gudea, un rey sumerio, tuvo hace dos mil setecientos años. Myoe Shonin, un monje asceta japonés del siglo XII, registró sus sueños durante cuarenta años. Lucrecia de León, una mujer española del siglo XVI, fue ejecutada cuando sus sueños proféticos se hicieron realidad y contradecían las decisiones del rey. El director de cine italiano Federico Fellini también registraba sus sueños, cuya influencia es evidente en su filmografía.

A lo largo de la vida, tenemos sueños que nos asustan o nos perturban. Nos confunden con sus imágenes desconcertantes, nos hacen reír por lo absurdos que son y nos dejan estupefactos con revelaciones sorprendentes. Tenemos sueños que nos inquietan y tiñen nuestros días de una sombra inexplicable, y sueños que centellean con una sugerencia mágica de reinos secretos y realidades distintas.

Los sueños están disponibles para todos, independientemente de nuestra situación social o vital. Pobres, enfermos, analfabetos... todos tenemos acceso a la misma riqueza interior. Nadie puede arrebatarnos nuestros sueños. Son el dominio inviolable de nuestra alma. Los sueños vendrán, tanto si queremos como si no. No podemos evitarlos ni rechazarlos. Por el contrario, sí podemos decidir qué hacer con ellos. Tú, lector valiente, has decidido abrirte a tus sueños y dejar que te conmuevan, te cambien y te sorprendan. Has elegido hacerte amigo de tu compañero interior, del creador de sueños.

CAPÍTULO 2

Conocer al creador de sueños

Hacerse amigo del guía interior

En todos nosotros hay un «otro» al que no conocemos. Nos habla en sueños y nos muestra la gran diferencia que hay entre cómo nos ve él y cómo nos vemos nosotros. Por eso, cuando nos encontramos en una situación difícil y sin salida aparente, a veces enciende una luz que transforma radicalmente nuestra actitud: la misma actitud que nos ha llevado a la situación difícil.

C. G. Jung

Todos nosotros albergamos en nuestro interior a un «otro» misterioso que observa nuestra vida y comparte su perspectiva cada noche. El creador de sueños es un compañero autónomo e infalible que nos ofrece visiones que expanden nuestra comprensión y nos guían hacia el misterioso proceso de desarrollo al que Jung llamó *individuación*. La sabiduría de los sueños, que enriquece la vida, existe en todos nosotros. Solo hay que aprender cómo acceder a ella.

Vivir es como conducir un automóvil. Mientras conducimos, observamos las señales, avanzamos por la ruta trazada y gestionamos el tráfico. En el asiento trasero hay un pasajero invisible que presta atención a todos los detalles, sobre todo a lo que nos distrae o nos perturba. Si se nos preguntara acerca del viaje y luego se le hiciera la misma pregunta al pasajero, las respuestas serían muy distintas. Es posible que nosotros recordásemos las obras en la carretera, la belleza de los paisajes o el chaparrón a medio camino. El pasajero hablaría de lo que hemos comido, de si estábamos alerta o teníamos sueño y de cómo hemos reaccionado ante el conductor agresivo con el que nos hemos cruzado. El pasajero observa cómo actuamos y reaccionamos. Y comenta, confronta y corrige el rumbo.

El viajero del asiento de atrás es el creador de sueños, y noche tras noche nos informa acerca de nuestra conducción por la vida. Las revelaciones del creador de sueños pueden ofrecer sabiduría instintiva, nuevas maneras de abordar un problema, conectarnos con una verdad emocional o incluso hacernos experimentar la sensación de propósito. Sus informes nos afectan aunque no los recordemos o comprendamos. Sin embargo, recordarlos y trabajar con ellos acelera la integración de perspectivas útiles.

El creador de sueños nos ayuda a crecer hacia la plenitud. Nos permite descubrir potencialidades, actitudes y habilidades nuevas. Accedemos a revelaciones sorprendentes y estamos mejor informados y más equilibrados. Sin embargo, hay un problema: el creador de sueños habla en su propio idioma y nos corresponde a nosotros aprenderlo. Al igual que cuando viajamos al extranjero, cuando exploramos nuestros sueños nos tenemos que orientar entre imágenes, actitudes y maneras de ver el mundo distintas.

Para ello, resulta útil recordar cuatro cosas. La primera es que **los sueños son simbólicos**. El creador de sueños apenas tiene acceso al pensamiento dirigido y al lenguaje directo de la mente consciente y despierta. Es una parte antigua de nosotros que habla en imágenes, metáforas y símbolos y que se basa en la intuición y el sentimiento en lugar del pensamiento lineal y la expresión explícita. Jung descubrió que los sueños no eran desfiguraciones, como sostenía Sigmund Freud, sino las representaciones más claras posibles de realidades psíquicas expresadas en el lenguaje del inconsciente. Entenderlos puede ser complicado porque hablan en un idioma que no es el nuestro, pero lo que tienen que decir nunca es trivial ni intencionadamente confuso. Aprender el lenguaje del creador de sueños comienza por cultivar una actitud simbólica alineada con la cadencia mítica de los sueños.

Lo segundo que hay que recordar es que **los sueños presentan un punto de vista distinto**. La perspectiva del creador de sueños puede diferir radicalmente de las opiniones y los valores de la mente consciente. Jung decía que los sueños «buscan, invariablemente, expresar algo que el ego desconoce y no entiende».[1] Si te despiertas y recuerdas un sueño cuyo significado te parece claro al instante, detente a reflexionar. Si el sueño no contuviera información nueva, el creador de sueños no se habría tomado la molestia de confeccionarlo. Es mucho más probable que el creador de sueños te esté ofreciendo una visión inesperada acerca de tu actitud y tu conducta.

La tercera cuestión que hay que tener en cuenta es que **el «yo» del sueño acostumbra a ser el elemento del que menos nos podemos fiar**. Con frecuencia, el ego onírico (el «yo» del sueño) se enfrenta a figuras que lo asustan, lo critican o lo frustran. Cuando despertamos, tendemos a alinearnos con nuestro ego onírico y a asumir que las figuras que se han enfrentado a nosotros en sueños estaban equivocadas o eran amenazadoras. Sin embargo, por lo general, la actitud nueva que sugiere el sueño solo está equivocada según el punto de vista del consciente. Si somos capaces de dejar a un lado los prejuicios de la consciencia, es posible que nos demos cuenta de la utilidad del punto de vista alternativo que se nos ha ofrecido.

Por último, **los sueños acostumbran a tener que ver con el mundo interior**. Nosotros somos el foco de interés del creador de sueños. Durante las horas de vigilia, el mundo externo exige nuestra atención: miramos hacia fuera para relacionarnos, cumplir tareas y conseguir objetivos. El creador de sueños, en cambio, se fija principalmente en lo que ocurre en nuestro interior. Con frecuencia, caemos en la tentación de entender los sueños como comentarios acerca de las personas y de las situaciones que encontramos en el mundo externo. Sin embargo, el creador de sueños acostumbra a elegir a personas y lugares que nos resultan conocidos para plasmar dinámicas de nuestro mundo interior.

Recuerda que el creador de sueños es tu compañero constante, siempre contigo a lo largo de la vida. Sus percepciones son hechos psíquicos y tiene la generosidad de compartirlos con nosotros. Nos corresponde decidir si los hacemos conscientes. El creador de sueños nos ofrece una relación enriquecedora, cuyo único objetivo es ponerse al servicio de nuestra plenitud.

El creador de sueños es el compañero interior

El creador de sueños nos ofrece puntos de vista nuevos en relación con nuestra vida y señala lo que quizá no hayamos visto o estemos evitando. Cuando reflexiones acerca de tu sueño, imagina que te lo ha enviado un guía interior que quiere ayudarte.

Los sueños son simbólicos

Como no estamos acostumbrados al pensamiento simbólico, tendemos a responder de forma concreta a las imágenes oníricas. Sin embargo, a medida que empecemos a trabajar con los sueños, aprenderemos que el creador de sueños es un poeta que conjura una miríada de significados sutiles valiéndose de imágenes y de metáforas. Como ejemplo, a continuación encontrarás el sueño de una mujer de cuarenta y tres años:

GOMINOLAS MULTICOLORES

Estaba comprando chucherías para Halloween. Las chocolatinas eran caras, así que compré gominolas multicolores a granel que había en un barril. Cuando volví a casa, preparé bolsitas para el «truco o trato».

La soñadora era una madre y ama de casa que tendía a subestimarse. Una lectura literal del sueño podría dar a entender que este tiene que ver con una preocupación menor de la vida cotidiana, pero si ahondamos en el significado simbólico de las imágenes, quizá oigamos al creador de sueños advirtiendo a la soñadora que está desatendiendo su vida interior. Aunque, ahora, Halloween es una festividad infantil divertida, hunde sus raíces en mitos y religiones antiguos, y tiende puentes entre dos mundos. Hace dos mil años, los celtas celebraban el festival de Samhain el 1 de noviembre. Marcaba el comienzo del invierno y se creía que era el momento en el que el velo entre los mundos era más tenue y los muertos podían regresar y caminar entre los vivos. La víspera de Halloween (All Hallows' Eve) era una noche en la que se reconocía al mundo invisible y se rendía tributo a sus habitantes. La población se reunía alrededor de hogueras, se disfrazaba, ofrecía sacrificios y solicitaba protección. Las ofrendas eran un intento de aplacar a los espíritus y evitar que causaran problemas. Aún hoy oímos el eco de esta costumbre cuando nuestros hijos se disfrazan de fantasma y exclaman: «¡Truco o trato!».

La imagen de las chocolatinas también remite al mundo simbólico. Para los mayas, el chocolate era un regalo de Quetzalcóatl, el dios de la sabiduría, y desempeñaba una función importante en las ceremonias religiosas sagradas. Entender el sueño desde una perspectiva simbólica apunta a las maneras en que se ha desatendido a las fuerzas antiguas e invisibles que moldean nuestra vida: el ego onírico no eligió el chocolate sagrado. El sueño invita a la soñadora a tomarse más en serio y a honrar la dimensión espiritual de la vida que subyace a la realidad cotidiana.

Jung diferenciaba entre símbolos y signos. Los signos representan algo específico: las estilizadas imágenes de un hombre y una mujer indican la presencia de aseos públicos; una luz roja nos insta a detenernos. Con frecuencia, el primer impulso al reflexionar acerca de un sueño es asumir que sus elementos son signos codificados como un cifrado de sustitución, en el que una letra sustituye a otra o a un número. Si cada una de las letras del abecedario se correspondiera con un número, 1 - 13 - 15 - 18 significaría «amor». Resulta muy tentador tratar del mismo modo a las imágenes oníricas. Cuando Freud buscaba imágenes sexuales en los sueños, pensaba como un descifrador de códigos. Asumía que cualquier objeto largo y cilíndrico representaba un pene. La equivalencia es atractiva, porque permite a la mente consciente sentirse cómoda y llevar las riendas. Nos gusta pensar que podemos descifrar el código.

Jung escribió que «si la palabra es un signo, no significa nada. Si la palabra es un símbolo, lo significa todo».[2] Un signo no expande el significado del objeto que denota; se limita a sustituirlo y representa algo que ya se conoce. No nos invita a reflexionar acerca de capas de significado múltiples, superpuestas o paradójicas. Los diccionarios de sueños que pretenden descifrar las imágenes oníricas las tratan como signos, a veces de maneras disparatadas. Hay un diccionario de sueños en línea que afirma que soñar con un *bagel* significa que nos falta algo esencial en la vida. Leer las imágenes oníricas como signos en lugar de símbolos reduce el abanico de significados posibles, incluso cuando se trata de un humilde *bagel*. Entender el mensaje simbólico del *bagel* en un sueño exigiría explorar varios niveles de significado y las asociaciones únicas para la persona que ha soñado con él.

Veamos ahora cómo un abordaje simbólico despliega capas de significado en este sueño de un hombre de cuarenta y tres años.

BANDA MOTERA

Estoy en casa, con mi mujer y mi perro. Es de noche. Veo docenas de faros que avanzan por la entrada para coches y oigo el rugido de los motores de las motos. Entiendo inmediatamente que una banda de moteros acaba de llegar con la intención de aterrorizarnos. Le doy a mi mujer un bate de béisbol y yo cojo la pistola. Sé que esto va a acabar mal.

¿Qué significan estos moteros desde el punto de vista simbólico? La interpretación del sueño dependerá de la respuesta a esta pregunta. El soñador carecía de la menor experiencia personal con moteros, pero los percibía como posibles delincuentes. El rugido de los motores y la intensidad de los faros eran una intrusión agresiva en la paz y privacidad de su hogar. El soñador equiparó a los moteros con sus suegros, que en la vida cotidiana se mostraban intrusivos y se presentaban sin avisar. Si los moteros fueran un «código» para los suegros, habríamos resuelto el sueño; sería una interpretación satisfactoria porque confirmaría los sentimientos negativos del soñador hacia ellos. Tendemos a atribuir actitudes conscientes al inconsciente, y al ego le encanta ver validadas sus creencias.

Sin embargo, hemos de recordar que los sueños acostumbran a decirnos algo que no sabemos aún y, dado que el soñador era muy consciente de lo que sentía por sus suegros, la búsqueda de una interpretación simbólica de la banda motera llevó a explorar otros significados posibles que aportaran información nueva. El soñador tenía dificultades para afirmarse en su matrimonio. Si discutía con su mujer se sentía culpable, así que cedía ante ella con frecuencia, incluso cuando algo le importaba de verdad. Había arrinconado a su «niño malo» interior, y su agresividad negada se manifestó como una banda de moteros que lo confrontaba, iluminando con los faros de la consciencia la necesidad de canalizar esa agresividad de manera sana al servicio de la autenticidad y el crecimiento. Equiparar a los moteros con los suegros habría ocultado la invitación del creador de sueños a ejercer la asertividad en su relación.

En palabras del analista junguiano James Hollis, «las imágenes que ascienden de las profundidades, la queja del cuerpo o el sueño que soñaremos esta noche nos conectan con el insistente zumbido palpitante que es el sonido de lo eterno».[3] Los sueños emergen del mundo invisible, del sustrato psíquico universal que nos conecta con los demás y con el cosmos, y la comprensión simbólica de las imágenes que nos ofrecen puede hacer que esta relación vital se torne vívida y consciente. Los símbolos contienen misterio y vitalidad porque aluden a algo que no se puede conocer del todo. Y lo que no se puede expresar con palabras se puede aprehender con símbolos. Al igual que un poeta usa la metáfora para capturar lo inefable, los sueños emplean símbolos para señalar lo que está más allá de las palabras. «Un símbolo —escribió Jung— no define ni explica. Señala, más allá de sí mismo, a un significado que se intuye oscuramente pero que permanece fuera de nuestro alcance y no se puede expresar suficientemente con las palabras conocidas de nuestro lenguaje».[4] El pensamiento simbólico nos da acceso al reino de la psique que se extiende más allá de la realidad ordinaria y hacia la profundidad primordial del inconsciente. Los símbolos nos afectan emocionalmente, porque contienen capas de significado que trascienden la razón. Por eso, como dijo Jung, lo que cura es el símbolo.

> *Al igual que una planta produce sus flores, la psique crea sus símbolos. Cada sueño es una prueba de ese proceso.*
>
> C. G. Jung

Lo intuimos en este sueño de un hombre de unos cincuenta años de edad:

PUNTOS DE LUZ

Estaba en un espacio oscuro, como una caverna. No veía las paredes ni el techo, pero no tenía miedo. Sentía que debía estar ahí y esperar, aunque tampoco sabía qué esperaba. Entonces, oí un zumbido muy bajo cuya intensidad aumentaba gradualmente. Vislumbré diminutos puntos de luz. Un grupo de personas venía hacia mí, cantando. Sentí una indescriptible sensación de ser bienvenido.

La atmósfera y las imágenes de este sueño sugieren una iniciación a una sociedad secreta, y el motivo de la cueva evoca la entrada a un mundo subterráneo. El soñador, que durante mucho tiempo sintió que formar parte de un grupo dependía de ganarse la aprobación de los demás, experimentó el poder simbólico multidimensional de este sueño: había sido acogido en un mundo interior de misterio sagrado. El trabajo con sueños se vale de símbolos para conectarnos con nuestras profundidades personales y con la fuente subterránea inescrutable de la que mana la vida psíquica. Los símbolos nos conectan con un todo más grande.

Ver las cosas a través de una lente simbólica requiere práctica. La mayoría de nosotros tendemos por defecto a interpretar los sueños literalmente cuando empezamos a trabajar con ellos. Esto puede seguir siendo verdad incluso varios años después. Aprehender el significado simbólico de un sueño va más allá de la mera habilidad cognitiva. Aunque podemos trabajar para entender los sueños, el análisis de estos no es un ejercicio cuyo objetivo sea dar con una interpretación precisa, que solo vaciaría al sueño de todo misterio y matiz. Hemos de estar dispuestos a abordar el sueño con humildad y a valorarlo en sus propios términos.

Un sueño es una visita a otro lugar, un país ignoto. «Experimentar» un sueño antes de empezar a «pensar» sobre él puede ser muy útil. El soñador ha creado un mundo de imágenes inmersivo, repleto de detalles sensoriales y de una atmósfera evocadora. Es un suceso en un reino extranjero con su propia subjetividad y lógica interna. Dedica algo de tiempo a recrear el sueño en tu imaginación: observa qué hay a tu alrededor, qué oyes, qué hueles, qué hora es, qué tiempo hace, qué tocas. Fíjate en todos los detalles y el efecto que ejercen sobre ti cuando los observas. Activar los sentidos para percibir el mundo onírico te ayudará a apreciar la complejidad de esta creación y alimentará tu curiosidad e imaginación simbólica.

Experimentar primero el mundo onírico con los sentidos te puede ayudar a abordarlo simbólicamente después. Si te das cuenta de que vuelves a las interpretaciones literales, recuérdate que el abordaje ha de ser simbólico. Es muy probable que eso te exija dar un paso atrás, abandonar ideas preconcebidas y trabajar con las imágenes con paciencia y sistematicidad. Más adelante, en el libro, encontrarás técnicas que te ayudarán en este proceso.

Afortunadamente, los sueños no son la única manera de ejercitar el pensamiento simbólico. Si te gusta el cine, te verás expuesto regularmente a una fuente muy rica de imágenes simbólicas. Las películas se asemejan a sueños colectivos que compartimos. La próxima vez que veas una película, pregúntate: «¿Y si esto fuera un sueño? ¿Qué temas se exploran y cómo se han representado simbólicamente?». De manera similar, imaginar que tu sueño es una película te puede ayudar a distanciarte de las imágenes y a verlas como la creación simbólica que son. Intenta imaginarte sentado en una butaca de cine, a oscuras, mirando tu sueño proyectado sobre la pantalla. ¿De qué trata la película? ¿Qué metáforas ha usado el director?

Aunque los significados simbólicos son muy personales, Jung también reconoció la existencia de símbolos «relativamente fijos» porque, sin ellos, el inconsciente carecería de una estructura de significado básica. La profundidad del océano denota el inconsciente; los animales representan cualidades de energía instintiva; las estrellas se asocian con lo divino, porque nos hacen saber que formamos parte de un todo grande y glorioso. «Todos estos símbolos son relativamente fijos, pero nunca, en ningún caso, podemos tener la certidumbre previa de que, en la práctica, el símbolo se ha de interpretar de esa manera»,[5] dijo Jung. En otras palabras, depender de significados simbólicos relativamente fijos puede ser útil a la hora de interpretar un sueño, pero es posible que esas interpretaciones fijas no siempre encajen.

A diferencia de las definiciones estáticas de los diccionarios descodificadores de sueños, los diccionarios simbólicos nos abren a los múltiples significados de una miríada de imágenes representadas en el arte, la mitología, la poesía o la religión a lo largo de la historia y en culturas diversas. Las explicaciones de símbolos basadas en investigaciones extensas nos permiten acceder a significados tradicionales adicionales. Por ejemplo, la experiencia personal es importante para entender un sueño protagonizado por nuestro gato: cómo se llama, su personalidad, nuestra relación con él... Acudir a un diccionario simbólico (en la sección de recursos encontrarás algunos de nuestros favoritos) añade profundidad histórica, literaria y metafórica a la «felinidad» y honra la naturaleza dual del gato en tanto que mascota elegante y depredador despiadado. Tener en cuenta los significados míticos además de los personales ayuda a entender el significado de muchas imágenes.

Soñar con la muerte: finales simbólicos

Soñar con la muerte inminente (caer, un tsunami que se abalanza sobre nosotros, un pistolero a punto de disparar) es alarmante. También es posible soñar con la muerte de un ser querido. ¿Son estos sueños un presagio de desdicha? En la mayoría de las ocasiones, soñar con la muerte simboliza un final. «La muerte en el mundo de los sueños siempre se asocia al crecimiento de la personalidad y del carácter», según el trabajador de sueños y escritor Jeremy Taylor.[6] Las transiciones vitales implican la pérdida de relaciones, creencias o patrones y, con frecuencia, se representan como una muerte que, como se ve en tantos mitos, es un prerrequisito para un nuevo desarrollo.

Una madre soñó, acongojada, que su hijo adolescente había muerto y, al despertar, se angustió al pensar que el sueño pudiera ser una premonición. Sin embargo, cuando valoró la perspectiva simbólica, se dio cuenta de que el sueño representaba su necesidad de llorar la infancia de su hijo ahora que estaba a punto de acabar el instituto y de mudarse a otra ciudad para ir a la universidad.

A veces, soñamos que somos nosotros el asesino y matamos a un intruso, a un monstruo o incluso a alguien a quien conocemos. Aunque estos sueños son perturbadores, la pregunta es la misma: ¿qué ha muerto? La muerte es un final. Algo ha terminado para siempre. Nos compete a nosotros, en tanto que trabajadores de sueños, descubrir qué ha muerto o necesita morir. Una muerte en el mundo interior es tan real como una muerte en el mundo exterior. La podemos sentir muy intensamente... y llorarla conscientemente.

Aunque es crucial entender los sueños desde una perspectiva simbólica, a veces pueden ser tan concretos como un extracto bancario. Un hombre se despertó recordando una voz que le decía: «Tienes cáncer de colon». Acudió a su médico, que le confirmó que, efectivamente, tenía cáncer de colon, afortunadamente en una fase temprana y tratable. Los sueños precognitivos también pueden ser explícitos: cuando Deb estaba embarazada, tuvo sueños recurrentes en los que tenía mellizos, un niño y una niña. Como los sueños ocurrieron al principio del embarazo y los partos oníricos tuvieron cualidades mágicas, no les hizo demasiado caso. Más adelante descubrió que realmente iba a tener mellizos: un niño y una niña. Sus sueños habían intuido una realidad interna, aunque no entendió su importancia hasta tiempo después.

Cambia a una perspectiva simbólica

Presta atención a la tendencia a «descodificar» sueños como si fueran cifrados de sustitución. En lugar de esto, responde a las preguntas siguientes:

- ¿Cuál es tu experiencia sensorial del sueño? ¿Qué hueles, oyes, ves o sientes en el mundo onírico? ¿Cómo experimentas el sueño en tu cuerpo?

- ¿De qué maneras podría el sueño estar mostrando tu situación actual en términos simbólicos?
- Imagina que tu sueño es una película. ¿Puedes identificar los temas simbólicos clave?
- ¿Contiene tu sueño símbolos relativamente fijos, como un árbol, el océano, una cueva o el fuego?
- ¿Contiene tu sueño alguna imagen que se podría beneficiar de la consulta de un diccionario de símbolos?

El creador de sueños ofrece una mirada nueva

El creador de sueños nos ofrece su sabiduría para guiarnos hacia la individuación creando sueños que aportan información y perspectivas inéditas. Por eso, los sueños acostumbran a decirnos algo que no sabemos aún. Los sueños contradicen, complementan o confirman la actitud del consciente en función de la distancia que exista entre el consciente y el inconsciente. Imagina que apoyas los dedos en un espejo. Será como si los dedos del espejo tocaran los tuyos. Si levantas la mano ligeramente, la mano del espejo se alejará en la misma medida. Del mismo modo, si tu actitud consciente está algo desviada, el sueño presentará una imagen compensatoria con un tono emocional sutil. Por el contrario, si la actitud consciente está muy desequilibrada (si la mano está lejos del espejo), el creador de sueños usará una imagen mucho más potente. En el sueño de los moteros, el creador de sueños usó una imagen agresiva y perturbadora para contradecir la docilidad del soñador.

Sueños que contradicen

La oposición del creador de sueños ante tu actitud consciente puede resultar incómoda, por mucho que te la presente con la mejor de sus intenciones. Estos sueños cuestionan nuestras autopercepciones cómodas pero erróneas, como en el sueño de este hombre:

COMER CON LAS MANOS

Estaba en una barbacoa familiar. Estábamos comiendo costillas como las que hace Jake, ahumadas poco a poco a fuego lento. Entonces, me di cuenta de que estaba comiéndolo todo con las manos, incluso la ensalada de patata y otras cosas que no son para comer con las manos. Los demás me vieron y me sentí muy avergonzado.

Este sueño contradice la imagen consciente que el soñador tenía de sí mismo. La sofisticación y el estatus eran importantes para él, y no le gustó tener que reconocer su tendencia a excederse, una cualidad que proyectó en su primo Jake. Jake valoraba los placeres físicos y tenía un abdomen voluminoso que lo demostraba. Aunque el soñador se consideraba superior a Jake, bebía demasiado y parte de él lo sabía. El creador de sueños le recordó que no estaba tan lejos del libertinaje como pensaba.

En su forma más dramática, los sueños que contradicen la actitud consciente pueden provocar terror o temor. Una mujer casada que estaba desarrollando una amistad intensa con otro hombre soñó lo siguiente:

UNA CASA EN RUINAS

Nos habíamos mudado a una casa antigua y enorme. Al irnos a acostar vi una gotera: el agua caía por la pared, hasta llegar al suelo. Se lo dije a mi marido, que se acercó a examinarla mientras yo bajaba al piso de abajo. Allí, descubrí que el agua estaba destruyendo el techo y las paredes de un enorme comedor. Los niños lo vieron y se empezaron a quejar y a decir que ojalá no nos hubiéramos mudado allí. Me pregunté si tendrían razón. Había sido una decisión precipitada y no habíamos visitado la casa nueva antes de comprarla. Las fotografías no mostraban ni los daños estructurales ni la poca calidad de los materiales. Cuanto más miraba, más agujeros veía en las paredes, las puertas y las ventanas. Había azulejos agrietados y electrodomésticos estropeados. La casa ya venía amueblada, y los muebles eran ostentosos y feísimos. Me sentí abrumada, no veía la manera de quitar todo lo que no funcionaba, reparar los daños y estar cómoda. Recorrí todas las estancias, una tras otra, y encontré a la agente inmobiliaria, una mujer bella, fría y robótica. Me dijo que había una pequeña probabilidad de que nos pudiéramos echar atrás con la compra, pero que la venta de nuestra casa anterior era definitiva. Aparecieron guardias de seguridad, se disparó una alarma y me acusaron de haber allanado la vivienda. Les expliqué la situación y seguí recorriendo la casa. Descubrí habitaciones que ni siquiera sabía que existían. Fuera, estaba a punto de estallar una tormenta enorme. Nubes oscuras se cernían sobre la casa y el viento era cada vez más fuerte. Me encontraba con más y más gente en cada sala, pero no sabía por qué estaban ahí. En el recibidor había un niño tirando piedras. Primero a la pared, luego a mí. Intenté escapar de él, y las paredes se empezaron a agrietar y a desmoronar. Buscaba desesperadamente a mi marido y a mis hijos, pero la casa se venía abajo y la tormenta era cada vez más intensa. Me desperté, bañada en sudor y asustada.

Esta mujer había soñado muchas veces con una casa enorme en la que disfrutaba descubriendo nuevas habitaciones, pero esta vez la casa era una pesadilla. El ego onírico había tomado una decisión impulsiva, situándola junto a su familia en un hogar caótico. Las detalladas imágenes del creador de sueños funcionan como un comentario crítico sobre el peligro de su actitud hacia la relación incipiente en su vida: ¡la nueva estructura es un desastre! La soñadora comprendió que la emoción de la nueva amistad podría costarle la estabilidad y comodidad de su hogar familiar.

Sueños que complementan

En la mayoría de las ocasiones, los sueños complementan la actitud consciente y añaden elementos que faltaban o adoptan una postura inesperada en relación con la situación que plantea el sueño. Es posible que la actitud consciente no sea errónea, pero quizá hayamos pasado algo por alto. El creador de sueños llena los vacíos de la consciencia o ajusta nuestra perspectiva. El tono emocional acostumbra a ser más suave que en los sueños que nos contrarían. Los sueños que complementan suelen ser menos desafiantes y, con frecuencia, sentimos la tentación de no hacerles caso. Sin embargo, si los examinamos más de cerca, pueden ser una invitación a encontrar una actitud nueva y sorprendente. Una mujer de cuarenta y cinco años con un trabajo muy exigente y dos hijos en edad escolar soñó lo siguiente:

FRANCIA SOLEADA

Estoy en Francia. Hace sol y muy buena temperatura, y tengo la sensación de estar en una maravillosa zona rural. Estoy con gente a la que no conozco. Todos son franceses y no hablan inglés. Una mujer con cabello oscuro y rizado me sonríe y se dirige a mí en francés, recordándome que sé hablar el idioma y animándome a hacerlo.

La soñadora había estudiado francés en el instituto y había disfrutado mucho durante sus viajes a Francia. Le parecía un idioma agradable y musical, aunque carecía de aplicación práctica y cometía muchos errores cuando lo hablaba. El francés le evocaba una etapa anterior, despreocupada, en la que podía explorar y disfrutar. En un momento de sobrecarga laboral y responsabilidades, el sueño le recomendaba recuperar esa actitud abierta al placer y al disfrute sencillo del aprendizaje.

A otra soñadora le preocupaba un conflicto con una amiga íntima, y se preguntaba si confrontarla o no y transmitirle su enfado. Entonces, soñó esto:

DOLOR DE MUELAS

Estoy con un hombre sencillo, con apenas formación. Le duelen muchísimo las muelas, es una agonía.

La soñadora estaba enfadada, dolida y a la defensiva. Pensaba en su amiga como en una persona fuerte y sofisticada que se había portado mal con ella. Cuando pensó en la posibilidad de que su amiga estuviera sufriendo como el hombre del sueño, su actitud cambió. El sueño orientó a la soñadora a una parte primitiva y vulnerable de sí misma y de su amiga, y le señaló que ambas habían estado actuando desde sus partes menos desarrolladas durante el conflicto. Eso la ayudó a suavizar su postura, suscitó empatía y le permitió reparar la relación.

Sueños que confirman

Los sueños que confirman la actitud consciente son los menos habituales. Cuando llegan, los sentimos como un regalo y tienen un tono emocional positivo y potente en el que confiamos de forma instintiva. Una madre que había emprendido una nueva profesión después de un periodo como ama de casa, soñó lo siguiente:

EL ANILLO DE ORO

Estoy en un lugar soleado. Hay varias personas dispuestas en círculo y yo estoy junto a ellas. Un hombre tiene una pecera llena de miles de trocitos de papel doblados. Mete la mano en la pecera y saca uno; sé al instante que es el mío. Lo abre y lee el número 4D. Sí, es el mío. Doy un paso al frente. Otro hombre tiene un recipiente transparente lleno de barro y lodo, que vierte sobre mi mano. Entre el barro, un gran anillo de oro cae en mis manos, entrelazadas.

A medida que sus hijos habían ido creciendo, esta mujer había empezado a trabajar como artista, una ambición que había dudado en perseguir. Empezó a hacer espacio para el arte: se apuntó a clases, alquiló un estudio y vendió algunos cuadros. Tal y como ya ha hecho el ego consciente, el ego onírico da un paso al frente y es recompensado. No aleja las manos del barro y el lodo, sino que está dispuesta a recibir lo que se le ofrece. Está en camino a su destino dorado, con una pizca del barro húmedo del que crecen las cosas. Uno de los símbolos clave de este sueño es el número cuatro seguido de la D, la cuarta letra del abecedario. Para Jung, el cuatro representa la plenitud estructural (los edificios, los bloques de pisos o los jardines acostumbran a ser cuadrados; hay cuatro direcciones, cuatro estaciones y cuatro palos de naipes). Todos los elementos del sueño están alineados.

Los sueños contradicen, complementan o confirman la actitud del consciente

Por lo general, los sueños nos revelan algo que aún desconocemos. Imagina que el sueño es como un correo electrónico del creador de sueños acerca de una situación vital concreta. Luego, reflexiona acerca de las preguntas siguientes:

- ¿Qué información nueva te está ofreciendo el creador de sueños?
- ¿Te da la impresión de que el creador de sueños expresa una oposición fuerte a la actitud consciente?
- ¿Añade un punto de vista nuevo que quizá has pasado por alto o descartado?
- ¿Te da la impresión de que te anima?
- Aplica el sueño a tu vida reflexionando acerca de qué actitud consciente contradice, complementa o confirma. ¿Por qué crees que te lo ha enviado ahora?

Lo más probable es que el ego onírico se equivoque

Uno de los problemas al interpretar nuestros sueños es que la comunicación del creador de sueños tiende a ser crítica respecto al ego. Y cuando el ego onírico (el «yo» del sueño) siente que se lo contradice o se lo critica, acostumbramos a responder poniéndonos a la defensiva. Sin embargo, la actitud menos fiable en un sueño suele ser la del ego onírico. Esta idea la formuló de manera sucinta la analista junguiana Patricia Berry, que a su vez se basó en la obra de John Layard, que trabajó y estudió con Jung. Según la regla de Layard, nada en el sueño está equivocado, a excepción, quizá, del ego onírico.[7] Es muy probable que tengamos un punto ciego en lo que a nuestra actitud consciente se refiere. El cometido del creador de sueños consiste en hacernos saber cuándo nos hemos desviado del camino o hemos pasado por alto algo importante. El elemento que se opone al ego onírico, ya se trate de moteros o de casas en ruinas, solo ofrece una compensación igual y opuesta desde el inconsciente ante una actitud del ego que necesita corrección.

Cuando trabajes con un sueño, un primer paso crucial consiste en preguntarte en qué se podría estar equivocando tu ego onírico. En el sueño de los moteros, el soñador empezó por alinearse con su ego onírico: los moteros eran malos y se tenía que enfrentar a ellos. Luego, al considerar que la reacción defensiva del «yo» en el sueño podría estar equivocada, pudo explorar los posibles aspectos positivos que representaban los moteros. A continuación, encontrarás otro sueño que ilustra la tendencia del ego a adoptar posturas unilaterales.

EL RELOJ DE ORO

> Tengo mi reloj de oro en la mano y noto que falta uno de los diminutos tornillos. Mientras intento encontrarlo, se caen varias piezas más, y me doy cuenta de que tendré que llevarlo a un relojero. Hay dos relojeros ancianos que han montado su taller en una habitación de hotel. Son irascibles y taciturnos. Miran el reloj y me dicen que es un trasto barato que no merece la pena arreglar. Les digo que la caja es de oro, y me responden que solo está chapada. Les señalo el sello de 14 quilates, pero me dicen que eso solo es cierto para una pequeña parte del reloj, la mayor parte sigue sien-

do chapada. Me devuelven el reloj desmontado. El cristal está rajado, cuando antes no lo estaba. Me quejo, pero ellos insisten en que ya estaba así. Me voy con el reloj en una bolsa de plástico, enfadado porque el reloj está hecho añicos y ellos no entienden el valor que tiene.

El soñador era un hombre en plena crisis de mediana edad, próximo a la jubilación, que tras una larga carrera profesional se sentía quemado y desilusionado. El reloj de oro había sido su primera compra importante: lo compró cuando se graduó en la universidad, con dinero que le habían dado sus abuelos. Encarnaba los valores que asociaba a la primera mitad de su vida: el reconocimiento a los logros académicos y profesionales en el mundo exterior. El ego onírico estaba enfadado y sentía que los relojeros no lo entendían y despreciaban su tesoro. Se oponían a la actitud del ego onírico y, al despertar, el soñador estaba seguro de que se equivocaban. Sin embargo, ¿qué sucede si partimos de la base de que, quizá, estén en lo cierto? Los relojeros irascibles administran la medicina del sueño: los valores que antaño determinaban el curso de la vida del soñador ahora no sirven de nada. El soñador necesita algo distinto.

Con esto no queremos decir en absoluto que el ego onírico siempre esté equivocado. A veces, su actitud es reveladora, sobre todo cuando se ha trabajado con los sueños durante años. Sin embargo, es mucho más habitual que la actitud del ego onírico esté ligeramente desajustada, como en este sueño de una mujer casada de veintinueve años.

CHICO MALO

Estoy con mi novio del instituto, Ken, que me trató muy mal mientras salíamos. Me avergüenza que nos vean juntos, porque sé que ninguna de mis amigas entenderá qué hago con él; claramente no me conviene. Mi marido está presente y dice que Ken es un perdedor.

La actitud del ego onírico no es errónea, pero está ligeramente desajustada: sabe que no le conviene estar con Ken, y le da vergüenza, pero lo hace igualmente. La soñadora relacionó esta imagen onírica con su trabajo, donde permitía que se aprovecharan de ella. El marido onírico le ofrece la corrección necesaria y le deja claro lo que sucede.

Por lo general, la consciencia proyecta su orientación sobre el inconsciente. Si, en la vigilia, una banda de moteros se dirigiera a tu casa con los motores rugiendo en plena noche, por supuesto que llamarías a la policía. Te molestaría mucho llevar un reloj al relojero y que, en lugar de repararlo, te lo devolvieran desmontado. Cuando alguien nos ataca o nos cuestiona cuando estamos despiertos, nuestro sistema de alarma se dispara y las defensas se activan. Sin embargo, Jung nos aconseja que asumamos que las figuras oníricas que se oponen al ego onírico tienen algo valioso que comunicar a la consciencia. «A veces, tenemos sueños que parecen destructivos y malvados, que nos resultan imposibles de aceptar», explica Jung. «Sin embargo, solo se debe a que nuestro consciente mantiene una actitud equivocada».[8] Este cambio de perspectiva puede ser suficiente para desencadenar un «¡Ajá!» y reconocer que hemos recibido la enseñanza del sueño.

Es probable que el ego onírico se equivoque

Aunque al reflexionar sobre nuestros sueños tendemos a alinearnos con la perspectiva del ego onírico, lo más frecuente es que las suposiciones, emociones y actitudes de este sean erróneas. Es útil partir de esta premisa cada vez que trabajemos un sueño. Reflexiona acerca de las preguntas siguientes:

- ¿Y si el ego onírico estuviera equivocado?
- ¿Y si los elementos oníricos que parecen malos o desafiantes trajeran algo valioso?
- ¿Y si asumieras que todo lo que le parece «mal» a tu ego onírico te puede ser útil de alguna manera?

SUGERENCIA PARA EL DIARIO

Imagina que eres el elemento del sueño que se opone a tu ego onírico (por ejemplo, los moteros o los relojeros). ¿Cómo ves la situación desde esa perspectiva? ¿Qué tienes que decir?

¿Aquí dentro o allá fuera?

Los sueños nos hablan fundamentalmente de nosotros mismos. Incluso cuando parecen tratar de personas o acontecimientos del mundo exterior, lo más probable es que estén señalando cómo nos posicionamos respecto a ellos. Tendemos a percibir los problemas como si tuvieran que ver únicamente con otras personas y situaciones externas, pero el creador de sueños casi siempre dirige nuestra atención hacia el interior. Utiliza a personas y acontecimientos del mundo exterior para mostrarnos nuestro estado mental y emocional e invitarnos a entender algo acerca de nosotros mismos.

> *Nunca deberíamos olvidar que soñamos, en primer lugar y hasta casi excluir cualquier otra cosa, acerca de nosotros mismos.*
>
> C. G. Jung

El mundo interior

Para empezar, debemos asumir que todos los elementos de un sueño representan un aspecto de nuestra propia psique. Jung se refería a esto como el nivel «subjetivo» de interpretación. «La "otra" persona con la que soñamos no es nuestro amigo ni nuestro vecino, sino el otro que habita en nosotros», según Jung.[9] Por ejemplo, si soñamos con un antiguo compañero de universidad años después de habernos graduado, es muy poco probable que el creador de sueños nos quiera decir algo sobre esa persona en concreto. Lo ha escogido de nuestra experiencia del mismo modo en que un director de escena selecciona un objeto para el decorado. Ese compañero refleja una característica nuestra, algo que pertenece a quien sueña. Del mismo modo, cuando en los sueños aparecen personajes públicos, personas a las que no conocemos bien o personas con las que hemos perdido el contacto, podemos asumir que el sueño está comentando algún aspecto de nuestro mundo interior. Incluso si en el sueño aparece alguien cercano que se muestra muy distinto a como es en la vigilia, también suele tratarse de una representación simbólica de nuestro interior. Por ejemplo, un hombre soñó que su atractiva esposa había envejecido y estaba enferma. Ella representaba, en realidad, una dinámica interna y no a su esposa real. Una maestra, con hijos ya adultos, soñó lo siguiente:

INFERTILIDAD

Mi hermana pequeña, Fiona, ha ido a un centro de fertilidad y le han dicho que no le quedan óvulos viables. Nunca tendrá hijos. Me entristece mucho escuchar esto. ¡Tienen que poder hacer algo! La oigo sollozar. Sé que tendrá que hacer el duelo, y yo lo tendré que hacer con ella.

Fiona, la hermana pequeña de la soñadora, había concebido dos hijos después de haber recibido un tratamiento de fertilidad. Por lo tanto, es muy poco probable que el sueño tuviera que ver con ella. En realidad, Fiona representa una parte de la soñadora que ha de asimilar esperanzas truncadas y expectativas no materializadas. La hermana hizo pensar a la soñadora en su hija, que había dejado la universidad, y la ayudó a empezar a entender que quizá tendría que hacer el duelo por algunas esperanzas y deseos convencionales en relación con su hija. Al principio, el ego onírico se resiste a la necesidad de ajustar sus expectativas. («¡Tienen que poder hacer algo!»), pero el duelo comienza ya en el mundo onírico: Fiona solloza. Entonces, el ego onírico también puede reconocer la pérdida y la necesidad de llorarla. El sueño no tenía que ver con la hermana de la soñadora, y ni siquiera tenía que ver con su hija. Tenía que ver con su Fiona interior, la parte de ella que anhelaba una vida nueva que ahora ha de llorar. El sueño reflejó el proceso de asumir que había esperanzas que nunca se harían realidad.

> *El sueño es algo vivo, no una cosa muerta que cruje como el papel seco. Es una situación viva.*
>
> C. G. JUNG

EL MUNDO EXTERIOR

A veces, los sueños sí comentan el mundo exterior. Estos sueños pueden alertarnos sobre dinámicas con personas importantes en nuestra vida consciente. En este caso, Jung hablaba de una interpretación «objetiva». Si soñamos con alguien próximo a nosotros en el mundo exterior y aparece representado correctamente, es posible que el sueño trate de nuestra relación con esta persona en el mundo exterior. Este sueño de una mujer es un ejemplo de ello:

CONDUCIR A CIEGAS

Mi marido y yo estamos en el coche. Conduce él, pero lleva las gafas equivocadas y no ve bien. Parece una situación peligrosa, pero no digo nada porque no quiero que se sienta mal.

La soñadora explicó que su marido tenía el mismo aspecto que en la vida real y que, por lo general, era él quien conducía. Por lo tanto, tenía sentido considerar que el sueño se refería a su marido real y a su relación con él. Tras reflexionar, la soñadora se dio cuenta de que había permitido a su marido tomar muchas decisiones, algunas de ellas poco meditadas. El creador de sueños había enviado un mensaje doble: su marido no veía las cosas con claridad y ella tenía una actitud peligrosamente pasiva.

Al igual que todo lo que tiene que ver con los sueños, las categorías que crea nuestra mente en estado de vigilia casi nunca son completamente definidas. Un mismo sueño puede ser válido tanto en el nivel subjetivo o interior, como en el objetivo o exterior.

Los sueños suelen aludir al mundo interior

Determinar si un sueño se refiere al mundo exterior o al interior nos ayuda a orientarnos en su significado. Reflexionar acerca de las preguntas que siguen te ayudará a decidir cuál es el caso.

- ¿Aparecen en el sueño personas desconocidas o que solo ocupan un lugar periférico en tu vida?
- ¿Aparecen personas a las que conoces muy bien, pero que se muestran de un modo muy distinto? (Quizá sean más mayores o más jóvenes, se comporten de un modo peculiar o tengan características desconocidas).
- Si has respondido afirmativamente a alguna de estas preguntas, es muy probable que el sueño aluda al mundo interior. En este caso, asume que todos los elementos oníricos representan aspectos de tu propia psique.

Sin embargo,

- ¿Aparece un amigo cercano, un compañero de trabajo o un miembro de tu familia con quien te relaciones a diario?
- De ser así, ¿se comporta de un modo realista?

Las personas con quienes mantienes relaciones próximas y que aparecen representadas de un modo realista en el sueño pueden señalar dinámicas relacionales del mundo exterior de las que no eres consciente.

Cómo aplicar el sueño a la vida

El creador de sueños observa tu vida cotidiana con gran interés y siempre tiene algo que decir al respecto. Por eso, la mayoría de los sueños tendrán que ver con cuestiones de la vida exterior que el creador de sueños considera relevantes. Eso sí, es muy posible que su visión sobre qué es importante no coincida con la tuya. A veces, lo que más nos inquieta cuando estamos despiertos no tiene el menor interés para el creador de sueños, cuya mayor preocupación es siempre el proceso de individuación. Si no tienes claro cómo aplicar el sueño a tu vida, detente unos instantes y reflexiona acerca de dificultades recientes. Pregúntate qué ha estado ocupando espacio en tu mente durante el último par de días. Con frecuencia, los sueños hablan de cuestiones que nos incomodan pero que hemos dejado en un segundo plano. Por ejemplo, es posible que, conscientemente, te hayas centrado en una fecha límite en el trabajo, pero que, en los momentos de tranquilidad, los pensamientos hayan virado hacia la inquietante sensación de que tu pareja y tú os estáis distanciando. ¿Podría ser que el sueño esté abordando tus preocupaciones respecto a la relación de pareja?

Reflexiona sobre cómo podrían relacionarse las imágenes oníricas con tus preocupaciones actuales

¿El sueño guarda relación con tus preocupaciones conscientes? De no ser así, considera las preguntas siguientes:

- ¿Por qué has tenido este sueño justo ahora?
- ¿Qué ha estado ocupando tus pensamientos durante los últimos dos días?
- ¿Qué preguntas sin respuesta te has estado haciendo, quizá justo al otro lado del umbral de la consciencia?
- ¿Ha sucedido algo que te inquietara durante los dos días anteriores al sueño?
- ¿Es posible que el sueño aborde alguna de estas preocupaciones?

Conversaciones con el creador de sueños

A medida que prestes atención a tus sueños, te irás familiarizando con tu creador de sueños. El trabajo onírico se empezará a parecer a una conversación continua entre tu yo despierto y ese «otro» yo íntimo que habita en tu interior. Desarrollaréis un lenguaje común de símbolos y motivos, y, como ocurre con los chistes privados entre buenos amigos, aprenderás a reconocer referencias familiares.

Los sueños recurrentes son intentos del creador de sueños de llamar tu atención sobre algo importante. Si no escuchas su mensaje, lo repetirá, a veces con ligeras variaciones. Un ejemplo común es soñar que te persiguen, quizá por algo desconocido y monstruoso. Trabajar con este sueño (registrarlo y asociarlo con tus emociones y experiencias) puede transformar la imagen del perseguidor y hacerla más definida y menos aterradora. Si le prestas una atención sostenida, es posible que el ego onírico se dé media vuelta para enfrentarse a su perseguidor, preguntarle qué quiere y descubrir que, al final, no era monstruoso en absoluto. Cuando logramos comprender el mensaje de un sueño recurrente, este suele desaparecer.

La temática de los sueños se desarrolla y cambia con el tiempo, lo que nos permite identificar tendencias psicológicas. Escribir con regularidad en el diario de sueños nos ayuda a seguir los movimientos internos. Cuando empieces a hacer este trabajo, fíjate en tu actitud respecto al creador de sueños. ¿Qué emociones te suscita? ¿Tienes curiosidad? ¿Te asusta? ¿Tiendes a desoírlo? En el mundo actual, tan orientado al exterior, es habitual despreciar a las fuentes de sabiduría no racionales, como los sueños. Por el contrario, también es posible sobrevalorar los sueños y las intuiciones como revelaciones místicas más allá de toda duda. El trabajo con sueños es un esfuerzo constante para crear un diálogo entre el inconsciente y el consciente. Para que surja una comprensión nueva, ambas partes han de hacer su trabajo.

El creador de sueños es tu infatigable compañero interior y está al servicio de tu individuación, la base del trabajo junguiano. Si te acercas al creador de sueños y te esfuerzas en aprender su lenguaje, forjarás una relación consciente con esta parte más amplia de ti mismo. Que vuestras conversaciones sean ricas y llenas de emoción sincera.

CAPÍTULO 3

Imágenes oníricas

Asociación, explicación y amplificación

Centro todo mi trabajo en la imagen onírica e ignoro cualquier intento del soñador de apartarse de ella. Una y otra vez, en mi trabajo profesional, he tenido que repetir las palabras: «Volvamos al sueño. ¿Qué dice el sueño?».

C. G. JUNG

Trabajar con los sueños supone afrontar un desafío importante, porque nos exige tomar distancia de nuestra actitud consciente durante el estado de vigilia y habitar la perspectiva radicalmente distinta que nos ofrece el creador de sueños. No es tarea fácil. Jung escribió: «Entender un sueño es tan difícil que hace mucho tiempo que me he impuesto la norma de que, cuando alguien me explica un sueño y me pide la opinión, antes que cualquier otra cosa me digo a mí mismo: "No tengo ni idea de qué significa este sueño". Solo entonces puedo empezar a analizarlo».[1] Comenzar a interpretar un sueño con esta «mente de principiante» nos ayuda a cultivar la apertura y a liberarnos de las limitaciones que imponen las estructuras conocidas. Entablar amistad con el creador de sueños allana el camino, como hemos visto en el capítulo anterior. Una vez lo hemos hecho, ¿qué viene a continuación?

Tres niveles

Como los sueños acostumbran a consistir en una combinación de personas, lugares y cosas, ese será el lugar por el que comencemos. El creador de sueños ha elegido cada uno de estos elementos, y explorar los pensamientos, recuerdos y emociones personales en relación con componentes específicos del sueño nos puede ayudar a entender su significado simbólico. Por otro lado, resulta útil explicar y explorar las funciones objetivas de algunas imágenes oníricas (por ejemplo, una linterna, un despacho, un zapato...). Por último, hay sueños que contienen imágenes con significados casi universales, como un árbol, una rueda o el fuego. Para entender estas imágenes, hemos de buscar paralelismos en la religión, el arte, la mitología y los cuentos de hadas.

Esto da lugar a tres niveles de análisis a la hora de interpretar cualquier elemento onírico: asociaciones personales, explicaciones objetivas y amplificaciones arquetípicas. Una asociación personal es justo lo que parece: experiencias individuales, recuerdos y emociones conectadas a una imagen onírica, como un perro. Estas asociaciones pueden ir desde recuerdos agradables de una mascota de la infancia hasta un trauma relacionado con un perro. Una explicación objetiva nos ofrece una descripción y una función: un perro es un animal doméstico de cuatro patas que se suele tener como mascota, guardián o compañero de caza. La amplificación arquetípica es el método junguiano de aplicar similitudes mitológicas, culturales y simbólicas a imágenes humanas universales. Cerbero, el can de tres cabezas, custodiaba las puertas del infierno y, en el Antiguo Egipto, Anubis, el dios con cabeza de perro, regía el proceso de momificación y el más allá.

Aunque no siempre es fácil distinguir claramente entre estas tres categorías, la estructura conceptual y procedimental que ofrecen resulta muy útil y, por eso, conviene abordarlas en orden. Cada elemento onírico puede contener los tres niveles, como el perro, pero también se pueden superponer: con frecuencia, las asociaciones personales evocan la explicación y la función, y es posible que las explicaciones apunten a bases arquetípicas. Sin embargo, es importante identificar el nivel con el que estamos trabajando y ceñirnos a él hasta que decidamos pasar al siguiente, además de tener en cuenta los tres niveles para no pasar por alto una posible fuente de significado.

A lo largo de este capítulo, usaremos el sueño siguiente para ilustrar el uso de asociaciones personales, explicaciones objetivas y amplificaciones arquetípicas. Esto nos ayudará a ver cómo cada nivel puede revelar capas de significado distintas en un mismo sueño. La soñadora es una mujer de mediana edad.

VESTIDOS DE SEDA

Estoy con mi hermana en una tienda, y hay unos vestidos preciosos confeccionados con seda de colores brillantes. Nos los probamos. Mi hermana elige los más bonitos para ella, entre ellos uno de color azul turquesa intenso. Empiezo a sentirme triste y desesperanzada. Solo me quedan los vestidos feos, entre ellos uno hecho de retales. A mi hermana ni siquiera se le pasa por la cabeza pensar si debería o no acaparar los vestidos más bonitos.

Asociaciones personales

La mayoría de nuestros sueños están poblados de imágenes reconocibles de nuestro pasado y de nuestro presente; se trata de elementos extraídos de nuestra experiencia personal. Cuando aparecen, las asociaciones personales constituyen los cimientos de la interpretación de cualquier sueño, y recabarlas es una de las pocas llaves que habría que aplicar a todos los sueños sin excepción. El creador de sueños ha elegido imágenes específicas de la «biblioteca» de personas y lugares del soñador, por lo que necesitamos saber más acerca de ellas para poder discernir qué significan.

Según Jung, es imposible entender correctamente un sueño sin haber examinado antes el contexto, las emociones y los recuerdos del soñador.

> No hay interpretación posible sin el soñador. Las palabras que componen la narrativa onírica no tienen un único significado, sino múltiples. Por ejemplo, si alguien sueña con una mesa, distamos mucho de saber qué signi-

fica la «mesa» para la persona que ha soñado con ella, por mucho que la palabra «mesa» nos parezca muy poco ambigua. Porque lo que no sabemos es que esa «mesa» es donde estaba el padre del soñador cuando le negó ayuda económica y lo echó de casa por inútil. La superficie pulida de la mesa lo mira como símbolo de su lamentable inutilidad tanto durante la consciencia diurna como en sus sueños, por la noche. Eso es lo que el soñador entiende por «mesa». Por lo tanto, necesitamos su ayuda para reducir los múltiples significados de las palabras a aquellos que sean esenciales y verosímiles.[2]

Las asociaciones personales son esenciales para entender el valor simbólico de los componentes del sueño y su relación con la historia vital del soñador. Podemos tener asociaciones personales con cualquier imagen onírica, incluso con las que nos parecen extrañas o poco probables, como las naves espaciales o respirar bajo el agua. Deberíamos examinar a cada persona, lugar y particularidad de un sueño para explorar las asociaciones que suscita. **Sin embargo, las asociaciones personales son especialmente importantes cuando se trata de imágenes oníricas conectadas con elementos de la historia individual.** Si soñamos con la casa en la que vivimos durante la infancia, con nuestra mochila escolar o con el anillo que nos regaló nuestro abuelo, la mejor manera de entender esas imágenes es centrarnos en lo que significan para nosotros.

Empieza por escribir una lista de los elementos clave del sueño. A continuación, escribe recuerdos, emociones y asociaciones que te ayuden a identificar la esencia del elemento. Por lo general, las asociaciones son breves y se pueden resumir en unas pocas frases que captan la naturaleza esencial de la persona o cosa. Mantente próximo a la imagen onírica, céntrate en sus cualidades únicas y busca resonancias y significados emocionales. Es muy probable que evocar muchos recuerdos o buscar referencias exhaustivas te aleje de la imagen principal, la que concentra la carga emocional. En el sueño «Vestidos de seda», los elementos principales son: tienda, hermana, vestidos de seda, color turquesa y vestido de retales. El elemento que está ligado a la historia personal de la soñadora es la hermana, por lo que aquí las asociaciones serán especialmente importantes.

Cuando busques asociaciones personales, céntrate en las emociones que acompañan a la imagen. «Mi hermana es tres años más joven que yo» no evoca nada, porque no es más que un dato. Suele bastar con dos o tres frases cargadas de emoción, que normalmente son accesibles, como en la asociación que hizo esta soñadora: «A mi hermana le preocupa mucho su apariencia y, con frecuencia, exige ser el centro de atención. Siempre he quedado en un segundo plano... incluso se hizo con el protagonismo el día de mi boda». Las asociaciones que la soñadora establece con su hermana evocan una fuerte emoción. El significado de la imagen onírica solo será auténtico cuando aparezcan conexiones emocionales, así que sé paciente y busca asociaciones con verdadera resonancia.

Personas

Cuando busques asociaciones con amigos o conocidos, intenta describir su naturaleza esencial. Apunta recuerdos y emociones clave. A menudo resulta útil preguntarte: ¿en qué me parezco a esta persona? ¿Y en qué soy diferente?

Es habitual que en los sueños aparezcan personas que nos resultan desconocidas o que no reconocemos. Por vagas que puedan resultar, también aquí podemos hallar asociaciones. Recuerda tantos detalles como puedas acerca de esas personas. Observa si surge alguna emoción, aunque sea sutil. ¿Te recuerdan a alguien? De ser así, ¿qué asociaciones tienes con esa persona? ¿La persona desconocida de tu sueño es alta? ¿Es pelirroja? ¿Cómo reaccionas ante esos rasgos físicos? ¿Qué te sugiere tu imaginación acerca de esta persona? Plantearte estas preguntas puede aportar información útil que te ayude a ahondar en la comprensión del sueño.

Personajes famosos

En muchos sueños aparecen personas famosas (músicos, actores, personas ricas...), una categoría a la que la asociación beneficia especialmente. Las asociaciones más útiles acostumbran a tener más que ver con la faceta artística de la persona que con su biografía. Si Meryl Streep aparece en un sueño, pregúntate con cuál de sus papeles la asocias. ¿Es la desgarradora Sophie Zawistowski de *La decisión de Sophie*? ¿La conmovedora Francesca Johnson de *Los puentes de Madison*? ¿O la excéntrica Donna Sheridan de *Mamma Mia*? Si has soñado con Taylor Swift o con Beyoncé, ¿cuál de sus canciones te viene a la mente con más intensidad? Estas asociaciones son un buen punto de partida para explorar la imagen.

Lo que queda del día

Con frecuencia, los sueños recurren a imágenes extraídas de nuestra experiencia reciente. El entorno o los personajes se corresponden con la película que hemos visto antes de acostarnos o nos recuerdan a la tienda que visitamos ayer. Freud llamaba *restos diurnos* a los vestigios de recuerdos que aparecen en los sueños. Los recuerdos recientes suelen ser frescos, claros y pueden tener una carga emocional, pero el creador de sueños los usa, como usaría cualquier otro elemento, con el objetivo de crear su mensaje simbólico. Puedes examinar estas imágenes en busca de asociaciones personales, para entender por qué las ha elegido. Muchas veces, las personas que acaban de empezar a trabajar con los sueños desdeñan las imágenes asociadas a los restos diurnos porque asumen que ya las entienden. Puede parecer que las escenas del programa de crímenes reales que viste ayer han aparecido en el sueño solo porque las tenías en mente poco antes de acostarte, pero recuerda que el creador de sueños siempre nos habla en metáforas. Intenta aplicar un significado simbólico a las imágenes en lugar de asumir que se trata de algo obvio. Recaba asociaciones, apunta lo que sientes al respecto y presta atención a cómo se relacionan con temas vitales importantes con los que quizá estés teniendo dificultades en estos momentos. Por ejemplo, un hombre soñó lo siguiente tras ver un documental acerca de una especie de homínido antiguo recién descubierta:

HOMO NALEDI

Grupos de *Homo naledi* estaban emigrando a Estados Unidos, pero nadie los quería allí. Era como un problema de refugiados.

Cuando despertó, el soñador sonrió al ver que el homínido prehistórico había conseguido migrar del documental a su sueño, y estuvo a punto de no darle más importancia, porque parecía fácil de explicar como un mero producto del programa que había visto justo antes de acostarse. Sin embargo, una exploración simbólica del sueño lo invitó a preguntarse acerca de las partes antiguas y aparentemente extintas de su psique que ahora intentaban integrarse y no eran bien recibidas por su consciencia.

Aplicación de la asociación personal

Los sueños son un comentario de nuestra vida actual, ya sea interior o exterior. Por lo tanto, cuando recabes asociaciones personales, pregúntate qué relación guardan con tu situación actual. ¿Dónde se está manifestando esta dinámica en estos momentos? ¿En qué aspectos te estás comportando así? ¿Qué parte de esa persona podría representar un aspecto de ti mismo que rechazas? Una vez, Jung soñó con un abogado, una persona irrelevante pero pomposa a la que había conocido en sus ya lejanos días de estudiante. Jung le dio vueltas a la sorprendente aparición de esta persona en su sueño, hasta que se dio cuenta de que se estaba comportando de un modo legalista y con superioridad moral con alguien en su vida exterior. Descubrir a este «abogado interior» ayudó a Jung a tomar consciencia de su actitud desdeñosa.

> *Los sueños dan información acerca de los secretos de la vida interior y revelan al que sueña factores ocultos de su personalidad. Mientras permanezcan ocultos, interferirán con la vida consciente y se revelarán solo en forma de síntomas.*
>
> C. G. Jung

En el sueño «Vestidos de seda», la soñadora se podría preguntar en qué aspectos de su vida siente que se la ignora o que se aprovechan de ella. Y también, en qué ocasiones se comporta como su hermana y se muestra dominante y exigente. El sueño también puede ser un comentario de su vida exterior y de la relación con su hermana, pero también es muy probable que esté señalando una verdad sobre su mundo interior: una faceta de sí misma, similar a su hermana, que no reconoce. Conscientemente, la soñadora evitaba ser el centro de atención y serlo le provocaba ansiedad, pero el sueño le hizo saber que había una hermana interior que anhelaba protagonismo. ¿La dinámica relacional entre las dos hermanas del sueño representa un conflicto interno entre querer pasar desapercibida y el anhelo de protagonismo? Ceñirnos al proceso asociativo puede favorecer que dos piezas encajen y evoquen una resonancia emocional. Es posible que la emoción venga teñida de desasosiego, pero eso es bueno. Como los sueños acostumbran a ser un correctivo de nuestra actitud consciente, la vergüenza que podamos sentir cuando trabajamos con el sueño significa que hemos recibido la medicina que el sueño nos quería administrar.

Con frecuencia, la asociación personal es la llave que abre la puerta al significado. Una soñadora quedó desconcertada cuando uno de sus sueños incluyó a una amiga del instituto en la que no había pensado durante muchos años.

MAMÁ ESTÁ ENFERMA

Estoy en un centro comercial con Nancy. Luego voy a visitar a mi madre, pero está en un hospital. Tengo que recorrer muchos pasillos para encontrarla, pero me pierdo una y otra vez. Por fin llego a su habitación. Está en la cama, conectada a todo tipo de máquinas médicas. Me horrorizo al ver lo enferma y consumida que está.

La intensidad emocional del sueño desconcertó a la soñadora. Cuando exploró el sueño, siguió sin encontrar explicación a la aparición de Nancy, una amiga de la primaria. Sin embargo, al ahondar en sus asociaciones, recordó que el padre de Nancy había tenido un infarto de miocardio cuando ella tenía nueve años, y este había sido el primer contacto de la soñadora con una enfermedad grave o la muerte de un progenitor. Esta asociación la alertó del impacto que tiene la enfermedad de un progenitor y la ayudó a prepararse para la incipiente demencia de su madre.

Empieza a trabajar el sueño explorando las asociaciones personales con los elementos clave

Las asociaciones personales son tan importantes que las deberías recoger en todos los sueños. Son especialmente cruciales cuando se trata de elementos oníricos que tienen una importancia concreta en tu vida.

- Comienza por hacer una lista de las personas, los lugares y las cosas que han aparecido en el sueño. A continuación, anota los recuerdos, actitudes y experiencias que asocias a cada uno.
- ¿Cuál es la esencia de esa persona o cosa?
- ¿Cuál es tu emoción principal respecto a esa persona o cosa?
- ¿Hay un recuerdo decisivo que tengas en relación con este elemento onírico?
- Si buscas asociaciones con un amigo o conocido, pregúntate: ¿en qué me parezco a esta persona? ¿Y en qué me diferencio?
- Si en tu sueño aparece una persona desconocida, ¿puedes identificar algún detalle que pueda suscitar una asociación? ¿Qué te sugiere tu imaginación sobre ella?
- Si en tu sueño aparece un artista, actor o músico, ¿cuál de sus obras te viene a la mente?
- Trata los restos diurnos que aparezcan en tus sueños como cualquier otro material. ¿Qué asociaciones surgen en relación con estos eventos recientes?

Una vez que hayas recogido las asociaciones, intenta aplicarlas valiéndote de las preguntas siguientes:

- ¿Qué parte de ti es así?
- ¿Dónde se manifiesta esta dinámica en estos momentos?
- ¿De qué maneras te podrías estar comportando así?

Explicación

La explicación objetiva nos permite aplicar definiciones ordinarias a los elementos oníricos y revela niveles ocultos de significado. Jung no mencionó explícitamente la explicación ni su corolario, la función, pero ambas suelen ser importantes a la hora de entender el sueño y pueden ser especialmente útiles cuando carecemos de asociaciones personales con las personas o los objetos que aparecen en él. Cuando elabores una explicación o describas una función, imagina que te intentas comunicar con un visitante de otro planeta: una almohada es un objeto suave en el que reposamos la cabeza cuando nos tendemos para dormir o soñar;[3] un volcán es una montaña coronada por un cráter por el que el núcleo terrestre expulsa vapores o lava fundida.

¿Qué es?

Comienza por esta pregunta respecto a cualquier elemento onírico. Quizá no te parezca necesario explicar algo mundano, pero, al hacerlo, confinarás y ampliarás simultáneamente la imagen. Es posible que, si soñamos con una flor, nos sintamos tentados de saltarnos este paso. Sin embargo, más allá de ser algo bello que con frecuencia se regala para celebrar o recordar a alguien, la flor es el órgano de reproducción sexual de muchas plantas. Las particularidades de un objeto o de una persona pueden revelar niveles adicionales de significado. Un coche es un medio de transporte que usamos para movernos por el mundo, pero es distinto a una bicicleta o a un autobús. La bicicleta nos exige pedalear y el autobús es un medio de transporte colectivo. Si viajas en autobús en lugar de en coche, la decisión del creador de sueños ha sido intencional. Acuérdate de anotar los detalles mientras redactas la explicación, porque te ayudará a identificar el propósito del creador de sueños.

Imagina que has soñado con una máquina panificadora. Primero, explorarías las asociaciones personales: ¿se trata de tu máquina panificadora? ¿Es importante por algún otro motivo? Quizá fue un regalo de boda y nunca la usaste, o quizá la usaste con tus hijos cuando aún eran pequeños. Esto ayudaría a revelar el tono emocional de la panificadora y el significado de esta en el sueño. Sin embargo, asumamos que no tienes ninguna asociación personal con máquinas panificadoras. Jamás has pensado en ellas y, sin embargo, han hecho su aparición en tu sueño. Es en estos casos cuando la explicación puede ser especialmente útil.

Comienza por preguntarte qué es una máquina panificadora. Es un aparato que automatiza el proceso de hacer pan: mezcla, amasa, fermenta y hornea pan en una unidad autónoma que cabe en el mostrador de la cocina. Es un recipiente en el que sustancias no comestibles por sí mismas (harina, levadura y líquido) se combinan, se calientan y se transforman en una fuente aromática y nutritiva de alimento.

Estas reflexiones connotan una idea positiva de una máquina panificadora, pero también podríamos señalar que han sustituido a un proceso humano que requiere contacto físico, habilidad y tiempo. Hacer pan se ha convertido en un proceso automático e impersonal. Esto nos lleva a valorar sus connotaciones negativas. Qué acabará teniendo más peso dependerá, en parte, de la respuesta emocional del soñador, de la relación que se establezca entre la panificadora y otras imágenes oníricas y del papel que desempeñe en el contexto de la narrativa del sueño.

¿Te has fijado en que trabajar con la explicación objetiva de la máquina panificadora ha conducido a su raíz mítica, el pan como el sustento de la vida? La máquina panificadora, un electrodoméstico inocuo, ha acabado imbuida de significado simbólico. Esto es posible porque las explicaciones descansan sobre cimientos arquetípicos, y excavar la imagen hasta el fondo revela motivos universales. Miramos más allá de lo personal y de lo mundano en busca de patrones universales significativos, en el proceso de amplificación arquetípica del que hablaremos más adelante.

¿Qué hace? ¿Para qué sirve?

Reflexionar acerca de la función en la vida real de la persona u objeto que aparece en el sueño también puede ser útil. Los médicos practican la medicina, los jueces deciden cuestiones legales y los agentes de viajes planifican vacaciones. Los cuchillos se usan para cortar, las buhardillas sirven para guardar trastos y los perfumes hacen que olamos bien. Todas estas explicaciones nos ayudan a enfocar el posible significado de los elementos del sueño. Piensa en el sueño de esta terapeuta, que consumía cannabis durante su jornada laboral.

POLICÍA

Observo cómo la policía saca cosas de la casa de otra mujer (un bebé que llora, una colcha de chenilla, una lámpara...). Se lo llevan, porque la mujer consume drogas.

Una parte de la soñadora sabía que estaba mal ofrecer psicoterapia bajo la influencia del cannabis, pero había racionalizado su conducta y no quería pensar en las posibles consecuencias. La explicación nos dice que la policía aplica la ley. El policía psíquico interior de la soñadora quería que se hiciera responsable del consumo de drogas, y el creador de sueños le envió el mensaje de que podía pagar un precio muy alto por su conducta.

La lente de un naturalista

Aplicar una lente naturalista a los elementos oníricos también te ayudará a expandir su comprensión. Si sueñas con una jirafa, dedica unos instantes a investigar sobre ellas. Descubre todo lo que puedas acerca de sus hábitos. Son los animales terrestres más altos del planeta y el rumiante más grande. Tienen patas y cuellos largos que les permiten comer las hojas de los árboles altos y un patrón de manchas hermoso que les sirve de camuflaje. Viven en grupos sociales estables y viajan juntas grandes distancias en busca de comida. Incluso si no sabías mucho acerca de las jirafas antes de soñar con ellas, el creador de sueños está usando las cualidades de la «jirafidad» para simbolizar algo de tu mundo interior. Explorar las cualidades naturales de un animal o de un elemento te puede ayudar a darle sentido.

Por el contrario, la discrepancia entre cómo se comporta algo en el mundo real y cómo actúa en el sueño es un mensaje del creador de sueños. Si sueñas con un perro que trepa por un árbol o con un coche que vuela, sabrás inmediatamente que esas imágenes se alejan mucho de la naturaleza esencial de los perros y de la función de los automóviles. Identificar esas diferencias te puede ayudar a aclarar el significado del sueño. Piensa en este sueño de una mujer de cuarenta y tres años.

CONTRAPESO

Estoy en un estanque. Frente a mí, hay un trozo de granito verde con una incrustación metálica circular y un anillo unido a ese metal. Parecen los restos de un contrapeso, como los que se usaban para abrir las puertas de los castillos. Lo miro, y con el poder de mi mirada, hago que la roca flote hasta la superficie del agua y se deslice sobre ella. Empieza a rebotar sobre el agua.

Comenzando por la explicación, un contrapeso es un sistema mecánico que facilita levantar masas grandes multiplicando la fuerza humana aplicada. El contrapeso que se usaba para levantar la puerta de un castillo compensaba el peso de esta, de modo que se necesitaba menos fuerza para abrirla. En este sueño, el contrapeso no funciona como debería: el ego del sueño lo hace flotar y deslizar con solo mirarlo. Cuando un elemento onírico opera de un modo contrario a la física o a su función, lo más habitual es que se refiera a una dinámica psicológica. Nos podríamos preguntar qué aspecto «pesado» de la psique de la soñadora ha sido contradicho de manera mágica. La soñadora evitaba afrontar un asunto «pesado» en la vida real adoptando prácticas espirituales centradas en la positividad. Quizá usar ese asunto vital «pesado» como contrapeso permitiría que las puertas de su castillo interior se abrieran más fácilmente.

Etimología

Tener en cuenta el origen de una palabra al elaborar una explicación puede ser útil a la hora de ahondar un poco más en el significado de una imagen o frase hecha. Por ejemplo, la palabra *automóvil* se remonta, a través del francés, griego y latín, a *auto mobilis*, que significa «movimiento autónomo», lo que convierte a los automóviles en una imagen de cómo nos movemos en el mundo. El nombre de la ciudad de Los Ángeles remite a seres celestiales, mientras que «universidad» contiene la palabra *universo*. Basta con que escribas una palabra y *etimología* en un buscador en internet y verás cómo se abren significados adicionales.

Juegos de palabras

Los chistes y los juegos de palabras constituyen una categoría especial de explicación. El inconsciente usa el lenguaje de forma figurativa y, a veces, darse cuenta de los dobles sentidos puede desbloquear el significado de un sueño. En el sueño de los «Vestidos de seda», la palabra *tienda* también puede interpretarse como «acumular» o «almacenar». ¿Ha guardado la soñadora su asertividad y su deseo de admiración? Las definiciones de las palabras polisémicas pueden abrir posibilidades de significado adicionales.

Una mujer soñó que se dormía en una cueva en la que se había refugiado. Al despertar, había una pantera junto a ella. Los ojos amarillos la observaron durante un largo instante y luego se fue. La soñadora estaba paralizada de miedo al tiempo que hipnotizada por la belleza de la piel azabache de la pantera. En estado de vigilia, esta mujer temía adoptar una actitud más autoritaria en su matrimonio: la pantera se convirtió en *pant-era*. Parecía que el sueño le estuviera pidiendo que se pusiera los *pant*-alones para asumir la autoridad que *era*. Otra mujer soñó que se había quedado atascada intentando resolver un rompecabezas. Al trabajar el sueño, se dio cuenta de que se estaba «rompiendo la cabeza» con una situación de su vida cotidiana.

Aplicación de la explicación

La explicación puede revelar el significado detrás de personas y objetos oníricos, sobre todo cuando carecemos de una conexión sólida con estos. Si volvemos al sueño «Vestidos de seda», podemos identificar los elementos que se benefician de la explicación: tienda, vestidos de seda, turquesa y retales. Después de explorar las asociaciones personales, podemos elaborar explicaciones concisas. Una tienda es un lugar en el que se compran cosas y donde, por lo general, se puede elegir entre distintos artículos. Un vestido de seda de colores brillantes es una prenda de lujo para ocasiones especiales. El turquesa es un color luminoso que lleva el nombre de una piedra semipreciosa que se asocia con la buena suerte. Los retales son trozos de tela de prendas usadas que se reutilizan para reparar otras prendas o confeccionar nuevas, como colchas de patchwork.

Una vez hemos llegado a la explicación concisa, debemos atender al significado metafórico. Una tienda ofrece abundancia y opciones, a las que el ego onírico no puede acceder. El vestido de retales indica que la soñadora solo merece retales de vestidos usados y que se viste con una autoimagen desaliñada, incapaz de acceder a una autoestima sedosa y valiosa. Quizá también nos podríamos preguntar si se sugieren nuevos comienzos, dado que confeccionar colchas de retales, por ejemplo, exige mucha creatividad y habilidad. La explicación puede facilitar la aparición de valores y actitudes subyacentes.

Explica un elemento onírico usando una definición común

Describir qué es y qué hace un elemento onírico puede revelar la intención metafórica del creador de sueños. Piensa en las preguntas siguientes:

- ¿Quién es esta persona o qué es este objeto? Descríbelo como si se lo estuvieras explicando a un extraterrestre.
- ¿Cuál es la función de ese objeto o persona? ¿Qué función desempeña esa persona? ¿Para qué sirve ese objeto?
- ¿Te ayuda la etimología a ahondar en el significado de la palabra?
- ¿Detectas juegos de palabras, dobles sentidos o polisemias?
- ¿De qué maneras contribuyen esas capas de significado adicional a la comprensión simbólica de la persona o del objeto?
- ¿Por qué ha escogido el creador de sueños a esta persona u objeto concretos? ¿Cómo se relaciona con algo que esté pasando en tu vida ahora?

Amplificación arquetípica: Los ecos de lo universal

La amplificación arquetípica, una de las principales aportaciones junguianas al análisis de los sueños, amplía la perspectiva a la hora de reflexionar acerca de los elementos oníricos. Consiste en revelar la raíz simbólica de una imagen para expandir la comprensión de esta. En palabras de Jung: «Cuanto más se profundiza, más amplia se vuelve la base».[4] Encontrar similitudes con temas universales, ya sea en la mitología, la religión, el arte o cualquier otro sistema simbólico, es intrínseco a la amplificación, y lo hacemos intuitivamente cada vez que decimos: «Es como...» o «Me recuerda a...». ¿Te acuerdas de la máquina panificadora? Es «como» el crisol de los alquimistas, donde la *prima materia*, la materia prima básica, se transmuta en la piedra filosofal. Cuando sabemos que la máquina panificadora pertenece a un tipo de recipiente que da lugar a un cambio transformativo, amplificamos.

Jung llevó a cabo un amplísimo estudio de mitos, cuentos de hadas y símbolos que le reveló patrones psíquicos universales. Los llamó *arquetipos*, una palabra que procede del griego y que significa «primer molde» o «patrón original». Jung asemejó el arquetipo con la estructura cristalina inherente a una solución. Cuando la sal se disuelve en agua, no tiene estructura cristalina, pero, cuando el agua se evapora, aparecen, sin falta, los cristales característicos de la sal. De manera similar, los arquetipos viven en nosotros como en una solución, hasta que situaciones vitales, emociones o conductas concretas hacen que cristalicen en la consciencia. Los arquetipos son estructuras organizativas dinámicas de la posibilidad humana y de la vida psíquica, y producen imágenes similares en culturas distintas.

Es importante distinguir entre arquetipos y figuras arquetípicas. Los arquetipos son estructuras psíquicas prototípicas y son invisibles, pero actúan sobre la consciencia y crean patrones de conducta humana observables en los rituales, en los mitos y en el arte. Los arquetipos son bipolares: tienen una cara y una cruz. Por ejemplo, el aspecto positivo del arquetipo de la madre aparece representado en figuras como Pachamama, la diosa inca de la Tierra, la Virgen María o Isis, la diosa egipcia de la curación. En cambio, el aspecto negativo de la madre arquetípica se manifiesta en figuras como la diosa india Kali, Medusa o la bruja.

Las imágenes arquetípicas en los sueños conectan nuestra vida personal con el sustrato universal que subyace a nuestra existencia, y nos recuerdan que formamos parte de un todo más grande y ordenado. Estas imágenes funcionan como señales importantes en nuestro viaje de individuación, nos muestran el camino a la hoguera central y nos instan a participar en nuestro propio desarrollo. En los sueños, estas imágenes pueden aparecer de dos maneras principales. La primera es como «sueños grandes», en los que experimentamos, sin lugar a duda y de un modo muy impactante, un poder no personal (como en el sueño de Brynn, mencionado en la introducción). Los sueños grandes nos pueden conmocionar profundamente, porque nos llevan a descubrir que nuestra historia personal forma parte de una narrativa más amplia. Es una experiencia que puede desencadenar cambios vitales: una mujer soñó que un pájaro volaba hasta el interior de su corazón y, tras esa vivencia, decidió iniciar estudios teológicos.

Sin embargo, lo más habitual es que los referentes arquetípicos se inserten de formas sutiles en sueños cotidianos, como en la imagen de una máquina panificadora. En este caso, identificar la raíz arquetípica permite entender más plenamente el sueño. Estas resonancias son muy abundantes y, con frecuencia, se esconden tras el velo de lo ordinario, porque los ritmos y realidades del mundo arquetípico permean la experiencia humana. La amplificación inserta significado personal en la psique y permite que nos demos cuenta de que el ego existe en relación con un todo más grande, lo que nos lleva a la conexión transpersonal.

Cuando trabajes con un sueño, piensa en si hay elementos que se presten a la amplificación arquetípica. Las imágenes sobrenaturales suelen invitar a este tipo de aproximación. Más adelante, hablaremos de otras situaciones en las que puede resultar útil llevar a cabo una lectura arquetípica, como en sueños con pocas asociaciones personales o en aquellos que provocan un profundo sobrecogimiento. Por ahora recuerda que incluso las imágenes oníricas más mundanas pueden hacer referencia a temas míticos. Por ejemplo, soñar que eres secuestrado puede evocar el rapto de Perséfone a manos de Hades. Soñar que huyes en avión puede remitir a figuras míticas de jinetes voladores, como Belerofonte, quien domó a Pegaso, o Faetón, que condujo el carruaje de su padre, el dios del Sol, a través del cielo, lo que finalmente causó su ruina. Es muy habitual soñar con animales, los cuales casi siempre tienen un significado simbólico y arquetípico. La curiosidad y el espíritu de juego (además del apoyo de diccionarios de símbolos) serán tus aliados en esta exploración de imágenes arquetípicas.

Aplicación de la amplificación arquetípica

La comprensión arquetípica de un sueño enriquece y profundiza en su significado porque reconoce el contexto más amplio al que pertenece la imagen o la acción onírica. La amplificación recurre a temáticas e imágenes mitológicas, por lo que conviene conocer al menos una tradición mitológica, leer o releer cuentos de hadas y pasar tiempo investigando símbolos religiosos e imágenes artísticas. Aunque es poco probable que alguno de nosotros construya una «biblioteca de referencias» tan extensa como la de Jung, sí que tenemos algo de lo que Jung carecía: ¡acceso a internet! Y, tal y como hemos dicho antes, los diccionarios de símbolos son un recurso valiosísimo. Relacionan imágenes con sus raíces arquetípicas y ofrecen referencias mitológicas, literarias y religiosas para muchos temas. Un diccionario simbólico no fija el significado de una imagen, sino que, por el contrario, lo abre. (En el apartado de recursos, al final del libro, encontrarás algunos de nuestros favoritos). Cuanto más podamos relacionar el contenido de un sueño con imágenes arquetípicas, más fácil nos resultará reconocer leitmotivs míticos.

Apliquemos ahora la amplificación a «Vestidos de seda». A veces, un sueño evoca un mito o un cuento de hadas. Los motivos narrativos que perduran en el tiempo se basan en patrones psíquicos arcaicos, por lo que el creador de sueños los conoce muy bien y el sueño que forja puede evocar cuentos conocidos. En este sueño, ¿es posible que ver a una hermana acaparar los vestidos bonitos mientras que la otra debía vestirse con harapos te haya recordado a la historia de Cenicienta?

Las altivas hermanastras de Cenicienta son despectivas como la hermana del sueño. ¿Cenicienta está atrapada en su vida de miseria o puede defender su dignidad y tomar las riendas de su vida asistiendo al baile real? Este cuento puede ayudar a la soñadora a ubicar su experiencia en un contexto alentador y de larga tradición. En su vida diaria, la soñadora se sentía atrapada por un mandato interno de modestia: casi nunca se hacía valer ni reclamaba el protagonismo. Su sentido de merecimiento había sido relegado al inconsciente, donde se manifestaba en el sueño como la hermana autoritaria, un reflejo exacto de cómo ella misma sofocaba su deseo de sentirse especial, hermosa y admirada. El sueño la invitaba a integrar parte del orgullo y la confianza de su hermana y a vivirlo conscientemente, tal y como hace Cenicienta cuando acude al baile.

Sueños sin asociaciones personales

Cuando un sueño ofrece pocas oportunidades para la asociación personal y la explicación apenas ofrece información adicional, la amplificación arquetípica puede abrir la puerta a significados clave. La amplificación arquetípica es una herramienta esencial para sueños como el que encontrarás a continuación.

CABALLOS DE FUEGO

Estoy con un grupo de personas, de camino a algún lugar. Me detengo a hablar con un hombre y el grupo sigue sin mí. Hay caballos corriendo en círculo. Todos son negros, con llamas que les salen del pecho o de los costados mientras corren. Estoy fascinada. Corren con fuerza y determinación y me da la sensación de que están en un pequeño valle o terreno que les es propio. Me interpongo ligeramente en su camino, pero siguen corriendo sin detenerse y me esquivan o los esquivo, no sé muy bien cómo. Veo que hay otro valle con caballos corriendo, negros, de fuego.

Hacía poco que la soñadora había puesto fin a una relación importante y se sentía perdida y sola. El sueño la presenta aislada y separada del grupo, pero en este estado tiene un encuentro sobrenatural. Como los caballos con pechos en llamas no son naturales, intuimos inmediatamente que debemos buscar el significado en el mundo arquetípico. Los caballos de fuego solo pueden surgir del *mythos*, el manantial del que brotan las imágenes arquetípicas que aparecen ya en historias antiguas y en símbolos de pueblos de todo el mundo. Los caballos de fuego son un signo astrológico chino; en el libro bíblico del Apocalipsis aparecen caballos que echan fuego, humo y azufre por la boca; y, en la mitología griega, los caballos de fuego tiraban del carro de Helios, el dios del Sol. No hace falta descubrir todas las referencias a caballos mágicos para percibir el tema mítico principal: los caballos de fuego se asocian a una energía y a un poder extraordinarios.

Animales oníricos - Fauna interior

Los animales oníricos son especiales y merecen un espacio propio. Al igual que en la mitología, la religión y los cuentos de hadas, los animales abundan en los sueños y aparecen en forma de mascotas, bestias míticas o híbridos, como Ganesha, el dios hindú con cuerpo humano y cabeza de elefante. Serpientes, perros, caballos y gatos son frecuentes en los sueños y, aunque es probable que abunden las asociaciones personales, también reconocemos la diferencia entre las representaciones animales de nuestras facetas más instintivas. Intuimos incluso la diferencia entre una mariposa y una polilla.

Las representaciones animales evocan emociones: un gatito triste, un ciervo con cornamenta o una serpiente de seis metros. (Si hay algo de lo que podemos estar seguros es de que, antes o después, casi todo el mundo sueña con una serpiente). Cuando recibimos la visita de animales en sueños, la emoción se intensifica. Los animales también nos conectan con las sensaciones físicas: los huesos bajo el pelaje, el afilado pico de un ave o escamas iridiscentes que centellean bajo el agua. Los animales nos conectan con partes de nosotros que no conoceríamos de otro modo, que hemos olvidado o que tememos. Sin embargo, los encuentros con nuestros animales interiores son impactantes y siempre tienen un significado sagrado.

Marie-Louise von Franz, una de las colaboradoras más cercanas de Jung, estudió cuentos de hadas de todo el mundo. Dijo que solo encontró un tema universal: hay que prestar atención a las conversaciones con animales. Por lo tanto, debemos responder a la llamada a conectar con los animales que pueblen nuestros sueños. Tienen algo que decirnos, tanto si son temibles como amistosos, conocidos o desconocidos, porque representan tanto la sombra personal como la sabiduría profunda de la vida instintiva. Incluso un gato persa mostrará su instinto depredador si un pajarillo vuela junto a él. El gato que aparece en tu sueño es a la vez único y miembro de la amplia y antigua categoría de gatos: sagrados, salvajes, domésticos y fantásticos. Los animales son grandes conectores de lo personal y lo colectivo, y amplifican la experiencia individual con el simbolismo arquetípico.

Una experiencia trascendente

Las imágenes arquetípicas ejercen un efecto específico en la consciencia. A medida que los potenciales subyacentes emergen y dan forma y significado a la experiencia, evocan la sensación de trascendencia. «He descubierto que... cuando en un sueño aparecen espontáneamente contenidos "arquetípicos" —escribió Jung—, efectos numinosos y sanadores emanan de ellos. Son experiencias psíquicas primordiales que, con frecuencia, permiten a los pacientes acceder nuevamente a verdades religiosas bloqueadas».[5] Jung usaba el adjetivo *numinoso* para describir experiencias repletas de sobrecogimiento y otredad sublime. Una reacción emocional intensa ante una imagen onírica suele señalar un encuentro arquetípico. Cuando un sueño inspira una reacción semejante, es muy probable que la amplificación arquetípica sea la llave para su comprensión.

LA BALLENA

Estoy en una barca de remos en medio del océano. De repente, una ballena emerge de las profundidades cerca de mi embarcación. La miro a los ojos, que parecen llenos de una sabiduría inmensa pero ajena. Sé que puede volcar la barca y lanzarme al agua. Estoy sobrecogido de asombro.

Este sueño apareció cuando el soñador atravesaba una crisis de inseguridad en sí mismo. La sensación de presencia e intensidad arcaicas fue numinosa. El soñador quedó impactado por la fuerza emocional del sueño, y explorar sus referencias mitológicas ahondó su significado. Las ballenas son gigantes del océano, el vasto inconsciente, y estos encuentros son deíficos. Moby Dick derrotó a todos los que la perseguían, excepto a uno. Jonás fue engullido por una ballena y salió transformado. En el libro de Job, Dios se compara con Leviatán, una criatura marina de tamaño y fuerza colosales, como una ballena: «Nadie hay tan osado que lo despierte: ¿quién pues podrá estar delante de mí?».[6]

La ballena está relacionada con la muerte y el renacimiento, y con la experiencia inescrutable de lo divino: es la reina de las profundidades misteriosas y el soñador se arrodilla ante su poder. El sueño ofrece una experiencia plena de relación con algo infinitamente mayor. La ballena representa la relación entre nuestro yo consciente y el centro guía de la personalidad que Jung llamó *Sí-mismo*, o la relación entre nosotros y Dios. Los sueños de este tipo trascienden la interpretación.

> *Cuando alguien llega al arquetipo en un sueño, ha encontrado, por así decirlo, el tesoro, la llave con la que puede abrir la puerta cerrada, o la magia que puede exorcizar una situación peligrosa. Esto es algo que ya sabían los antiguos en tiempos prehistóricos.*
>
> C. G. Jung

Reconocer un motivo mítico en un sueño puede ser emocionante y la tentación de lanzarnos directamente a la amplificación puede ser fuerte. Sin embargo, olvidar las asociaciones personales puede entorpecer la búsqueda de significado. Esto nos quedó muy claro durante nuestra formación junguiana. Joseph, Deb y Lisa estaban en un seminario en el que se presentó el caso de un paciente que había soñado con abejas. Varias personas se lanzaron inmediatamente al simbolismo arquetípico y destacaron las referencias a las abejas y la miel en mitos, leyendas y cuentos de hadas. Entonces, la persona que había presentado el sueño explicó que el soñador tenía alergia a las picaduras de abeja, con riesgo vital.

Nuestra interpretación hubiera ido en una dirección completamente errónea de no haber contado con esta asociación personal vital. Es muy posible que los aspectos arquetípicos de las abejas hubieran servido para profundizar en la imagen onírica; los significados personales y arquetípicos no son mutuamente excluyentes. Incluso significados contradictorios pueden coexistir, porque la ambivalencia y la paradoja tienen su espacio en los sueños. Sin embargo, lo personal siempre debe primar, porque el significado del sueño se ancla en lo individual.

Amplifica imágenes arquetípicas usando imágenes universales

La amplificación arquetípica nos permite encontrar resonancias entre nuestros sueños y las imágenes universales y primordiales. Aunque no debería anteponerse a las asociaciones personales, puede ser especialmente relevante cuando no existen conexiones o recuerdos relacionados con el contenido del sueño. Para usar la llave de la amplificación arquetípica, reflexiona acerca de las preguntas siguientes:

- ¿El sueño está impregnado de emoción abrumadora y de numinosidad? Si es así, considera si se trata de un sueño grande, nacido del reino de los arquetipos.
- ¿El sueño contiene elementos mágicos, cosas que no pueden suceder en la vida real? En este caso, es probable que se trate de imágenes arquetípicas. Consulta un diccionario de símbolos o internet para saber más.
- ¿El sueño te recuerda o te hace pensar en un mito o cuento de hadas? Familiarizarte con las narrativas de este tipo te puede ser útil.
- ¿Cuál es la raíz mítica de los elementos «ordinarios»? ¿De qué manera comprender esta raíz puede ampliar el significado del sueño?

Las tres llaves

Ahora, aplicaremos las tres llaves de este capítulo para desvelar el significado de algunos sueños: asociación personal, explicación objetiva y amplificación arquetípica.

Una mujer de mediana edad soñó lo siguiente:

CIERVO MUERTO

Es de noche y voy camino a una tienda 24 horas en las afueras de la ciudad. Me doy cuenta de que alguien me sigue y me asusto. Aprieto el paso y me alivio al ver las luces de la tienda delante de mí. Mi perseguidor también acelera y empiezo a correr, pero está a punto de atraparme. De repente, me doy media vuelta y disparo. Entonces, veo que no era un hombre. En el suelo yace un ciervo. Me invaden el horror y el arrepentimiento.

ASOCIACIÓN Y EXPLICACIÓN: La soñadora, que vivía en una ciudad, asoció el ser perseguida a una experiencia reciente, en la que tomó un atajo por un callejón oscuro en lugar de seguir por la calle iluminada. No se le acercó nadie, pero se había sentido vulnerable y asustada. Una tienda 24 horas es un establecimiento que vende artículos diversos y tentempiés, y está abierta por la noche. El cristal del escaparate dejaba pasar mucha luz y prometía seguridad. También podemos pensar en las múltiples connotaciones de «atajo» y de la comodidad que ofrecen las tiendas 24 horas. ¿En qué aspectos puede la soñadora haber tomado atajos psicológicos en aras de la comodidad? Quizá, el creador de sueños ha usado esta experiencia para representar la actitud temerosa de la soñadora en relación con un potencial psíquico nuevo que se quiere acercar y ser integrado. ¿Es posible que esté saboteando una conexión potencial con un aspecto de sí misma semejante al ciervo?

AMPLIFICACIÓN: La calle oscura conjura imágenes del Hades, y contrasta con la tienda, muy iluminada. La oscuridad y la luz representan el inconsciente y el consciente. En la mitología griega, Acteón, un cazador mortal, espió a la diosa Artemisa, que se bañaba en el bosque junto a su séquito de ninfas. Artemisa, encolerizada por la intrusión, lo transformó en ciervo. Sus propios perros le dieron caza y lo mataron. Si bien el paralelismo no es exacto, el ego onírico, como Artemisa, reacciona con una fuerza aniquiladora. El sueño solo dice que alguien la sigue; ella asume que la están persiguiendo y no se da la vuelta para mirar antes de disparar. La naturaleza instintiva de la soñadora se quiere integrar, pero el ego onírico se siente amenazado y reacciona de un modo exagerado.

Apliquemos este mismo proceso a otro sueño. Un hombre que estaba pensando en jubilarse temía las posibles consecuencias de vivir de su pensión mientras cuidaba de su mujer, que sufría una enfermedad crónica. Soñó lo siguiente:

LA MANSIÓN MÁGICA

Estoy en una mansión que es como un museo. No hay nadie más y estoy disfrutando del acceso a este lugar maravilloso. Me siento en un banco, para descansar mientras admiro obras de arte. A mi derecha, veo un pasillo largo y ancho y, mientras miro, veo un león al otro lado de la sala a unos nueve metros de mí. Me sorprendo. Tengo miedo y me quedo muy quieto, para no llamar su atención. El león no me ve y sigue su camino. Entonces, veo un gorila. Se da media vuelta, me mira y chilla. Estoy aterrado, pero también sigue su camino. ¡Y ahora veo un elefante! Se da media vuelta y avanza, despacio, hacia mí. Me quedo inmóvil. Cuando llega, se detiene, agita la trompa lentamente sobre mi cabeza varias veces, se da media vuelta y se va. No doy crédito a lo que acaba de suceder.

ASOCIACIÓN Y EXPLICACIÓN: El soñador inició su vida laboral como artista, y tenía recuerdos positivos de haber visitado museos. Una mansión es un hogar espléndido y espacioso con muebles lujosos y obras de arte. Al soñador le preocupaba que dejar de trabajar supusiera tener que renunciar a cosas. ¿Se tendría que despedir de la riqueza y de la vitalidad?

AMPLIFICACIÓN: Los animales salvajes, tan fuera de lugar en esta mansión, representan todo lo que es salvaje, indómito y lleno de energía sagrada. Los elefantes se asocian a la sabiduría y la inteligencia, y Ganesh, el dios hindú, es conocido por eliminar los obstáculos. El creador de sueños muestra al soñador que incluso en este momento de transición y de aparente disminución, la vida, la vitalidad y la belleza siguen siendo abundantes: hay muchas más posibilidades de las que cree. La experiencia fue numinosa. El creador de sueños había afirmado los méritos de su trabajo y su derecho al «arte» de la jubilación, a pesar de la aprensión de la consciencia del soñador.

*

Ahora dispones de varias llaves que puedes añadir a tu llavero: asociación, explicación y amplificación. El trabajo con sueños comienza con la humilde tarea de recabar asociaciones personales y de explorar su significado. La explicación objetiva amplía nuestra comprensión y la amplificación arquetípica nos permite acceder al almacén de la experiencia humana universal. Todos tenemos un pie en cada mundo: nuestra experiencia individual, que es total y únicamente nuestra; y lo eterno y lo universal, que nos conecta con un todo más grande. Noche tras noche, los sueños nos recuerdan nuestra naturaleza dual.

CAPÍTULO 4

El cuestionable ego onírico

Encuentros en el mundo interior

Soñamos para conocer la parte de nosotros que más ajena nos resulta.
C. G. Jung

Cuando le pedimos a alguien que nos cuente un sueño, lo más probable es que responda desde el «yo»: «[Yo] estaba con unos amigos en un partido de hockey» o «[Yo] estaba en el coche, con mi familia». Los analistas junguianos llamamos *ego onírico* al «yo» de los sueños. El ego onírico es la identidad que nos resulta familiar, incluso cuando nos encontramos en situaciones oníricas improbables, como ir a trabajar vestido de buzo, conducir un coche desde el asiento trasero o ser perseguido por zombis. En la narrativa del sueño, el ego onírico acostumbra a estar relativamente alineado con nuestra personalidad consciente, en estado de vigilia, mientras que otros elementos del sueño representan distintas facetas del inconsciente. Si prestamos atención a cómo el ego onírico se relaciona con otros elementos, podemos hacernos una idea de en qué aspectos tendemos a ser rígidos o estrechos de miras y de cómo nos protegemos de pensamientos, emociones y actitudes que cuestionan nuestra postura consciente.

Tal y como explica el analista junguiano Michael Vannoy Adams, el trabajo con sueños ofrece la oportunidad de «explorar la posibilidad de una relación efectiva entre la imagen del ego y las imágenes no egoicas».[1] Examinar cuidadosamente cómo aparece representado el ego onírico y cómo se relaciona con otros elementos puede ser muy útil a la hora de revelar el mensaje del sueño. Muchas veces, el ego onírico se comporta con ineptitud y arrogancia. Al igual que al ego consciente, le gusta pensar que lleva las riendas. Jung escribió que el ego «no es el único amo de su casa y está completamente rodeado por el factor al que llamamos *inconsciente*».[2] El creador de sueños nos muestra cada noche que en nuestra casa interior suceden muchas más cosas de las que sabemos. El proceso de individuación exige que el ego y el inconsciente desarrollen una relación sólida y receptiva. Los sueños nos ayudan en este proceso, porque nos indican el estado de esas relaciones internas y despiertan nuestra curiosidad por las partes desconocidas de nosotros mismos.

«Solo estoy mirando»

A veces, tenemos sueños en los que no hay un «yo». Quizá el sueño solo ofrece impresiones sensoriales, como «una terraza de baldosas» o «un perro ladrando». Es posible que se trate de fragmentos de un sueño más grande que no podemos recordar o de la respuesta desarticulada de la psique en un momento de perturbación o estrés.

En otras ocasiones, experimentamos la narrativa y la acción del sueño, pero el «yo» aparece únicamente como observador, quedando al margen mientras otros actúan, como si viera el sueño proyectado en una pantalla de cine. A veces, incluso aparece la imagen del soñador soñando. Este recurso permite al creador de sueños presentar temas psíquicos a una distancia segura, para suavizar nuestras reacciones defensivas ante una situación provocativa. De la misma manera que podemos tolerar en una película sucesos que nos abrumarían en la vida real, el modo en tercera persona otorga objetividad al ego onírico. A veces, soñamos que el «yo» del sueño es de una raza, sexo o edad diferentes a los del yo biológico.

«Pues sí, soy yo»

De todos modos, en la mayoría de los casos, aparecemos como protagonistas del sueño, y nuestras actitudes, conductas y emociones coinciden bastante bien con las de nuestra vida de vigilia.

MI VECINA, J. K. ROWLING

He conocido a J. K. Rowling. Ella y su familia se han mudado a la casa de al lado. Nos estamos haciendo amigas. Aunque intento no hacerle demasiado la pelota, no puedo evitar sentirme un poco abrumada. Rowling y su marido han venido a cenar, y estoy hablando con él. Resulta que Rowling sufre de depresión, algo con lo que ha luchado durante toda su vida.

La soñadora explicó que las emociones del ego onírico coincidían con las que sentiría si J. K. Rowling realmente se mudara a la casa vecina. Simbólicamente, en estos momentos, una gran energía creativa acaba de llegar al barrio psíquico de la soñadora, pero es vulnerable y, quizá, necesita la ternura y el afecto del ego onírico.

> *Los sueños no son invenciones deliberadas ni arbitrarias; son fenómenos naturales y son exactamente lo que aparentan ser. No engañan, no mienten, no distorsionan ni ocultan. Intentan expresar algo que el ego desconoce y no entiende.*
>
> C. G. Jung

La prueba de la vida real

Sin embargo, hay ocasiones en las que el ego onírico se comporta de un modo muy distinto a como lo hacemos cuando estamos despiertos. Nos descubrimos haciendo tonterías y comportándonos de un modo cruel o irracional, y nos parece increíble que semejante conducta tuviera sentido en el sueño. Una mujer que trabaja como contable soñó lo siguiente:

COPOS DE MAÍZ

Estoy reunida con una clienta importante por la mañana. Estamos en la casa donde vivía de niña. Tengo hambre, así que me preparo un tazón de copos de maíz con leche mientras hablo con ella.

En el sueño, parecía natural tener la reunión en su casa de la infancia mientras comía cereales. Las discrepancias significativas entre la conducta del ego onírico y las normas de la vida durante la vigilia llaman la atención y abren la puerta a la exploración. Preguntarnos «¿Y si esto sucediera en la vida real?» nos puede ayudar a oír el mensaje del creador de sueños. El hecho de destacar las discrepancias entre las actitudes y las conductas de la vida real y las del ego onírico acostumbra a abrir la puerta a dinámicas emocionales inconscientes. La prueba de la vida real ayudó a esta soñadora a reconocer su ambivalencia hacia la clienta: las prácticas empresariales de esta la incomodaban, pero al mismo tiempo se sentía nerviosa ante la idea de confrontarla. El sueño revela su tendencia a adoptar una actitud infantil frente a conflictos no reconocidos.

Aplica la prueba de la vida real

Aplicar la prueba de la vida real a los sueños puede ser muy útil. Responde a las preguntas siguientes:

- ¿Y si esto sucediera en la vida real?
- ¿Qué haría? ¿Cómo me sentiría?
- ¿Qué sabría que no sé ahora?
- ¿Cómo cambiaría mi vida si esto sucediera de verdad?

Desenmascarar a Persona

El ego onírico también puede revelar problemas con la *persona*, que en griego aludía a la máscara que los actores se ponían para representar a los personajes que interpretaban. Jung usó esta palabra para describir los roles que desempeñamos en nuestra vida cotidiana, como vecino, amigo o empleado. El contexto social y relacional moldea nuestros roles, y elegimos las máscaras en consecuencia. Con frecuencia, la persona se comunica a través de la ropa, los accesorios, el peinado y otros detalles. Percibimos inmediatamente la diferencia entre botas militares, zapatillas deportivas y sandalias, por no hablar ya de zapatos rojos de tacón.

Contar con una persona adecuada es saludable y adaptativo: nos permite satisfacer las necesidades del mundo exterior y desenvolvernos socialmente con competencia. La persona solo se vuelve problemática si es inadecuada o rígida. Por ejemplo, nos podemos identificar excesivamente con un rol, como el de estrella, madre o científica; lo que hacemos no define quiénes somos. Una persona adecuada facilita las relaciones interpersonales, pero si nos aferramos a ella con demasiada fuerza, entorpecemos la individuación.

Los sueños pueden señalar dificultades derivadas de una persona inadecuada o inapropiada, como en este sueño de una mujer de treinta y pocos años:

ATUENDO PARA UNA BODA

Estoy en casa de mis padres, intentando decidir qué ponerme para la boda de una amiga con la que hace poco he tenido un conflicto muy perturbador y con la que no hablo desde hace meses. En el sueño, mi madre me critica y estoy enfadadísima. Es como si intentara avanzar entre la ira, que se pega a mí como melaza. Soy incapaz de encontrar algo que ponerme, y salgo de la casa en estampida. Al salir, veo a mi hermana, que de alguna manera también es mi marido, sentada en una butaca junto a la puerta de casa. Me dice que estoy fuera de control, que he de parar. No le hago caso, y me voy. Una vez fuera, la ira se disipa. En la calle hay un hombre a lomos de un enorme caballo negro. No lo conozco. Me tiende la mano y, con facilidad, me sube al caballo. Me siento a horcajadas. Tengo miedo de ir a la boda y ver a mi amiga, pero me siento feliz de estar con el hombre en el caballo. Me siento segura y mi ira se desvanece. Cabalgamos hacia la ciudad y desmonto cerca de una iglesia unitaria. Miro mi reflejo en el escaparate de una tienda. Llevo un conjunto de falda y chaqueta; la blusa es roja y blanca, transparente,. con una gran cruz celta. Me doy la vuelta y veo al hombre, que ha desmontado. Al mirarlo siento una poderosa sensación de resolución, confianza e impulso.

Hacía poco que la soñadora había iniciado un proceso de psicoterapia y empezaba a conectar con la ira que no se le había permitido experimentar durante la infancia y la adolescencia. No sabía cómo afrontar el conflicto de una manera constructiva y, recientemente, había tenido varias interacciones en las que expresar su ira le había parecido destructivo, incluida una con la amiga del sueño. Necesitaba un vestido nuevo (una persona nueva) que le permitiera estar en relación con los demás incluso en presencia de la ira o del conflicto. Y lo encuentra, aunque para ello ha de salir de casa de sus padres. El atuendo que acaba encontrando se asemeja al de los cruzados medievales (una imagen de guerra santa o de conflicto por un motivo superior), con matices sexis.

Los sueños también pueden reflejar una persona que no está a la altura. Todos hemos tenido momentos en los que, por el motivo que fuera, nuestra persona no ha estado a la altura de lo que necesitábamos y hemos actuado sin filtros o con ineptitud o nos hemos aislado. Nos sentimos incómodos y fuera de lugar. Casi todo el mundo ha tenido sueños en los que sale a la calle desnudo o a medio vestir. Estos sueños, literalmente reveladores, acostumbran a representar a una persona incapaz de afrontar de manera eficaz una situación concreta.

Una estudiante de medicina que se había casado hacía poco soñó lo siguiente:

DESNUDA EN CASA DE MIS SUEGROS

Estoy en casa de mis suegros. Estoy en el cuarto de baño, pero estoy desnuda y he dejado toda la ropa en el dormitorio. No puedo taparme con la toalla, es demasiado pequeña. En el suelo hay calcetines. Me los pongo. Tendré que ir al dormitorio así y cruzar los dedos para que nadie me vea. Salgo al pasillo, consciente de que las personas que están abajo me pueden ver en el descansillo. Me cuesta llegar al dormitorio, a pesar de que está justo al otro lado del distribuidor. Me topo con un obstáculo tras otro.

Aunque la soñadora se sentía segura en la carrera que había elegido y muy a gusto con sus amigos, se sentía incómoda cuando visitaba a sus suegros, cuyo estatus sociocultural era muy distinto al suyo. Eran críticos y, muchas veces, no sabía qué decir o hacer sin quedar mal. El sueño muestra lo frágil que se sentía su persona, desnuda y expuesta en el sueño. Cuando hizo la prueba de la vida real, la soñadora afirmó que, de quedar atrapada en el cuarto de baño sin nada que ponerse, «llamaría a mi marido y le pediría que me trajera algo. ¡No saldría al pasillo desnuda!». Esta discrepancia revela que, además del rechazo de sus suegros, no sentía que pudiera contar con el apoyo de su marido.

Sueños de desnudez: problemas con la persona

Casi todo el mundo ha soñado que ha estado desnudo en público, que llegaba a una reunión de trabajo en ropa interior o que cenaba en un restaurante de lujo con un pijama de franela y estampado de panda. Una situación completamente humillante. ¿Por qué soñamos con situaciones que nos avergüenzan tanto y que están tan alejadas de lo que haríamos en estado de vigilia? No es una coincidencia que estos sueños ocurran en espacios públicos, en los que es importante ponerse la máscara social y satisfacer las expectativas del mundo exterior. El trabajo, la escuela y la comunidad son ámbitos donde las exigencias adaptativas son mayores. La persona nos ayuda a navegar estas situaciones y a relacionarnos con los demás, y nos protege de la humillación. Nos ofrece tranquilidad en situaciones sociales y permite que se nos vea bajo una luz favorable.

Conocemos a nuestra persona en los sueños mediante imágenes de ropa, uniformes, peinados, edad, fachadas de edificios y otras representaciones de estatus y de identidad. Cuando la persona en el sueño difiere de las normas del mundo real, pregúntate qué esfuerzo de adaptación en el mundo exterior te podría estar costando un elevado precio psíquico. Sé curioso acerca del entorno del sueño: ¿es un área de tu vida donde sientes que tu persona no te «viste» adecuadamente? ¿Es una situación en la que tu persona no es congruente con lo que sientes en realidad?

Una mujer casada con hijos soñó que iba a trabajar con un top transparente. El pecho, sin sujetador, era prominente y visible, y no tenía manera de cubrirse. Era evidente que había estado reprimiendo aspectos vitales de su feminidad y de su maternidad por su carrera profesional. Se había identificado excesivamente con su persona profesional como sustituto de la validación personal que anhelaba.

Una persona adecuada nos ayuda a desenvolvernos con menor fricción en situaciones sociales y laborales, pero si nos definimos por nuestro rol, la autenticidad se ve comprometida y puede sobrevenir un daño psicoespiritual. En 1934, un médico alemán tuvo un sueño perturbador la noche después de que uno de sus asistentes se presentara en el trabajo con el uniforme de un soldado de asalto nazi. El médico se enfadó y quedó perturbado, pero decidió no enfrentarse a su colega. Y soñó lo siguiente:

> Estaba en un campo de concentración, pero se trataba bien a los prisioneros. Se organizaban cenas y representaciones teatrales. Estaba pensando en lo exagerados que eran los informes acerca de la vida en los campos de concentración, hasta que me vi en un espejo y vi que llevaba el uniforme de mé-

dico del campo y llevaba botas altas especiales que brillaban como diamantes. Me apoyé en el alambre de espino y empecé... a llorar.[3]

En el ambiente política y psicológicamente asfixiante de la nazificación, el médico se aferró a su persona dócil en lugar de dar voz al miedo, la tristeza y la indignación que sentía. Al actuar conforme a las expectativas políticas y permanecer en silencio, el soñador contribuyó a los horrores emergentes: su sueño lo mostraba vestido como médico de un campo de concentración. Mantener esta persona rígida le exigía escindir su consciencia de las grandes injusticias y del sufrimiento, sustituyéndolos por una fantasía maniaca y deslumbrante. Los prisioneros son agasajados con cenas y obras de teatro, y las botas que lleva brillan como diamantes, en una burla de su postura hipócrita. El coste de esta persona tan inauténtica es evidente: el ego onírico rompe a llorar, atrapado por el alambre de espino.

Presta atención a posibles dificultades con la persona

Los sueños pueden revelar dificultades relacionadas con la persona: las máscaras que nos ponemos en el mundo exterior.

- ¿Revela el sueño algún problema con la persona? ¿Podría ser que tu persona sea demasiado rígida? ¿O que no esté a la altura de una tarea social?
- ¿Te sientes fuera de lugar o careces de la preparación suficiente en el contexto onírico? ¿Alude el sueño a una situación de la vida real?
- Si el ego onírico lleva alguna prenda de ropa, ¿cómo se relaciona esta con tus roles sociales?
- En los sueños en los que apareces desnudo o con ropa insuficiente o inapropiada, ¿apunta el sueño a una situación exterior en la que no sabes cómo estar o en la que te estás exponiendo demasiado porque careces de una «máscara» social adecuada?
- ¿Te muestra el sueño una persona muy inauténtica o inflexible?

Complejos

Con frecuencia, los sueños muestran al ego onírico interactuando con nuestros *complejos*, un término que Jung acuñó para aludir a nodos de energía estructurada en patrones. Los complejos son redes con carga emocional y formadas por asociaciones, recuerdos y sentimientos y, aunque se construyen alrededor de un núcleo arquetípico, la experiencia personal ejerce una influencia clave sobre ellos. Imagina que nacemos con imanes internos para el apego, el lenguaje, la sexualidad y otras características clave de lo que significa ser humano. Los imanes atraen a las virutas de hierro de la experiencia personal, que otorga a nuestro potencial humano innato una forma y un tono individual.

Podemos desarrollar un complejo acerca de prácticamente cualquier cosa. Es habitual hablar de complejos de inferioridad, de culpa, de autoridad o de persecución. Podemos pensar en los complejos como en áreas de la vida en las que solemos tener dificultades emocionales: reaccionamos de forma exagerada o desproporcionada, pero predecible. Ser consciente de nuestros complejos y trabajar para integrar lo que ha sido escindido es una de las principales tareas de individuación.

Una mujer tenía un complejo importante relacionado con la escuela. De niña, en China, su madre era muy dominante y le exigía que obtuviera buenos resultados en matemáticas y ciencias, castigándola y humillándola si no llevaba a casa las mejores calificaciones. Soñaba muchas veces con la escuela, en situaciones que destacaban temas de fracaso e insuficiencia, como en el sueño siguiente:

HUMILLACIÓN EN CLASE

Estoy en un aula. Carl Jung está al frente de la sala, en el lado izquierdo, con las gafas puestas. Peter está en el lado derecho y sostiene un correo electrónico impreso que yo había enviado a Jung. Ambos comentan el correo. Yo estoy de pie en el centro del aula, en el lado derecho. Me siento molesta por la conversación y pienso que están encontrando errores en mi correo. Peter corrige un pequeño error en el asunto. Miro a Jung y empiezo a llorar. Me obligo a sonreír, pero es evidente que estoy llorando. Jung me mira con amabilidad. Avergonzada, le digo: «¡No vuelvas a hablar nunca más de este correo!». Entonces veo otro error en el correo. Me despierto llorando de verdad.

Cuando tuvo este sueño, la soñadora estaba considerando volver a la universidad para estudiar Psicología, después de haber descubierto a Jung. Sin embargo, en cuanto empezó a pensar en ello, su complejo escolar se activó y dio lugar a las conocidas emociones de vergüenza, falta de capacidad y humillación. Por suerte, un Jung interior le ofrece un antídoto amable. La sanación llegaría más adelante.

Los sueños representan la relación entre el ego y nuestros complejos. En el sueño que acabamos de ver, la presencia del complejo escolar, evidenciado por el aula, activa inmediatamente una vergüenza y una actitud defensiva desproporcionadas respecto a la acción: Peter se limita a corregir un pequeño error. Esto ilustra el gran impacto que los complejos pueden ejercer sobre nuestro ego: alteran la percepción y limitan el repertorio conductual. A veces, los sueños revelan que el complejo atenaza al ego y constriñe su funcionamiento, lo que, muchas veces, provoca un malestar considerable, como en este sueño de un hombre de veintiséis años:

ENCERRADO

Mi hermano Tom me ha encerrado en el armario. Lo oigo hablar y reír con sus amigos en la habitación de al lado. Doy puñetazos en la puerta y les pido que me dejen salir, pero solo consigo que se rían aún más.

El soñador mantenía una relación complicada con su hermano mayor, a quien se le daban bien el deporte, las relaciones sociales y los estudios.

Él tenía dificultades en estas mismas áreas, y se sentía insuficiente en comparación con su hermano. Se estaba centrando en acabar la universidad y se sentía muy inseguro, lo que le impedía avanzar. Su hermano simbolizaba su complejo de inferioridad, y el sueño le ofreció una imagen muy potente de cómo este complejo limitaba a su ego.

La madre y el padre son especialmente potentes en el complejo territorio que son los complejos. Los complejos parentales están cargadísimos de fuerza arquetípica y moldean nuestras actitudes relacionales con los demás y con el mundo. Las experiencias tempranas con los cuidadores principales determinan en gran medida la forma que acaban adoptando los complejos parentales. Si nuestra madre era, por lo general, afectuosa y cálida, lo más probable es que el complejo materno sea positivo y haya dado lugar a un mundo interno estable que nos permite relacionarnos con el mundo exterior desde una confianza y un optimismo básicos. El principio masculino tiende a cristalizar alrededor de un imán interior orientado al mundo exterior, por lo que el complejo paterno tiende a influir en nuestra actitud respecto al logro, la asertividad y la ambición. Los complejos parentales funcionan como un *software* que opera en segundo plano. Todos tenemos una madre y un padre interiores, que son las plantillas de los patrones que sustentan y matizan las percepciones, actitudes y expectativas posteriores. Los arquetipos parentales aparecen en muchos elementos estructurales de la vida: las universidades son nuestra *alma mater*, o madre nutricia; los gobiernos, en tanto que entidades que ordenan y establecen la ley, tienen que ver con el principio paterno.

La madre y el padre interiores (o los complejos materno y paterno) aparecen en los sueños de todos. A veces adoptan la forma de nuestros padres reales. Cuando aparezcan en un sueño, pregúntate si el comentario se refiere al progenitor interior o al exterior. ¿Se parece la imagen onírica a tu padre o madre real, y es esa persona significativa en tu vida cotidiana? De ser así, el sueño podría ser un comentario de algún aspecto de vuestra relación en el mundo exterior. Sin embargo, en la mayoría de las ocasiones, los progenitores oníricos muestran cómo los complejos materno o paterno, ya integrados en nuestro «sistema operativo», influyen en nuestra vida. Lo podemos ver en este sueño de una mujer joven:

CUCARACHAS MUERTAS

Acabo de llegar a casa después de una larga noche de fiesta, y no me lo he pasado bien. Estoy viviendo en casa de mi madre, después de mucho tiempo fuera. Ella aún no se ha levantado, así que voy a su cuarto de baño, para meterme en la bañera; es una habitación grande y blanca. Mientras me baño, entra una mujer alta y muy guapa, con una melena corta castaña, que se presenta como la ayudante de mi madre. Me dice que no tenga prisa, pero que ella y mi madre necesitarán usar el baño pronto. Me parece una mujer muy amable, pero al mismo tiempo me enfado y siento celos de que pueda pasar tanto tiempo con mi madre. También estoy un poco avergonzada de que me haya visto desnuda y con el maquillaje corrido. Cuando salgo de la bañera, ella y mi madre entran y empiezan a practicar dúos de música *folk*, mi madre con la guitarra y la ayudante con un violín. Me sorprendo, porque a mi madre no le gusta la música. Al salir de la bañera, veo un montón de cucarachas muertas alrededor de esta. Pregunto a mi madre y a su ayudante: «¿No os parece que tendríamos que limpiar esto y sacar las cucarachas?». La ayudante me responde con voz amable que quizá sea buena idea y que no parece muy difícil. Por fin, es mi madre la que habla, aunque parece molesta conmigo: «No, no creo que tengamos que sacarlas de aquí. Son una lección, necesitas saber que a veces tiene que haber cucarachas muertas».

El ego onírico está en la casa de su madre, privado de espacio personal tanto por ella como por la ayudante. La prueba de la vida real destaca lo desconcertante del ensayo musical en el cuarto de baño. Al observar la persona del ego, vemos que se siente avergonzada al verse desnuda y con el maquillaje corrido. No ha disfrutado de la noche de fiesta; es como si no pudiera experimentar placer, vaya a donde vaya. Parece que el complejo materno de la soñadora tiene dos aspectos: una madre dominante y una ayudante que obedece a ciegas. La misteriosa ayudante podría ser una imagen del precio que se ha de pagar por la relación con la madre. Aunque es atractiva y aparentemente amable, hay algo falso y hueco en ella. La figura materna le dice a la hija que ha de enfrentarse a las cucarachas muertas de la verdad emocional.

Los complejos parentales negativos se pueden transformar incluso si el progenitor sigue siendo difícil o ha fallecido, lo que es una demostración reconfortante del poder transformador de la individuación. Veamos el sueño de un hombre:

EL ABRAZO

Estoy con mi madre en su casa. Estamos esperando a que mi padre vuelva de unas vacaciones. Está enfermo, y estas vacaciones han sido una oportunidad para desconectar de su enfermedad y relajarse. Me lo imagino en plena naturaleza, quizá en los Highlands de Escocia. Mi madre me dice que llega tarde, que debería haber vuelto por la mañana. Cree que quizá haya decidido no volver. Me dice que hay otra mujer con la que mi padre tiene mucha amistad y que quizá haya decidido quedarse con ella para siempre. Me imagino a mi padre y a esa mujer pasándoselo bien, riendo y muy unidos. Y me alegro por él, sobre todo porque no le queda mucho tiempo de vida. Mi madre está algo desanimada porque mi padre la haya dejado por otra mujer, pero también lo acepta. Entonces, mi padre vuelve. Se lo ha pasado bien de vacaciones, sigue enfermo y necesita más atención médica. Me acerco a él y lo abrazo. Me parece un acto de valor y me siento orgulloso de haberme atrevido. Mantengo el abrazo durante mucho tiempo, parece muy real. Siento sus brazos rodeándome y mi cuerpo se relaja. Rompo el abrazo y le pregunto si está bien. Responde que sí. Me levanto con los ojos inundados de lágrimas, pero me siento bien.

El padre del soñador había fallecido seis años antes de este sueño, pero nuestros padres siguen viviendo en nuestra psique. El padre interior del soñador (su complejo paterno) ya no es como su padre real: «Mi relación con mi padre no era muy estrecha, y jamás lo hubiera abrazado así en la vida real», dijo el soñador. «La relación con la otra mujer tampoco me pareció muy verosímil. Había un elemento de despreocupación y de juego que se parecía más a cómo me hubiera comportado yo». La integración del complejo paterno permite que el soñador mantenga una relación afectuosa e íntima con su parte «paterna».

A continuación, veamos el sueño de un hombre de unos cincuenta años, soltero e inquieto:

MI MADRE EN UN TRANVÍA

Vi un tranvía y el conductor dijo: «Solo vamos de aquí hasta la frontera con la tundra y regresamos». Vi a mi madre en el tranvía, iba en pijama y no reconocía a nadie. Llegamos al final de la línea y mi madre empezó a correr hacia el hielo. Un alambre de cuchillas electrificado se interponía en su camino, pero ella lo saltó como un ciervo. Yo fui tras ella, pero no lo pude saltar. Intenté pasar por debajo, pero me quedé atascado y no podía moverme debido a la electricidad. Sentí que me inundaban el pánico y la desesperación por no poder salvar a mi madre.

El complejo materno de este hombre adopta la imagen de la ausencia materna, en línea con su experiencia de infancia. Vestida con pijama y disociada, la figura materna conserva una fuerza primitiva que le permite saltar... al inconsciente. Todo es frío, carente de emoción y de conexión humana. No es de extrañar que el ego onírico, como el hombre, sufriera de una ansiedad paralizante.

Este mismo hombre soñó lo siguiente varios años después:

VELA BLANCA

Seguí a un grupo de gente a una catedral cavernosa que resultó tener una profundidad increíble. Se desvanecieron en la oscuridad del interior. Yo iba a encender una vela blanca que habría iluminado gran parte de aquello. No estaba seguro de si era la iglesia de Dios o de Satán.

El complejo materno, ahora bajo la imagen de la «madre iglesia», ya no es el del abandono y la indefensión absolutos, sino uno de ambivalencia arquetípica. ¿Se trata de la iglesia de Dios o de la de Satán? Aunque no queda claro si las personas que van por delante serán consumidas o consagradas, ahora el ego onírico puede iluminar la situación. La luz blanca de la vela simboliza la consciencia, y el ego onírico ahora tiene agencia, lo que evidencia el cambio en el complejo materno del soñador.

Busca imágenes de complejos

- ¿Aparece en el sueño alguna imagen que puedas relacionar con un área de tu vida que te plantee dificultades? Podría ser que el sueño aluda a un complejo conocido.
- ¿Cómo se comporta el ego onírico? ¿Cómo se relaciona con la dificultad familiar?
- ¿Qué te dice el sueño acerca de la relación entre el ego onírico y el complejo?
- Cuando en el sueño aparezcan progenitores, piensa en la posibilidad de que sean imágenes de un complejo parental y formen parte de tu «sistema operativo».
- ¿Cómo es la relación entre tu ego onírico y el progenitor del sueño?
- ¿En qué se parece o se diferencia de la relación con tus padres en la vida real?
- ¿Ilustra el sueño cómo podría tu «sistema operativo» estar influyendo en tu vida exterior?

- ¿Muestra la imagen la evolución del complejo? ¿Cómo ha cambiado respecto a sueños anteriores? ________________

Entre yo y yo: la relación que mantenemos con nosotros mismos

Una de las comprensiones clave de Jung fue la revelación de que somos más que mera consciencia. El mundo interior está vivo con una miríada de perspectivas y de emociones, muchas de las cuales pueden estar en conflicto con nuestra perspectiva consciente. Algunas partes de nuestro interior más profundo pueden tener un propósito imperioso que necesita ser acometido, pero nuestro consciente se resiste a ello. Las emociones consideradas demasiado dolorosas o peligrosas para ser experimentadas quedan exiliadas y sin hogar en nuestro paisaje interior. También puede ser que partes de nosotros a las que hemos infravalorado y reprimido exijan ser conocidas e integradas. Mientras tu ego onírico representa a la consciencia de vigilia, otros elementos oníricos muestran aspectos inconscientes de ti mismo. Los aspectos más próximos al ego consciente pueden aparecer como personas conocidas, mientras que las energías más ajenas pueden representarse como mamíferos, reptiles, insectos, monstruos o fuerzas de la naturaleza, cada una de ellas algo más alejada de nuestra consciencia.

La vida psicológica normal bulle de conflicto. Nos enfrentamos a impulsos prohibidos, nos protegemos de realidades incómodas y nos resistimos a demandas de crecimiento que cuestionan la comodidad del *statu quo*. Cada noche, el creador de sueños nos entrega un informe acerca del estado de las relaciones en nuestro mundo interior. Al presentar imágenes de cómo el ego onírico se relaciona con otros elementos oníricos, nos revela cómo la personalidad consciente se relaciona con las estructuras más profundas. Podemos ver en qué nos contradecimos a nosotros mismos, cómo evitamos crecer y cambiar, dónde nos ponemos trabas y cómo nos engañamos.

> *Nada es más honesto que un sueño.*
>
> Federico Fellini

El ego onírico en relación

Podemos aprender mucho observando la relación del ego onírico con los demás elementos del sueño. Primero, fíjate en la actitud de tu ego onírico. ¿Está enfadado? ¿Asustado? ¿Se muestra desdeñoso? ¿Qué sabe o da por supuesto? A continuación, pregúntate si la suposición del ego onírico es correcta o no. A estas alturas, ya sabes que muchas veces la actitud del ego onírico no es de fiar. Evalúa si hay elementos del sueño que sustenten la creencia del ego onírico. Por ejemplo, si el ego onírico teme a alguien, observa si esa persona manifiesta conductas amenazadoras. Al igual que en la vigilia, el ego onírico a menudo asume cosas sin verificarlas. Una vez evaluada su postura, fíjate en los elementos que la contradigan o se opongan a ella. ¿Qué o quién cuestiona al ego onírico o se interpone en su camino? Esto ayuda a identificar la otra cara de un conflicto o dilema, mostrando qué falta en la consciencia y ofreciendo una imagen de cómo nos relacionamos con ello. Prestarle atención allanará el camino a la individuación.

La conducta del ego onírico refleja la gestión de un conflicto entre el consciente y el inconsciente que ha generado la suficiente tensión psicológica como para aparecer en un sueño. El inconsciente nos exige confrontar, relacionar e integrar. Por el contrario, muchas veces la consciencia tiende a evitar, retirarse y disociar. Con frecuencia, los sueños nos revelan el intento del ego de esquivar, negar y desconectar. Como norma, el ego onírico tiende a moverse en tres direcciones: acercarse, para preguntar y entablar amistad; encararse, para contradecir o luchar; y alejarse, para huir o esconderse. Cualquiera de estas conductas puede estar al servicio de una resolución... o de evitar y defendernos del tema psicológico presentado en el sueño.

En los ejemplos siguientes, fíjate en qué hace el ego onírico y en si la acción emprendida conduce a la activación proactiva o a la evitación reactiva.

Acercarse

La aproximación a un elemento onírico puede mostrar la apertura a la activación e integración... o un intento de ocultar una verdad incómoda en favor de una armonía falsa. Una madre de adolescentes soñó lo siguiente:

EL CUCHILLO ENSANGRENTADO

Estoy acompañando a un grupo de adultos jóvenes en un viaje en autobús. Uno de ellos, problemático y con antecedentes penales, tiene un cuchillo de mondar ensangrentado. Sería útil para preparar la comida del grupo, pero siento que debería decírselo a alguien. Luego estamos en un restaurante. Intento enviar un mensaje de texto a mi padre, pero tardo demasiado. Intento presentar la información sobre el joven con compasión, porque conozco su historia difícil y ya he informado antes acerca de él y de sus delitos. De repente, está leyendo por encima de mi hombro y siento que me rodea con los brazos. Al principio, lo percibo como un gesto amistoso, pero muy pronto me percato de que me está arrastrando. Dice que me matará. Me doy cuenta de lo ingenua que he sido. Si hubiera levantado la mirada mientras escribía el mensaje de texto, lo habría visto venir.

El acercamiento del ego onírico hacia el joven le ha permitido evitar el conflicto. El ego onírico pasa por alto el cuchillo ensangrentado y la historia delictiva del joven, lo que representa la tendencia de la soñadora a negar el conflicto metiendo las diferencias bajo la alfombra y adoptando una actitud inadecuada de tolerancia y simpatía.

Una mujer de mediana edad soñó lo siguiente:

BARRACUDA

Estoy en un autobús, sentada en un asiento de pasillo. Dos hombres avanzan por el pasillo con una barracuda grande, que está viva y no parece estar incómoda. Me sobresalto y me asusto. Intento apartarme, pero me doy cuenta de que tengo que mirarla. Cuando lo hago, se transforma en una anguila. Me da asco e intento evitarla, pero soy consciente de que debo tocarla. Cierro los ojos y permito que me toque el rostro. Cuando los abro, se ha convertido en una llama. Estoy encantada y le acaricio la cara peluda. Entonces, se convierte en un poni islandés, bello y fuerte. Estoy felicísima.

....

Tal y como exploraremos más profundamente en el capítulo siguiente, los contenidos psíquicos acostumbran a adoptar formas temibles porque los hemos apartado y rechazado. Por lo general, el rostro con el que miramos al inconsciente es el rostro con el que él nos mira a nosotros. Como, al principio, la soñadora percibía al contenido psíquico como algo prohibido, este aparece como una barracuda depredadora. Cuando la puede mirar, se transforma en una anguila, que le da asco. El ego onírico no evita la necesidad de confrontar este contenido interior, y su voluntad de relacionarse con él es recompensada. La anguila se transforma en una llama. Ahora es un mamífero y, por lo tanto, está más cerca de la consciencia. El afecto que demuestra por la llama suscita aún otra transformación. La llama se convierte en un caballo, un símbolo consolidado de instintos potentes canalizados hacia un propósito consciente. Los ponis islandeses son únicos, porque tienen un quinto paso, llamado *paso volador*, que les permite galopar a gran velocidad y da al jinete la sensación de estar suspendido en el aire. Con frecuencia, las cualidades que nos negamos son revitalizantes cuando les damos un propósito consciente. Cuando esta soñadora se aproximó a contenidos psíquicos que hasta entonces había evitado, sus aspiraciones creativas emprendieron el vuelo.

Enfrentarse

Con frecuencia, nos enfrentamos a aspectos de nosotros mismos que nos resultan desagradables o ajenos. Los sueños muestran esta tendencia mediante imágenes de ataques o peleas. Un hombre que estaba a punto de terminar los estudios de Derecho soñó lo siguiente:

EL VAGABUNDO

Me dirijo al centro de la ciudad, y un vagabundo sin brazos ni piernas me sigue. Entro en un restaurante y me ataca antes de que pueda cerrar la puerta. Me muerde la pernera del pantalón. Me despierto aterrado.

El soñador había querido dedicarse a una profesión orientada al servicio a los demás, congruente con sus convicciones religiosas y su ética personal, pero le atraían aspiraciones profesionales más terrenales. Como sentía que la ambición era incompatible con sus valores, la «amputó», y esta adoptó la forma de un vagabundo agresivo y repugnante. El ego onírico se alejó del encuentro con su aspiración vilipendiada, en el intento de cerrarle la puerta a pesar de la desesperación con la que esta intentaba conectar con él.

Una mujer de unos cuarenta años con dos hijos soñó lo siguiente:

ZOMBIS

Estoy con mi hija. Estamos en una casa, en algún lugar, y hay zombis. Nos metemos en el cuarto de baño para escondernos. He cerrado la puerta, pero no del todo; queda una rendija de unos cinco centímetros. Me doy la vuelta, y veo que un zombi mira por la rendija. Estoy asustada, pero no aterrada. Cierro la puerta. El zombi consigue meter la mano por debajo de la puerta. Tengo un hacha y le corto la mano. Entonces, mete la cabeza por debajo de la puerta y lo decapito. Siento un gran alivio por haber conseguido acabar con el zombi. Entonces, me doy cuenta de que la ventana está abierta y decido tapiarla.

A pesar de los zombis en la casa, el ego onírico no cierra la puerta del todo, lo que indica que no está completamente cerrado a la parte «zombi» de su inconsciente. La soñadora explicó que, cuando el zombi miró por la rendija de la puerta, parecía curioso. Y la curiosidad no es precisamente una característica que se suela atribuir a los zombis. La curiosidad humaniza al zombi y «abre la puerta» a la relación y a la conexión. Quizá, el ego onírico podría hablar con él o incluso dejarlo pasar. Por un instante, la integración de este contenido parece posible. Sin embargo, de momento cierra la puerta y rechaza al zombi con mayor firmeza: le corta la mano, luego lo decapita y planea tapiar la ventana.

Alejarse

El creador de sueños pide, sobre todo, participación. Alejarnos del conflicto interno puede llevar a la esterilidad y a la muerte psíquicas. Los sueños pueden revelar la tendencia a la evitación y al aislamiento que, si bien ofrecen un alivio temporal, a largo plazo pueden derivar en estasis. Un hombre mayor soñó lo siguiente:

ENTERRADO VIVO

Estoy solo en un camino de tierra en el campo. Entro voluntariamente en una especie de cámara o cueva pequeña al lado del camino. El interior es oscuro, suave y cálido. Me pongo cómodo. Entonces, de alguna manera, la cámara queda cubierta. Ahora es como un ataúd. Me doy cuenta de que me están enterrando vivo. Intento gritar para que alguien me oiga, pero estoy aterrado.

Este sueño ofrece muchas imágenes de aislamiento y encapsulación semejantes a la muerte. La entrada voluntaria del ego onírico en un recinto que parece un ataúd podría ser una imagen de indefensión y depresión. El terror posterior es una forma de activación necesaria. El movimiento natural de la psique hacia la plenitud requiere activar e integrar los contenidos psíquicos. La evitación no es congruente con la fuerza vital.

Toma nota de lo que el sueño dice acerca de las relaciones en el mundo interior

- ¿Cuál es la actitud inicial del ego onírico? ¿Qué sabe o da por supuesto? ¿Hay pruebas en el sueño que sustenten esa suposición?
- ¿Qué o quién se opone a la postura del ego onírico? ¿Qué valores o actitudes podría estar representando esa parte que se opone a él?
- ¿Cómo se relaciona el ego onírico con el resto de los elementos del sueño? ¿Se acerca, se aleja o se enfrenta?
- ¿Qué dice la conducta de tu ego onírico acerca de cómo abordas los conflictos internos?
- ¿Es posible que el creador de sueños esté revelando una tendencia a evitar conflictos?

SUGERENCIA PARA EL DIARIO

¿Qué elemento del sueño se opone, cuestiona o asusta a tu ego onírico? ¿Qué crees que quiere? ¿Qué asume tu ego onírico acerca de este elemento?

Defensas

Es inevitable que la relación que mantenemos con nosotros mismos incluya elementos ambivalentes y defensivos. Todos tenemos partes que preferimos mantener alejadas, por miedo a que desestabilicen nuestro ego. Sigmund Freud llamó a estos mecanismos psicológicos *defensas*, necesarias para mantener nuestra compostura psíquica. Sin embargo, y aunque son necesarias, si las defensas son demasiado rígidas pueden limitar el crecimiento y entorpecer la individuación. Los sueños nos ofrecen imágenes de nuestras defensas y nos hacen saber si se han vuelto estériles o si ya no son útiles.

Un hombre próximo a la jubilación y en pleno proceso de exploración psicológica soñó lo siguiente:

DE MUDANZA

He estado viviendo en un piso, pero es hora de irme. El hombre del piso de arriba se lo ha llevado todo y ha limpiado las habitaciones a fondo. Ha pintado las paredes de un blanco roto anodino, pero lo ha hecho por encima de los cuadros infantiles que había pegados a la pared. Estoy molesto, porque la pintura de los pasamanos sigue húmeda y me he manchado las manos. Por el contrario, el hombre que vive en el piso de abajo lo ha dejado todo hecho un desastre. La habitación está llena de basura. El taxi llegará dentro de un rato, y tengo que acabar de limpiarlo todo. Mientras saco la basura a la calle, encuentro una olla de hierro fundido, parecida a los calderos de las brujas, y lámparas con forma de antorcha. Me da la sensación de que me serán útiles, y me las quedo.

El sueño muestra la defensa habitual del soñador: una escrupulosidad rígida que empezaba a dejar atrás ahora que se aproximaba a su siguiente etapa vital. Siempre le había gustado mantener una vida interior y exterior ordenadas, y tendía a «pintar por encima» de los conflictos que cuestionaban la actitud de su ego. Sin embargo, esto significaba que la creatividad y el disfrute infantiles habían quedado tapados por lo anodino. Es en las partes más desordenadas de su psique donde halla lo más valioso: el caldero, con sus asociaciones a lo femenino sagrado pero rechazado, y las luces de la consciencia. Los alquimistas afirmaban que la piedra filosofal se hallaba entre el montón de basura. El antídoto a la defensa estéril y atronadora se encuentra entre lo que el ego onírico ha calificado de basura.

Busca imágenes de defensas psicológicas: las maneras en que acostumbras a gestionar la ansiedad que produce el conflicto interno.

- ¿Te ofrece el sueño alguna imagen de tus defensas? ¿Cómo las evalúa el creador de sueños?

- ¿Ofrece el sueño alguna indicación de que tus defensas te estén causando problemas? ¿Son demasiado rígidas o te impiden acceder a la creatividad, la vitalidad o la intimidad?

Casi todas las noches, nuestro ego onírico se embarca en extrañas aventuras que lo llevan al mundo interior. Nos relacionamos con personas, animales y criaturas fantásticas. El creador de sueños usa estas imágenes para ilustrar la relación que mantenemos con nosotros mismos, con nuestros complicados complejos y con los deseos que nos negamos. Aunque el ego onírico acostumbra a ser la estrella de esta obra interior, también suele evitar conflictos clave, se opone a la inclusión de contenidos psíquicos rechazados o confronta otros elementos oníricos. Cada noche, los sueños nos invitan a forjar relaciones con partes de nosotros que desconocemos y que piden que las reconozcamos y las integremos como paso necesario hacia la individuación.

CAPÍTULO 5

Emociones

La paleta del creador de sueños

Por un lado, la emoción es el fuego alquímico cuya calidez trae todo a la existencia y cuyo calor quema todo lo superfluo hasta convertirlo en cenizas... Por otro lado, la emoción es el momento en el que el acero choca con el pedernal y salta la chispa, porque la emoción es la principal fuente de la consciencia. No hay cambio de la oscuridad a la luz ni de la inercia al movimiento sin emoción.

C. G. Jung

Con frecuencia, cuando nos despertamos de un sueño, somos conscientes de las emociones que ha despertado en nosotros. Tanto si nos envuelven en un estado de ánimo sutil e inefable como si nos arrastran a un torrente de emociones, los sueños captan nuestro interés y nuestra atención en parte por las reacciones emocionales que provocan. Y, con frecuencia, la emoción es una llave importante a la hora de desbloquear el significado.

Las emociones que suscitan los sueños son una de las principales herramientas con las que el creador de sueños desvela conflictos ocultos, saca a la luz contenido reprimido o no reconocido y pone de manifiesto los autoengaños. La emoción en el sueño nos da una pista sobre el estado de la relación entre el consciente y el inconsciente. Por ejemplo, un sueño en el que nos encolerizamos con un dependiente que nos cobra demasiado por algo puede representar que estamos infravalorando un aspecto de nuestra vida inconsciente. Los sueños nos ponen en contacto con emociones de las que nos hemos disociado, como la tristeza. Quizá sintamos por el animal herido en nuestros sueños la pena que no nos hemos permitido experimentar antes, y permitir que ascienda al consciente nos puede ayudar a permanecer en equilibrio y evitar unilateralidades. El creador de sueños usa la emoción para llamar la atención del soñador sobre aquello que desconoce, ha olvidado o exiliado, y lo ayuda a reconocerlo de forma consciente. Si la emoción en el sueño es leve, indica que hay algo que no acaba de encajar. Los sueños intensos y perturbadores sacuden a la consciencia para que preste atención: hay algo muy desalineado. Las emociones son un aspecto primario de los sueños y ser más conscientes de ellas puede ayudar a generar consciencia que sirva a la individuación.

Las emociones pueden estar presentes a lo largo de todo el sueño y surgir de muchos rincones. El ego onírico puede tener un estallido emocional intenso. O quizá reaccione de un modo neutro ante algo que nos despierta un alud emocional cuando despertamos. Por otro lado, es posible que el ego onírico se muestre desapegado o impasible, pero que un elemento no egoico aparezca lleno de pasión. La carga emocional del sueño puede residir en distintos lugares según la relación que el ego mantenga con ella, y parte de la función sanadora de los sueños consiste en hacer ascender esas emociones hacia la consciencia.

Los sueños transfieren emociones a la consciencia

Cuando una figura no egoica manifiesta emociones intensas, es como si esas emociones fueran transferidas a la consciencia, donde la personalidad despierta puede utilizar la energía que contienen. Las emociones existen de forma independiente en nuestro interior. ¿Cuántas veces te has sentido inquieto durante el día, como si algo quisiera hablar contigo, y, al cabo de un rato, descubres que sigues irritado por la discusión que mantuviste hace tiempo con un amigo? Es normal tener emociones intensas de las que no somos conscientes. A veces, la emoción no ha ascendido aún a la consciencia. En otras ocasiones, reprimimos la consciencia de emociones problemáticas, porque podrían perturbarla. Las emociones reprimidas reverberan en nuestro cuerpo y causan el caos al que llamamos *síntomas*, porque no tenemos modo de relacionarnos con ellas conscientemente. Cuando las emociones inconscientes generan problemas, el creador de sueños les da forma y ofrece una oportunidad para la interacción consciente. Hacer que las emociones estén más disponibles es una de las principales funciones de los sueños, además de una de las formas más importantes en que ayudan a tu psique a autorregularse.

Cuando estamos despiertos, experimentamos las emociones como algo que surge de nuestro interior. Pero en los sueños, las emociones pueden vivir fuera de nosotros. Actúan como un fluido vital que fluye hacia nosotros a través de los personajes, entornos y objetos oníricos. Podemos considerar cada imagen onírica como una especie de batería con una carga emocional concreta cuya energía se puede transferir a la consciencia.

A continuación, un sueño sobre una emoción proscrita durante muchos años que ascendió a la consciencia gracias a la ayuda del creador de sueños. Una mujer de mediana edad comenzaba a reconocer una profunda insatisfacción con su matrimonio, una emoción que había estado reprimiendo durante décadas.

FURIA

Estoy en el coche con mi marido. Conduce él. Vamos a un restaurante en las afueras. Conduce rápido, como suele hacer. Al principio estoy nerviosa, pero luego me recuerdo que es un buen conductor y que puedo relajarme. Llegamos al restaurante y comemos. Es un espacio grande y abierto. No hay muchas parejas más. Hablamos de una banda de ladrones que está aterrorizando a la comunidad, allanando casas y matando a sus ocupantes. En el sueño, pienso en esta banda de ladrones como en el ejército de John Brown durante el Bleeding Kansas de la segunda mitad de la década de 1850. Están motivados por una ira justa, pero usan la violencia de forma indiscriminada. Mientras hablamos de esto, oímos disparos en la lejanía. Miro a mi marido y le digo

> que deberíamos irnos de inmediato. Me siento mal por dejar la cuenta sin pagar, pero me digo que mañana llamaré al restaurante y les daré el número de mi tarjeta de crédito. Salimos al aparcamiento y, durante unos instantes, siento alivio por haber escapado. Entonces, miro a la cima de la colina frente a nosotros y veo a la banda de asaltantes saliendo de entre los árboles y dirigiéndose hacia nosotros. Están cerca. Sé que no llegaremos al coche. Me pregunto si deberíamos volver a entrar, pero ya es demasiado tarde. El conflicto es inevitable. La líder de la banda es una mujer enfurecida.

La mujer que lidera la banda está llena de furia, pero el ego onírico solo siente miedo. La soñadora había temido durante mucho tiempo su propia capacidad para enfadarse y la había mantenido enterrada durante años. La líder de la banda de ladrones es una imagen de la ira que la soñadora rechaza y de la que se ha disociado. El sueño era una invitación a tomar consciencia de la ira que sentía e integrarla. Durante las semanas siguientes, la soñadora descubrió que podía acceder mejor a la ira que había estado reprimiendo y a las posibilidades dinámicas que esta le ofrecía. Le resultaba más fácil resistir el impulso de satisfacer a los demás y pudo luchar por su matrimonio defendiendo sus necesidades legítimas. El sueño transfirió energía, fuerza vital y emoción de una figura interior a la consciencia de la soñadora.

> *Cuando dormimos, el alma se ilumina por completo con muchos ojos; con ellos podemos ver todo lo que no hemos podido ver durante el día.*
>
> Esquilo

Los sueños nos pueden ofrecer imágenes cargadas con una emoción que sentimos antaño pero que ahora reprimimos. Y también pueden revelar emociones que no conocemos todavía. A continuación, encontrarás un ejemplo de descubrimiento de una emoción nueva. Un profesional médico a punto de jubilarse soñó lo siguiente:

DESPERTAR ESPIRITUAL

Mi novia me ha llevado a un retiro espiritual en las montañas. Solo he ido para satisfacerla, soy ateo. Formamos parte de un grupo de unas cuarenta personas. El maestro nos guía a todos en largas meditaciones que me dejan irritado y cansado. Luego empezamos a entonar cánticos. Oigo un sonido retumbante y siento terror. Grito: «¡Es real, es real!».

El soñador había disfrutado de una carrera profesional de éxito, construida sobre su interés natural por la ciencia. Al hablar del sueño, se mostró visiblemente conmovido y lloroso. El sueño lo había conectado con su capacidad para sobrecogerse, transfiriéndole una emoción nueva que hasta entonces no estaba preparado para experimentar.

Fíjate en las transferencias de emoción

- ¿Se producen cambios emocionales súbitos durante el sueño? De ser así, pregúntate de dónde provienen. ¿Ha surgido de otro elemento onírico?
- ¿Algún elemento no egoico expresa una emoción intensa en el sueño? Piensa en la posibilidad de que esté transfiriendo esas emociones para desarrollar tu rango de emociones conscientes.
- ¿La emoción intensa del sueño se corresponde con emociones de las que quizá no eres consciente o que has estado reprimiendo? ¿Hace el sueño que esas emociones estén más disponibles para la consciencia?
- ¿Dónde están presentes estas emociones en tu vida actualmente? ¿Dónde han estado antes?

Soñar con emociones positivas

Por lo general, podemos confiar en las emociones positivas que sentimos en los sueños y entenderlas tal cual. Estas pueden incluir alegría, bienestar, satisfacción o sobrecogimiento. Los sueños que presentan emociones positivas pueden ser un eco de lo que sentimos durante el día. Es como si el creador de sueños las celebrara con nosotros. Tales sueños pueden interpretarse como una confirmación de que estamos en el camino adecuado, y que el creador de sueños aprueba y apoya la actitud consciente. Los sueños muy positivos también pueden llegar en momentos en los que nos enfrentamos a una gran adversidad o dificultades en la vida exterior. Estos sueños nos animan y nos consuelan en los malos momentos. Nos dan esperanza y nos recuerdan la existencia de una perspectiva más amplia más allá del estrecho valle de sufrimiento actual. A veces, estos sueños tienen un sentido espiritual profundo y los recordamos durante toda la vida. Deberíamos recibir estos sueños como regalos.

Si el ego onírico siente felicidad, alegría, alivio, calma, atracción o consuelo por una persona, lugar o cosa en el sueño, lo más probable es que ese elemento represente algo positivo en la psique del soñador incluso si la actitud consciente no coincide con la del ego onírico. Por ejemplo, es posible que, durante nuestras aventuras nocturnas, sintamos atracción o mantengamos un encuentro sexual con nuestra pareja en la vida real, con una estrella de cine o con alguien sorprendentemente improbable. No es raro que las personas tengan encuentros sexuales placenteros o incluso orgasmos mientras sueñan. En la mayoría de los casos, las sensaciones oníricas de atracción sexual y placer se experimentan como algo positivo. Con frecuencia, simbolizan nuestra alegría al conectar con un aspecto de nosotros mismos representado por el amante onírico. A veces, resulta difícil de aceptar cuando el amante onírico es alguien que sería muy inapropiado o improbable si quisiéramos mantener esa relación en la vida exterior. Sin embargo, por lo general no erramos al asumir que estos encuentros simbolizan desarrollos positivos en nuestro mundo interior. Veamos este sueño de una mujer joven:

SEXO CON MI PADRE

Mi padre y yo estamos manteniendo relaciones sexuales, y lo disfruto.

En su vida real, la soñadora no se sentía cercana a su padre y su relación con él a veces le hacía daño o la decepcionaba. El sueño le resultó extraño y perturbador. Cuando se permitió explorar la imagen del sueño, pudo reconocer el deseo de estrechar la relación con su padre. También que su padre tenía muchas cualidades positivas que ella necesitaba desarrollar, como la asertividad.

Las emociones positivas pueden esclarecer el significado de una imagen onírica que, de otro modo, resultaría ambivalente. Es posible que una imagen onírica tenga más de un significado posible. Las emociones positivas que la imagen despierte en el soñador pueden ayudar a entenderla. Por ejemplo, una mujer de unos cuarenta años soñó lo siguiente:

HERENCIA FAMILIAR

La mesa del comedor está en un sótano húmedo y polvoriento. Está cubierta de moho y la estoy limpiando. Me alegra mucho haber recuperado la mesa y poder devolverla al comedor.

La mesa del sueño había pertenecido a su abuela. Era una valiosa herencia familiar con gran significado emocional para la soñadora: su abuela siempre había creído en ella y la había animado a asumir riesgos. Además, la familia había celebrado innumerables festejos alrededor de esa mesa. El sueño sugiere que la consciencia había estado desatendiendo los valores conectados con la mesa de su abuela. Un mueble así puede sufrir desperfectos si queda olvidado en un sótano húmedo. Quizá, los atributos psicológicos asociados a la mesa han sufrido daños duraderos. Por lo tanto, la imagen de la mesa redescubierta es ambivalente. ¿Es fantástico haberla encontrado? ¿O quizá es una tragedia ver una herencia familiar cubierta de moho y echada a perder? La emoción del ego onírico no es en absoluto ambivalente. Está feliz, lo que nos hace saber que el sueño representa un suceso positivo. Podemos deducir que la soñadora podrá devolver a la consciencia la valentía, confianza y orientación familiar que asocia con la mesa de su abuela. La psique ofrece aliento y apoyo al recuperar valores que habían sido abandonados.

Las emociones positivas, como la felicidad o el entusiasmo, suelen señalar que la actitud del ego está alineada con la del creador de sueños, aunque hay excepciones. A veces, los sentimientos positivos no son congruentes con la situación representada. Cuando el ego onírico tiene una reacción positiva o neutra ante una situación que es claramente peligrosa, nos hemos de detener a reflexionar. Jung tenía un conocido que era aficionado al montañismo y que le explicó un sueño en el que había bajado por un barranco dando saltos y entusiasmado. Jung le advirtió que fuera más cuidadoso en la montaña, pero este se rio de su advertencia y, un tiempo después, falleció en un accidente durante una excursión. Un hombre de treinta y ocho años que se dedicaba a negocios de alto riesgo soñó esto:

VELOCIDAD

Voy en una lancha rápida a toda velocidad por un canal estrecho.

El ego onírico estaba eufórico y no sentía la menor preocupación o temor respecto al peligro inherente a la situación. Unas semanas después, este mismo hombre soñó lo siguiente:

COLINA EMPINADA

Estoy al volante, ascendiendo por una colina muy empinada, hasta el punto de que es casi vertical y el coche podría volcar hacia atrás.

De nuevo, el ego onírico no estaba asustado ni preocupado, y solo pensaba en lo «divertido» que era conducir por una cuesta tan empinada. La discrepancia entre la emoción que deberíamos tener en el sueño y la emoción que tenemos puede ser una advertencia del ego onírico, que nos avisa de una actitud peligrosamente errónea. La analista del joven empresario reflejó su preocupación acerca de la peligrosa situación psíquica que revelaban estos sueños, pero él recibió la advertencia con actitud desdeñosa. Le costaba conectar con la emoción apropiada y parecía mostrar tendencias destructivas que no podía controlar a pesar de las advertencias del creador de sueños. Varios años después, sufrió una tragedia personal importante. Los sueños nos alertan de desconexiones profundas entre el consciente y el inconsciente.

Por lo general, se puede confiar en las emociones positivas en los sueños

- ¿Tu ego onírico se siente bien respecto a algo? Por lo general, podemos confiar en esa emoción, a no ser que haya algo que apunte a lo contrario.
- ¿Te da la sensación de que el creador de sueños te está animando? ¿O quizá te está ofreciendo ánimos en un momento complicado?
- ¿Ayudan las emociones positivas del sueño a esclarecer una imagen ambivalente?
- ¿Hay algo que indique que esas emociones positivas son muy incongruentes con lo que sucede en el sueño? Podría ser una advertencia de que la consciencia está peligrosamente desconectada de un posible riesgo.

Tristeza y dolor

Algunas investigaciones han descubierto que, en todo el mundo, los sueños acostumbran a reflejar más experiencias y emociones negativas que positivas, y han planteado la hipótesis de que los sueños de este tipo sean una manera de practicar cómo afrontar dificultades en la vida exterior.[1]

Por si esto te parece un buen motivo para no atender a tus sueños, permítenos recordarte que reprimir emociones como la pena, el dolor y la melancolía exige mucha energía, una energía que, de otro modo, podría alimentar la vitalidad y el propósito.

Las emociones nos indican que hay algo que necesita atención. Cuando tengas un sueño en el que el ego onírico siente tristeza o dolor, reflexiona acerca de qué hay que llevar a la consciencia para ofrecerle el necesario «ajá» de reconocimiento. Gran parte del proceso de individuación consiste en admitir emociones a la consciencia y en forjar una relación con ellas. Cuando no damos espacio al malestar, es posible que el creador de sueños intente llamar nuestra atención sobre ello, como en el siguiente sueño de una mujer joven:

GATO HAMBRIENTO

Vuelvo a casa después de haber pasado un tiempo fuera. Veo un gatito amarillo tendido en el pasillo. Está extremadamente delgado, casi muerto. Lo había olvidado y siento una pena y un remordimiento desgarradores.

El gatito del sueño es una vívida imagen del abandono de una parte joven e inocente de la soñadora. Había crecido con un barniz de privilegio que ocultaba una profunda falta de conexión emocional, y le había costado comprender las heridas provocadas por esta carencia de cuidados. Sentía por el gatito la pena que no podía experimentar por su yo infantil. Al llevar a la soñadora a vivir la angustia del abandono, el sueño también la puso en camino a la sanación.

A veces, el intento del creador de sueños por sacar a la superficie emociones enterradas queda incompleto. Puede que no estemos preparados para integrar lo que se ha hecho emerger. En estos casos, puede haber imágenes oníricas llenas de emoción que no consiguen despertar la emoción esperada en el soñador. Cuando compartimos un sueño así con un amigo o un terapeuta, la otra persona puede sentirse profundamente conmovida, mientras que nosotros apenas experimentamos nada. Si tenemos sueños que presentan situaciones objetivamente conmovedoras o terribles y el ego onírico apenas reacciona ante ellas, es probable que nos hayamos disociado de emociones importantes. Veamos este sueño de un hombre de treinta y cinco años con historia de maltrato físico y emocional:

ANIMAL MALTRATADO

Es de noche y he bajado a tirar la basura. El callejón está a oscuras, y un chillido terrible me sobresalta. Es como si un niño aullara de dolor. Miro para ver de dónde sale el sonido. Detrás del cubo de basura hay un animal diminuto, que parece una mezcla de cachorro de perro y de cría de ave, y llora con voz humana.

A diferencia de la soñadora anterior, este hombre no mostró una reacción intensa ante el sueño. Recordaba las palizas que le daba su padre, y se las relató a su terapeuta sin emoción alguna. El sueño revela un dolor profundo asociado a una parte joven y vulnerable de sí mismo que ha sido relegada al oscuro callejón donde el soñador tira la basura. El cachorro/pájaro le ofrece una posible vía hacia la toma de consciencia de estas emociones desterradas. Aunque, intelectualmente, el soñador podía entender que se había disociado de la angustia de su infancia, en ese momento aún era incapaz de conectar con esa emoción.

En los sueños, la tristeza es sanadora porque activa la compasión por uno mismo. A no ser que se trate de un sueño de duelo, en el que lloramos la pérdida de un ser querido, el animal herido o el niño abandonado de nuestras visiones nocturnas suele ser un aspecto herido de nosotros mismos. Estos sueños nos permiten llorar el sufrimiento negado y las pérdidas olvidadas. Esto nos puede ayudar a ser más amables y afectuosos con nosotros mismos, como en este sueño de una mujer de veintitantos años:

EL ÚNICO CORAZÓN QUE TENDRÉ JAMÁS

Me despierto tras una intervención quirúrgica y lo primero que veo son los ojos azules del cirujano. «¿Por qué no estoy muerta?», pregunto. Había decidido voluntariamente que quería que me extirparan el corazón. «A veces, el paciente sigue vivo durante unos minutos después de la extracción del corazón. No te preocupes, no durará mucho». Así que sigo esperando, tendida sobre la camilla del quirófano. A medida que pasa el tiempo, mi ansiedad por seguir viva no hace más que aumentar. Me doy media vuelta y veo una caja de zapatos sin marca: dentro está mi corazón. El agujero en mi pecho duele terriblemente y abrazo la caja de zapatos, cada vez más aterrada, porque tras más de una hora sigo viva sin corazón. Me levanto y decido hacer algo al respecto. Llamo a mi hermana y le pido que vaya a buscar al médico de la familia. Busco a mis padres y les explico lo que sucede. Me tengo que volver a poner el corazón, pero se me acaba el tiempo. Mi madre no me cree y no hace caso de mi angustia. Empiezo a deambular por la ciudad, sin rumbo, intentando llamar al médico, que no responde. Por fin, me encuentro con una ambulancia en la que hay una doctora joven. Le digo: «Este es mi corazón. Necesito que al menos intente volver a colocarlo en su sitio. Es mío, es el único corazón que tendré jamás y no puedo renunciar a él. Por favor, por favor. ¡Al menos inténtelo, se lo suplico!». Lloro desconsoladamente. Ella me mira con compasión y me dice que lo puede intentar, pero que ya es tarde.

La soñadora observó que, al principio, estaba ansiosa porque quería morir. «Entonces, empecé a pensar en mi corazón, solo y abandonado en la caja de zapatos, y sentí pena», explicó. La pena la impulsó a actuar. Ya no era pasiva ni tenía intenciones suicidas, sino que pasó a la acción e intentó encontrar a alguien que le volviera a poner el corazón. Aunque al final siente desesperación, la presencia de la joven doctora, que al menos se ofrece a intentarlo, le da cierta esperanza. La medicina del sueño está en la pena por su corazón, solo y abandonado, y en el ferviente deseo de vitalidad psicológica.

La pena y el dolor pueden abrir el corazón

Los sueños tristes o dolorosos acostumbran a ser una invitación a sentir esas emociones con mayor profundidad y a integrarlas en la consciencia.

- Observa si el sueño te ha dado acceso a tu tristeza. Quizá ahora puedas derramar lágrimas que antes no habías podido encontrar.
- Si el sueño muestra una situación triste pero tu reacción es neutra, no pasa nada. De momento, basta con que reconozcas la emoción que aparece en el sueño. Este te invita a acercarte a ella, pero a veces se necesita tiempo.
- Los sueños que hacen que la pena ascienda a la superficie te pueden ayudar a desarrollar autocompasión.

SUGERENCIA PARA EL DIARIO

¿Qué parte del sueño evoca tristeza en ti? Escribe acerca de esa parte con detalle y centrándote en las emociones. Si en el sueño aparece un animal, un niño u otro ser herido que está triste, ¿qué le querrías decir a esa parte de ti? Si pudiera hablar, ¿qué crees que te diría?

Emociones aversivas: ira, miedo, asco, horror e indignación

Cuando el ego onírico experimenta emociones aversivas, se abren dos posibilidades amplias de interpretación, y determinar la intención del creador de sueños exige que sopesemos las pruebas disponibles. Por un lado, el creador de sueños puede considerar que se trata de una reacción necesaria y que la aliente. Y por el otro, y lo que es más habitual, es posible que el creador de sueños nos quiera mostrar en qué aspectos vivimos en contradicción con nosotros mismos o nos autoengañamos. Lo hace sosteniendo un espejo frente a nosotros, como para decir: «Así es como te veo yo». Cuando tengas sueños en los que sientas ira, asco o miedo, empieza por no fiarte de la actitud del ego onírico. Es posible que el creador de sueños revele que estamos evitando una verdad para protegernos de un encuentro incómodo con un aspecto de nosotros mismos.

Ira

Es habitual tener sueños en los que el ego onírico está furioso. A continuación, veremos dos sueños en los que esto ocurre. Empezaremos con un sueño de Lisa, que tuvo durante sus estudios de posgrado, cuando estaba en la veintena. Acababa de comenzar a leer a Jung y a prestar atención a lo que soñaba.

COMUNICACIÓN FELINA

Mi gata Misty vivía en un sótano o garaje. Johanna, la señora mayor que vivía en el piso de abajo, la había cuidado durante un fin de semana mientras yo estaba de viaje. Cuando volví, no la saqué inmediatamente del sótano, y Johanna siguió atendiéndola incluso después de que le hubiera dicho que había vuelto y que no necesitaba que siguiera cuidando de ella. Johanna me empezó a dejar notas y a insistirme en que hiciera algo en el sótano para que Misty estuviera más cómoda. Y, entonces, y a pesar de que ya le había pagado por el fin de semana, me envió una carta con una factura pormenorizada que ascendía a ocho mil dólares. El tono de la carta era de enfado. Me explicaba que se había gastado doce dólares en juguetes para gato y que había llevado a Misty a comer a un restaurante muy bueno y que la cuenta había ascendido a ochenta dólares. El concepto más caro de la lista era, con diferencia, algo a lo que llamaba *comunicación felina*, su esfuerzo por comunicarse con Misty, por lo que me había cobrado la desorbitante suma de veinte mil dólares dentro de la factura total. ¡Estaba furiosa!

Lisa se despertó tan indignada como su ego onírico y, hasta que no hubo trabajado el sueño, no se dio cuenta de que representaba una situación interna. Había estado desatendiendo a una parte importante de sí misma, y había abandonado y descuidado a su adorada gata en el sótano. Johanna evoca el arquetipo de la anciana sabia, un aspecto del femenino divino que con frecuencia se infravalora en nuestra cultura, como en la vida de Lisa en ese momento. En el sueño, Johanna está estrechamente conectada con la gata de Lisa. Los gatos son símbolos habituales de la energía femenina instintiva. El creador de sueños de Lisa la confrontó con la realidad de que había dejado a un lado estos aspectos de su vida.

La ira del ego onírico reflejaba la manera en que su personalidad consciente se relacionaba con el inconsciente: a la defensiva, con desprecio y con orgullo. La ira de Lisa en el sueño le mostraba que, en la vida consciente, respondía a la llamada de integrar la espiritualidad con irritación «racional» y evitación. El sueño la instaba a corregir su actitud y le señalaba cómo había devaluado su faceta femenina interior.

Ahora, veamos otro sueño, en el que parece que el creador de sueños afirma la necesidad de una respuesta airada.

UN COCODRILO EN LA HABITACIÓN DE LAS NIÑAS

Había un cocodrilo en casa. Estaba tranquilo, tendido en nuestro dormitorio mientras los niños jugaban a su lado. Me ponía muy nerviosa. Sabía que no lo habíamos estado alimentando y temía que, en cualquier momento, devorara a uno de los niños. Hacía unos días o una semana que estaba con nosotros, y los niños saltaban y brincaban a su alrededor, sin la menor preocupación. Un día, el cocodrilo está en la habitación de nuestras hijas pequeñas, que tienen seis y cuatro años. La habitación está limpia, con una iluminación tenue de tono rosado. El cocodrilo está frente a la cama de las niñas y veo que las mira, con la boca abierta. Es la gota que colma el vaso. Las niñas están jugando en el otro rincón y las saco de allí. Cierro la puerta y me enfrento a mi marido, enfadada y segura de mí misma, diciendo que esto es absurdo y que tiene que hacer algo para librarnos del cocodrilo. Reacciona como si estuviera exagerando y le digo que lo realmente descabellado es tener un cocodrilo cerca de niños pequeños. Al final cede, pero dice que tendremos que pagar a medias el coste de que se lo lleven. Serán doscientos dólares cada uno.

La soñadora es una mujer de treinta y cuatro años que estaba educando en casa a sus cuatro hijos. Relataba un trauma sin resolver y se sentía deprimida, abrumada y enfadada. Tuvo este sueño en un momento en el que estaba negociando con su marido la posibilidad de que los niños fueran a la escuela para que ella pudiera estudiar y desarrollarse profesionalmente. Al principio, la soñadora se muestra ansiosa y preocupada, pero actúa como si fuera normal que los niños jugaran junto a un cocodrilo. El ego onírico toma nota de que el peligro es cada vez mayor (la boca abierta del cocodrilo) y por fin pasa a la acción. El miedo se intensifica y, a medida que el sueño avanza, se torna en ira y en afán de protección. El creador de sueños encontró una manera dramática de mostrar a la soñadora lo inadecuado de su pasividad inicial.

El cocodrilo representa un aspecto de la psique de la soñadora que pasa hambre: no lo ha estado alimentando. Como resultado, supone un peligro para sus hijos. La soñadora ha ignorado la gravedad de la situación. Su ira, tanto por la presencia del cocodrilo como hacia su marido, es muy pertinente y la impulsa a pasar a la acción, tanto en el sueño como en su vida. Abordar este problema significará enfrentarse a su marido y asumir la responsabilidad que le corresponde a ella en esa situación.

> *El secreto de los sueños es que no soñamos; más bien, somos soñados.*
>
> C. G. Jung

Una manera de discernir si la ira es adecuada y si el creador de sueños la alienta es fijarse en cómo se resuelve el sueño. El sueño de Lisa termina con indignación y con la sensación de haber acabado en tablas. El ego onírico de Lisa no estaba dispuesto a pagar la exorbitante factura y Johanna tampoco estaba dispuesta a aceptar la situación. No hay solución positiva a la vista. Por el contrario, el sueño del cocodrilo termina con una resolución clara. El problema que plantea el sueño (el cocodrilo hambriento en el dormitorio de las niñas) se aborda con decisión y la ira del ego onírico contribuye a solucionarlo.

La ira puede ser adecuada y productiva o una señal de que estamos yendo en contra de nuestro propio crecimiento

Un ego onírico enfurecido puede revelar lo que el creador de sueños piensa acerca de nuestra actitud. Si tu ego onírico está enfadado, reflexiona acerca de las preguntas siguientes:

- ¿Con quién está enfadado tu ego onírico?
- ¿Por qué está enfadado tu ego onírico?
- ¿Es posible que la ira del ego onírico represente una actitud defensiva hacia un aspecto inconsciente de ti mismo?
- ¿La ira del ego onírico contribuye a resolver la crisis que aparece en el sueño o la situación acaba en tablas?

Asco

Si en los sueños la ira acostumbra a señalar el rechazo de una parte de nosotros mismos, el asco suele indicar que lo que sentimos por nosotros mismos es vergüenza y desprecio. Una mujer joven soñó lo siguiente:

INODORO REBOSANTE

Estaba en la escuela primaria y tenía una necesidad urgente de ir al baño. Pedí permiso a la maestra, pero me envió a la oficina del director para que se lo pidiera a él. Me preocupaba tener un accidente, pero el director dijo que estaba bien y logré llegar al inodoro. Salió muchísima caca, y luego fueron mis intestinos. Entré en pánico, bajé de golpe la tapa y tiré de la cadena. Todo se desbordó por el suelo.

La soñadora dijo que el sueño le parecía «enfermizo y repugnante». Representa el rechazo que siente hacia partes de sí misma, y parece que el creador de sueños la alerta del daño que se causa al negarse a sí misma. Reprimir la vida emocional es peligroso: la soñadora intenta tirar por el retrete sus intestinos, el hogar del instinto. Al llamar la atención sobre el coste de la negación, el creador de sueños la invita a aceptarse.

Al igual que sucede con la ira, hay veces en las que el creador de sueños también cree que el asco es una respuesta adecuada. Una doctora de cuarenta y cinco años soñó lo siguiente:

CADÁVER OCULTO

Vivo en una casa. En el pasado, la casa había tenido un propósito, pero ahora, cuando miro a mi alrededor, la veo descuidada y pasada de moda. Me da cierto asco. No está limpia. Yo no la puedo limpiar y la señora de la limpieza, que también es mi maestra de yoga, no lo hace bien. Y parece que apenas dedica tiempo al cuarto de baño, que está especialmente descuidado. Me quiero ir, pero no puedo. Hay un cadáver escondido y, si me mudo a otra casa, saldrá a la luz. Empiezo a pensar en cómo deshacerme de él. No parece que yo sea responsable de la muerte de la persona en cuestión, pero sí de esconder el cadáver. Sé que es arriesgado, pero empiezo a investigar algunas maneras de deshacerme de él... procesándolo.

El ego onírico siente asco y repulsión por la casa sucia y anticuada, con el cadáver escondido, mientras que la soñadora identificaba a su maestra de yoga como a una mujer muy interesada en aparecer espiritual e iluminada y que quería pasar por alto las partes más desagradables de la vida. Parece que el creador de sueños está de acuerdo con el asco de la soñadora ante una casa que «había tenido un propósito». Ahora está desfasada y contiene un cadáver. Algo que se ha estado guardando bajo la alfombra ha de salir a la luz. De la misma manera que la ira de la soñadora del cocodrilo surge de un aumento de la consciencia, parece que este ego onírico tiene una consciencia creciente de la casa sucia y de la necesidad de procesar el cadáver. El creador de sueños documenta y aprueba la consciencia incipiente.

Al igual que hemos visto con la ira, observar la resolución del sueño ayuda a esclarecer el significado del asco. El sueño del inodoro acaba con una imagen de angustia por el asco. No parece que haya solución a la vista y las cosas van en una dirección alarmante: los intestinos se le salen del cuerpo. En el sueño de la casa sucia, aún no se ha resuelto nada, pero se sugiere la posibilidad de una resolución positiva. El ego onírico va a investigar y a procesar la situación, con el objetivo de deshacerse del cadáver. El asco del ego onírico la motiva a hacer limpieza.

El asco en los sueños puede señalar sensaciones de vergüenza y desprecio por uno mismo o expresar una repugnancia necesaria

Un ego onírico asqueado puede ser el modo en que el creador de sueños nos muestra la vergüenza y el desprecio que sentimos por nosotros mismos.

- ¿Qué o quién asquea a tu ego onírico?
- ¿Puede ser que se trate de un aspecto de ti mismo que desprecias y rechazas, y que anhela que lo aceptes y lo integres?
- ¿El sueño tiene una resolución clara?
- De ser así, ¿el asco ha ayudado al ego onírico a avanzar en una dirección positiva?

Miedo

El miedo y la ansiedad son dos de las emociones más habituales en los sueños. Los aspectos prohibidos del yo acostumbran a evocar miedo en el ego onírico, porque cuestionan las «normas» no escritas de quiénes somos y amenazan nuestro sentido del yo. Jung llamó *sombra* a estas partes de nosotros mismos que rechazamos y que abordaremos en el capítulo 8. De momento, te será útil recordar que el ego onírico suele sentir miedo de un elemento que simboliza aspectos prohibidos de sí mismo. Jung señaló: «Por norma general, cuanto más negativa sea la actitud consciente, y cuanto más se resista, desprecie o tema, más repulsivo, agresivo y aterrador será el rostro que asuma el contenido disociado».[2] Veamos este sueño de una mujer de sesenta y tres años:

PERSECUCIÓN

Es de noche y estoy paseando por la ciudad. No hay nadie más. Me doy cuenta de que alguien me sigue. Comienzo a correr, y mi perseguidor acelera.

La soñadora explicó que en el sueño estaba asustada. Cuando se le pidió que imaginara el sueño desde la perspectiva del hombre que la seguía, se sorprendió mucho al darse cuenta de que la seguía porque tenía algo útil que decirle. Por lo tanto, el sueño ofrece una imagen de la actitud del ego hacia el elemento inconsciente. Una parte no reconocida reclamaba la atención del ego porque tenía información útil que comunicarle. La posibilidad de esta reunión asusta al ego onírico, porque cuestiona la limitada pero reconfortante comprensión que tiene de sí mismo. Con frecuencia, los sueños en los que experimentamos miedo nos invitan a aproximarnos a una parte poco conocida de nosotros mismos y a preguntarle: ¿qué has venido a enseñarme?

Sueños de persecución

Corremos tanto como podemos, pero nuestro perseguidor nos pisa los talones. El corazón se nos sale por la boca, los pulmones están a punto de explotar, el fin parece inminente. Y, entonces, despertamos. ¡Menudo alivio! Solo era un sueño. Muchos de nosotros hemos tenido sueños en los que somos objeto de una persecución. Hay quien especula que la persecución es un vestigio de nuestro pasado evolutivo, en el que éramos presa de animales salvajes. Sea cierto o no, ser perseguido es una imagen universal de miedo.

Cuando somos pequeños, lo que nos persigue es, con frecuencia, algo fantástico, con ecos arquetípicos de proporciones monstruosas. De adultos, a veces nos persigue alguien armado. No es extraño que los sueños de persecución sean recurrentes, como si «ello» retomara la caza noche tras noche. Aunque los sueños de persecución se pueden asociar a experiencias conscientes de trauma y de terror, por lo general tienen que ver sobre todo con el mundo interior. Con frecuencia, lo que nos persigue es una parte de nosotros que hemos proscrito y que exige un reconocimiento y una integración conscientes.

El tono aterrador de estos sueños suele cambiar cuando podemos dar media vuelta y enfrentarnos a nuestro perseguidor. Un estudiante de posgrado abrumado por la presión académica soñó que se encontraba con un oso en el bosque. Se dio media vuelta e intentó huir, pero, al darse cuenta de que era inútil, decidió enfrentarse al oso y a la muerte. Para su sorpresa, el oso se sentó sobre los cuartos traseros, lo saludó con las patas delanteras con simpatía y se fue. El mensaje del sueño era evidente: no puedes resolver el problema huyendo. Te has de enfrentar a él y descubrir que el ego es capaz de reconocer lo que temías que era monstruoso.

A veces, el miedo que sentimos en el sueño es la respuesta adecuada. Es posible que el sueño afirme que hay algo peligroso en nuestra actitud y que aliente una estrategia distinta. Piensa en el siguiente sueño de una mujer de treinta y siete años:

ESPECTÁCULO CÓMICO

Estoy en un espectáculo cómico al aire libre, con un comediante intrépido, como Dave Chappelle. La función tiene lugar en un barrio no muy agradable, y los asientos son gradas improvisadas. Es un espacio íntimo y, de algún modo, adecuado para la actuación. Estoy allí con Kate. Entra un hombre que parece peligroso. Me asusta su comportamiento errático, quizá esté drogado. No tiene entrada. Hay un alboroto en el pasillo cerca de nosotras. Yo estoy en el extremo de la fila, muy cerca. Kate me indica que me incline tanto como pueda para alejarme del pasillo y evitar cualquier confrontación física. Otras personas ya se están inclinando, pero a mí no se me ocurre hacerlo hasta que Kate me lo dice. La situación es muy tensa. El hombre es amenazante. Pienso que la única persona que puede detener esto es Dave Chappelle, porque tiene la autoridad que otorga la fama. Lo que está claro es que el hombre peligroso se llevará todo o la mayor parte del dinero de la actuación de Dave: cuando pasen el sombrero al final, él se quedará con el dinero. No veo salida alguna. Es como un jaque mate. Dave se acerca al hombre y se coloca frente a él. Entonces se desploma. Es una respuesta deliberada. Su cuerpo se atenúa de modo que sus extremidades parecen separarse en las articulaciones, casi como si hubiera sido desmembrado. El hombre peligroso se queda mirando hacia abajo. Da pasos entre los fragmentos de Dave. Parece desconcertado. Finalmente se va, sin más. Su amenaza ha perdido fuerza. Cuando se va, Dave se recompone y puede reclamar todas sus ganancias.

En su vida consciente, la soñadora estaba en pleno conflicto con un socio y estaba enfadada con él. El sueño le muestra el miedo a la propia ira y a la de su socio; ambas le parecen peligrosas y potencialmente destructivas. Esta parte de su psique amenazaba con robarle su merecida recompensa. La medicina del sueño era el cómico, un embaucador arquetípico, que le muestra que abordar el conflicto de manera indirecta puede ser lo más adecuado.

Aquí también, la resolución (o no resolución) del sueño nos orienta respecto al significado del miedo en el sueño. El sueño de persecución no tiene una resolución clara, y deja al ego onírico asustado y temeroso. En el sueño sobre el espectáculo cómico, el ego onírico aprende (primero de mano de su amiga, Kate, y luego de la del cómico) cómo alejarse del conflicto directo con la parte de la psique que podría ser destructiva. La confrontación con su socio en la vida real fue bien, porque pudo rebajar la tensión durante la conversación.

Pesadillas

Las pesadillas son una categoría especial de sueños que causan miedo intenso. Una pesadilla es cualquier sueño que nos resulte aterrador. Quizá nos despertemos gritando, con el corazón desbocado y aliviados de que solo haya sido un sueño. Las pesadillas son muy habituales durante la infancia y nos pueden seguir acosando durante la edad adulta, sobre todo en periodos de estrés extremo o grandes alteraciones en la vida cotidiana. Aunque las pesadillas son muy desagradables y pueden llegar a hacer que temamos dormir, el creador de sueños nos las envía para ayudarnos a avanzar hacia la salud y la plenitud, al igual que cualquier otro sueño.

El terror que caracteriza a las pesadillas es la forma en que el creador de sueños intenta llamarnos la atención sobre algo. El miedo actúa como un subrayado emocional que asegura nuestro enfoque. Marie-Louise von Franz sugiere que las pesadillas son un intento de la psique por sacudirnos y despertarnos, para que reconozcamos que algo no está bien y necesita ser atendido.[3] Estos sueños nos sacuden y nos pueden ayudar a avanzar hacia la individuación. Nos recuerdan que en la psique habitan fuerzas mucho mayores que el ego. Esta es una pesadilla recurrente de una mujer de veintitantos años:

MAR INFESTADO DE TIBURONES

Estaba flotando en el mar, mirando el cielo nocturno, cuando de repente multitud de tiburones ascienden a la superficie, aunque no parecían estar vivos. Me desperté muy alterada.

Gracias al psicoanálisis, la soñadora estaba empezando a prestar atención a sus sueños. A medida que profundizaba en su interior, las ansiedades más antiguas y profundas ascendían a la superficie.

Paradójicamente, las pesadillas también pueden desempeñar una función de contención, porque nos ofrecen una imagen visual de nuestros peores miedos y, de este modo, nos permiten relacionarnos con ellos de un modo más efectivo. Veamos esta pesadilla infantil recordada por una adulta:

ESCALERA MONSTRUOSA

De niño, tenía una pesadilla recurrente en la que trataba de llegar a lo alto de una escalera. Lo intentaba una y otra vez, noche tras noche: ponía el pie sobre cada peldaño, tan sigilosamente como podía, y ascendía en silencio para no despertar al monstruo durmiente que, de hecho, era la propia escalera.

El sueño comenzó aproximadamente en la época en que ella y su madre dejaron a su padre y se mudaron de la casa. La soñadora no recuerda ningún conflicto entre sus padres. Recuerda a su padre como un hombre amable y afectuoso, que había vuelto de Vietnam con monstruos interiores. La soñadora vivía en un hogar con tensiones inexpresadas y no reconocidas. Es posible que esto creara un ambiente de temor y de amenaza que ella aún no podía expresar con palabras. Como un miedo difuso acostumbra a ser más perturbador que un miedo que podemos identificar, la aterradora escalera monstruosa, que ofrecía una imagen de los múltiples detonadores emocionales invisibles que había en su hogar, pudo ser la medicina que le ofrecía el sueño.

El miedo en los sueños suele reflejar una actitud errónea del ego

Cuando el ego onírico tiene miedo, es probable que el creador de sueños esté representando tu relación con un aspecto de ti mismo que te parece prohibido y, por lo tanto, peligroso.

- ¿Cómo es la relación entre el ego onírico y el elemento temible del sueño?
- Si un elemento onírico te asusta, es probable que te hayas encontrado con un aspecto del inconsciente al que temes porque cuestiona el *statu quo* psíquico. ¿Qué elemento inconsciente podría querer comunicarse contigo?
- ¿Tiene el sueño una resolución clara? De ser así, ¿te orienta respecto a cómo relacionarte con las imágenes que te asustan?
- Es posible que el creador de sueños use la intensidad de las pesadillas para llamar tu atención. ¿De qué manera te podría ser útil la pesadilla?

Los sueños nos ofrecen experiencias emocionales de una amplitud y profundidad inmensas. El psiquiatra y escritor Iain McGilchrist señaló que el repertorio de emociones en los sueños se extiende mucho más allá de las disponibles en la consciencia. «He experimentado en sueños emociones que jamás he conocido despierto», comentó McGilchrist en un pódcast de 2021 con *This Jungian Life*. «De hecho, hay sueños en los que he experimentado emociones para las que no tengo palabras».[4]

Para Jung, la emoción es una función del valor que otorgamos a algo: ¿cuán importante es esto para mí? ¿Cuál es su valor? En la vida onírica, las imágenes están impregnadas de emociones, sobre todo de aquellas que preferimos rechazar: tristeza, vergüenza, miedo, ira o asco. Estas emociones abarcan desde lo sutil e inefable hasta lo asombroso y abrumador. Las emociones de los sueños se pueden quedar con nosotros y teñir nuestro ánimo durante horas, días o incluso más tiempo.

Si los sueños fueran pinturas, la imagen y la metáfora aportarían las formas y la estructura de la composición del artista, mientras que las emociones aportarían el color. Todos los matices, rangos, tonos y trazos.

¿Qué siento? Esta es una de las primeras preguntas que te debes hacer al adentrarte en un sueño. La emoción atrae nuestra atención y resalta lo más significativo. Comprender lo que sentimos en el sueño es crucial para desbloquear su significado y constituye una de las principales maneras en que el creador de sueños nos indica lo que necesitamos saber para favorecer nuestra individuación.

CAPÍTULO 6

El teatro onírico

Estructura y dinámicas

Un sueño es un teatro en el que el soñador es a la vez la escena, el intérprete, el apuntador, el productor, el dramaturgo, el público y el crítico.
C. G. Jung

A veces nos despertamos con solo un vestigio de un sueño: una imagen aislada, una percepción efímera... Sin embargo, si tenemos suerte, recordamos más. Hay personajes, escenas y acción. Quizá haya un comienzo, un nudo y un desenlace que hacen de nuestro sueño una historia. Las historias son la trama del significado: hilvanan el consciente y el inconsciente, enlazan sentimiento e imagen y cosen las partes hasta formar un todo. Los biógrafos y los escritores de memorias narran historias de vida. Los niños quieren escuchar sus historias y cuentos preferidos una y otra vez. Las historias, ya sean en el escenario, en la pantalla o en las páginas de un libro, tejen los hilos de la memoria, la experiencia, la emoción y el deseo. Estamos programados para las historias, porque son el lenguaje del alma.

El teatro es la forma más antigua de contar historias. El baile, las canciones y los rituales que forman parte de las representaciones dramáticas son tan antiguos que nadie puede encontrar su origen. Narramos, cantamos y bailamos historias importantes acerca de la vida, de nosotros mismos y del misterio del infinito. Jung entendía los sueños como el teatro de la psique. Las narrativas dramáticas que ocurren de forma espontánea por la noche ilustran la naturaleza mitopoética del movimiento natural del alma. Cuando nos acostamos y nos preparamos para soñar, es como si tomáramos asiento en un antiguo anfiteatro griego mientras el creador de sueños escenifica una obra interior.

No todos los sueños llegan como una narrativa coherente con introducción, nudo y desenlace. Hay sueños que concatenan una sucesión confusa de escenas aparentemente inconexas. Sin embargo, a veces, cuando observamos estos sueños con la mirada adecuada, aparecen patrones subyacentes. No se estructuran como narrativas dramáticas, sino que algunos se asemejan a dípticos o trípticos y otros a canciones populares, con un patrón de estrofas y versos. Es como si el creador de sueños contara con varios prototipos iniciales entre los que elegir y, si logramos identificar la arquitectura básica del sueño, el flujo de la historia se revela a sí mismo. Esto nos ofrece una herramienta muy potente para entender el mensaje del sueño.

Los sueños como una representación dramática

Cuando ponemos el foco en la estructura dramática de un sueño, atendemos a cómo se desenvuelve la historia onírica. Al igual que la dualidad onda-partícula de la física cuántica, que permite percibir ondas o partículas dependiendo del foco del observador, atender a la estructura dramática nos permite ver las «ondas» del movimiento del sueño, además de las «partículas», que son las imágenes y los símbolos. Nos damos cuenta de si las ondas se agitan, se arremolinan o llegan tranquilamente a la orilla. Si, por ejemplo, aparece una serpiente en el sueño, hemos de entender qué hace, además de su significado simbólico: ¿se arrastra, muerde o cuelga de un árbol? Nos fijamos en cómo los personajes del sueño interactúan entre sí, cómo reaccionan ante los acontecimientos y cómo cambian sus emociones.

Si asistiéramos a la representación de una obra griega clásica, identificaríamos cuatro elementos principales: el contexto, las acciones de los personajes, el punto álgido de tensión (crisis o catástrofe) y el desenlace final. Si bien no todos los sueños cuentan con estos cuatro elementos, y mucho menos en una secuencia ordenada, conocer los elementos esenciales de una obra dramática nos ayuda a identificarlos en el sueño. Veamos estos elementos estructurales del teatro de los sueños.

Contexto: ¿dónde estamos?

Los sueños suelen comenzar con un escenario. El telón se levanta y estamos en algún lugar: nuestra cocina, nuestro despacho o un sitio desconocido. Por lo general, el contexto del sueño se revela con la primera frase o imagen y nos hace saber en qué territorio psíquico nos hallamos. Tanto si la escena transcurre en la casa de tu infancia como en una ciudad medieval, casi siempre tendrá que ver con una dinámica interior actual. En tanto que contexto psicológico en el que transcurre la acción, el escenario anuncia el propósito del creador de sueños plasmando la situación psíquica que quiere abordar. Prestar atención al contexto nos puede dar pistas respecto al tema del sueño: un sueño ambientado en el trabajo probablemente tenga que ver con la carrera profesional; un sueño en la casa de la infancia podría apuntar a la reaparición de un antiguo patrón de nuestra familia de origen, y un sueño en un dormitorio puede referirse a una relación íntima o a un asunto sexual.

Soñar con casas

Las casas son un elemento habitual en los sueños. Son importantes en nuestra vida cotidiana y nos ofrecen imágenes del «entorno construido» de nuestro ego. Soñamos con casas de nuestra infancia y con casas existentes, aunque es posible que no se parezcan en nada a cómo son en la vida real. También soñamos con casas imaginarias e incluso podemos tener una «casa de ensueño», que visitamos una y otra vez, que nos resulta familiar aunque no se asemeje a ningún hogar conocido.

Observa las emociones que ha despertado en ti la casa que aparece en el sueño. ¿Te sorprendías y te entusiasmabas cada vez que abrías una puerta y descubrías estancias cuya existencia desconocías hasta ese momento? ¿O era una casa «para reformar», que necesitaba mucho trabajo? El estado de la casa que aparece en el sueño puede revelar el estado de tu estructura psíquica actual. La función de las estancias visitadas también nos da pistas. En las cocinas cocinamos y conversamos, el dormitorio es un espacio para la intimidad, en el cuarto de baño nos limpiamos y excretamos, y usamos las buhardillas y los sótanos para almacenar cosas. Muros delgados y puertas desaparecidas pueden apuntar a cuestiones relacionadas con los límites.

Según Deirdre Bair, biógrafa de Jung, él creía que las casas tenían un significado particular en los sueños:

«Una casa representa una situación vital... Estamos en ella del mismo modo que estamos en una situación».

Decía que, cuando los pacientes le traían sueños con casas, o incluso cuando era él quien soñaba con una, siempre estaban inacabadas, necesitaban una habitación adicional o había un pasillo misterioso unido a una residencia real que llevaba a estancias que no estaban allí en la vida exterior. Y, cuando el soñador se despertaba, siempre lo hacía con la sensación consciente de que tenía que «resolver el tema de la casa, hacer algo con ella».[1]

El escenario del sueño nos proporciona un marco psicológico que nos ayuda a desvelar su significado. Recurre a la explicación, la asociación y la amplificación para comprenderlo, tal como harías con cualquier otro elemento onírico. Si el sueño comienza en la cocina, anota tus asociaciones: quizá es el lugar donde pasas más tiempo con tus hijos adolescentes. La explicación nos dice que la cocina es donde se prepara y almacena la comida y donde con frecuencia nos sentamos a la mesa para comidas informales. Por último, reflexiona acerca de posibles significados arquetípicos: el hogar, o chimenea, es el antepasado de la cocina moderna, y era una fuente de calidez y de luz, el corazón de la casa, el reino de las mujeres.

Algunos sueños ocurren en lugares desconocidos para nosotros: casas en las que nunca hemos estado, ciudades extrañas o incluso planetas ajenos a la Tierra. Cuando el escenario nos resulta desconocido, cabe la posibilidad de que el creador de sueños quiera llamar nuestra atención sobre posibilidades nuevas o partes desconocidas de nuestra psique. También hay sueños que o bien no mencionan un entorno físico o bien aluden a él solo de refilón. La situación psicológica y el relato onírico quizá aún no estén bien definidos. Es posible que una consciencia incipiente esté empezando a cobrar forma.

La situación inicial

Por lo general, cuando el telón interior se levanta, nos encontramos con mucho más que un simple contexto. Es posible que ya estén sucediendo cosas y que otros actores hayan hecho su aparición. Piensa en las situaciones iniciales siguientes:

> Tengo un caballo en el sótano.
> Estoy en un restaurante y el camarero me trae un bol de chinchetas.
> Estoy en mi salón y un bebé sale gateando de debajo del sofá.

Observar qué sucede y quién está presente al comienzo del sueño puede ser útil, ya que sienta las bases de lo que ocurrirá a continuación. Prestar atención a las diferencias entre la escena final y la de apertura también puede revelar información importante, porque nos permite comparar la representación de la situación psíquica inicial con su resolución (o la ausencia de esta). Para ilustrar la función que desempeñan el contexto y la situación inicial, veamos el comienzo del sueño de una mujer de unos treinta años:

LA ANTIGUA FÁBRICA DE HILO

Un joven y yo vamos en bicicleta por la calle y pasamos frente al que fuera mi instituto. Tengo la sensación de que somos amigos.

El sueño ubica a la soñadora cerca de su antiguo instituto. Esto indica inmediatamente que el sueño abordará un tema que hunde sus raíces en esa parte de su vida. También vemos que va en bicicleta con un joven. La soñadora avanza por la vida gracias a su propio impulso, y está acompañada por una figura interior. Al comienzo del sueño, lo masculino y lo femenino están en equilibrio.

Presta atención al contexto y a la situación inicial

Fíjate en el contexto y en la situación inicial del sueño, que normalmente aparecen en la primera o segunda frase del texto onírico. Es muy probable que te ofrezcan pistas importantes en relación con la «intención» del sueño. Los escenarios oníricos ofrecen un esbozo inmediato del paisaje psicológico y permiten vislumbrar la situación interior. Reflexiona sobre las preguntas siguientes:

- ¿Apunta el contexto del sueño a un ámbito que indique a qué faceta de tu vida se está refiriendo? (Por ejemplo, si el sueño ocurre en el despacho, es probable que tenga que ver con el trabajo).
- ¿Tienes asociaciones personales con el contexto onírico?
- ¿Puedes recurrir a la explicación o a la amplificación arquetípica para ahondar en el significado del contexto?
- ¿Qué otros actores están presentes en la situación inicial? ¿Hay un equilibrio entre hombres y mujeres? ¿Qué está sucediendo?

Acción: giros y altibajos

Una vez captada la situación inicial, comienzan a pasar cosas. Los actores interpretarán la trama onírica, cuyo protagonista es, por lo general, el ego onírico. La acción se desarrolla a partir de la situación psicológica representada en el contexto, pero como el creador de sueños no siempre enlaza los acontecimientos de la manera a la que nos tiene acostumbrada la consciencia, a veces resulta difícil seguir el argumento.

Los acontecimientos oníricos son elementos de «utilería» que el creador de sueños usa para representar dinámicas interiores.[2] Los patrones de acción en los sueños abarcan casi todo: descubrimiento, conflicto, intentos de conexión, viaje, confrontaciones, ocultamiento, persecución o romance. Al igual que en una obra de teatro, es posible que haya varias escenas y que los lugares o las situaciones cambien abruptamente. El primer acto puede transcurrir en una ubicación, mientras que los actos posteriores se pueden desarrollar en otra. Si tu sueño tiene múltiples escenarios, puede ser útil compararlos y observar cómo revelan un patrón evolutivo o aluden a distintas partes de la psique.

Veamos la acción del sueño que analizamos antes, «La antigua fábrica de hilo»:

> Pasamos frente a una fábrica antigua a nuestra izquierda. Está abandonada, pero tiene una belleza extraña. Arbustos y malas hierbas crecen a su alrededor. Es de obra vista y conserva cierta dignidad, aunque hace mucho tiempo que cerró sus puertas. Entonces, me doy cuenta: «¡Oh! ¡Es la antigua fábrica de hilo!».

La acción avanza y la soñadora descubre la antigua fábrica de hilo. El viejo edificio de ladrillo permanece intacto a pesar del abandono y parece que evoca otra época. No había edificios semejantes en la vida consciente de la soñadora, y tampoco se le ocurrieron asociaciones inmediatas ni con hilos ni con fábricas. El sueño sugiere que cierta capacidad para tejer hilos está inactiva desde hace un tiempo. Los hilos son conectores: los usamos para coser elementos separados y seguimos el hilo de una idea o de una conversación. El hilo también tiene muchas referencias mitológicas: en el folclore asiático, las personas destinadas a conocerse están unidas por un hilo rojo; Ariadna le dio a Teseo una madeja de hilo para guiarlo fuera del laberinto del Minotauro, y las Parcas tejen el hilo de nuestras vidas.

Reflexionemos acerca de esta potente imagen en el contexto de la estructura dramática del sueño. ¿Cómo se relaciona el descubrimiento de la antigua fábrica de hilo con lo que ha sucedido antes, es decir, con el instituto de la soñadora y el amigo de esta? Quizá, su conexión con su compañero interior la ha llevado a redescubrir una parte antigua y abandonada de sí misma. Este sueño invita a preguntarse sobre la relación entre la capacidad de la soñadora para seguir un hilo interior y su experiencia en el instituto.

La juventud de la soñadora había sido caótica. Su madre padecía una enfermedad mental y sus padres se habían divorciado. Durante el instituto, la soñadora alternaba entre la casa de su madre, donde todo podía ser volátil pero vital, y la de su padre, gobernada por una madrastra rígida. La soñadora llegó a la conclusión de que el periodo del instituto le había brindado oportunidades para descubrirse a sí misma y expresarse y le había permitido sentirse conectada con compañeros y profesores. La antigua fábrica de hilo es una imagen conmovedora de una sensación perdida de conexión con uno mismo y con los demás, y aún permanece intacta.

Toma nota de la acción principal en el sueño

La acción es el suceso principal del arco dramático del sueño.

- ¿Qué se revela?
- ¿Qué relación guarda con lo que ha sucedido antes y con lo que vendrá después?
- ¿Tiene lugar en un escenario distinto? ¿En qué se diferencia del primero? ¿En qué se le parece? ¿Alude a otra parte de la psique o a otra situación?

Crisis o catástrofe

La crisis o clímax del sueño es el punto de máxima tensión. En palabras de los analistas junguianos Edward Whitmont y Sylvia Perera, representa «las máximas posibilidades —positivas, negativas o de pesadilla— que son potencialmente inherentes al desarrollo al que apunta el sueño».[3] El clímax o crisis puede ir de lo sutil y verosímil a lo enigmático e inesperado, pasando por lo conmovedor o perturbador. Por lo general, es sorprendente. Volvamos al sueño de la fábrica de hilo:

> Estoy tan distraída mirando el edificio que acabo en una zanja con la bicicleta.

La fascinación por el edificio antiguo la distrae del camino y detiene su avance. Cuando el ego onírico recuerda la capacidad perdida de conectar consigo mismo, sucede la crisis: cae a una zanja. Se ha recordado al ego onírico algo que ha quedado atrás, y esa nueva consciencia lo detiene en seco. La actitud egoica de «ir en bicicleta» no le permite continuar.

Identifica la crisis del sueño

- ¿Cuál es el punto álgido de la acción?
- ¿Dónde pone el énfasis el creador de sueños?
- ¿Qué parece estar en juego?
- ¿Qué cambio ha ocurrido o tendrá que ocurrir?

Resolución: la última palabra

Idealmente, la acción del sueño conduce a una resolución que ofrece una historia satisfactoria y completa. Cuando hay resolución, asumimos que simboliza la solución a un problema, que por lo general está relacionado con la actitud del ego. Incluso si el final parece enigmático o da la impresión de que no tiene que ver con el contenido previo, en la mayoría de las ocasiones es la respuesta del creador de sueños a la situación problemática y apunta en una dirección nueva.

> *Los símbolos oníricos son portadores esenciales de mensajes, desde la parte instintiva hasta la parte racional de la mente, y su interpretación enriquece la consciencia hasta tal punto que reaprende el lenguaje olvidado de los instintos.*
>
> C. G. Jung

Marie-Louise von Franz nos anima a prestar especial atención a la última frase del texto onírico, que puede entenderse como la respuesta del creador de sueños a la pregunta que se haya planteado.[4] La última imagen también puede representar una respuesta. ¿Qué emociones acompañan el final del sueño? ¿Es una sensación de triunfo? ¿De satisfacción? ¿De inevitabilidad? Cuando sentimos la resolución como algo positivo, muchas veces significa que el sueño confirma que estamos en el buen camino. Los finales de los sueños suelen ser sorprendentes, lo que apunta a una expansión de la consciencia:[5] hemos descubierto algo nuevo. Cuando tenemos un sueño con un mensaje final definitivo, por lo general despertamos con la sensación de que se nos ha dicho algo importante. Incluso si el final del sueño nos parece ilógico, tiene una cualidad emocional de revelación o «ajá». Un sueño con una resolución clara le da al ego onírico una perspectiva distinta, aunque a veces desconcertante, acerca de la situación narrada en el sueño.

Situación final

Ahora, también es el momento de observar qué ha cambiado a lo largo del sueño. Todos los sueños son un mensaje del creador de sueños, que nos empuja poco a poco hacia la individuación. Por lo tanto, todos los sueños tienen el objetivo de cambiar nuestra perspectiva por poco que sea. De ahí la importancia de fijarnos en los cambios que ocurren. ¿En qué se diferencian la situación final y la inicial? Los sueños con una resolución clara acostumbran a dejar al ego onírico en un estado cambiado. Como en cualquier buena obra literaria, el protagonista evoluciona entre la portada y la contraportada del libro. Pregúntate cómo ha cambiado el ego onírico entre el comienzo y el final del sueño. Fíjate en otras alteraciones también. ¿Ha cambiado el escenario? ¿Ha cambiado el elenco de personajes?

Así concluye «La antigua fábrica de hilo»:

Tengo que abandonar la bicicleta y seguir a pie.

El ego onírico ya no va en bicicleta y el joven ha desaparecido. Cuando la soñadora se enfrenta a la conexión perdida consigo misma, representada por la antigua fábrica de hilo, su manera de avanzar por el mundo se transforma. Ha perdido el contacto con la energía masculina que la acompañaba y, ahora, debe ir más despacio. «La antigua fábrica de hilo» termina con una catástrofe menor. Los finales de este tipo indican que es poco probable que la situación que plantea el sueño se resuelva de forma positiva.[6] La conclusión de este sueño parece sugerir que la soñadora podría estar entrando en un proceso depresivo debido a la consciencia inminente de pérdidas antiguas. De hecho, la soñadora llevaba un tiempo sintiéndose triste y algo perdida cuando tuvo este sueño.

No debería sorprendernos que muchos sueños carezcan de una resolución clara. El creador de sueños presenta el problema o la pregunta, ofrece algunas reflexiones sobre su desarrollo, permite que la acción alcance un punto álgido... y después nos deja en suspenso. Estos sueños suelen indicar que el camino que hay que seguir aún no está claro o que el inconsciente no tiene una respuesta. Los sueños sin un final definido acostumbran a reflejar una situación interior que sigue evolucionando. Como una serie de televisión, los «episodios» siguientes tendrán más que decir. A continuación, encontrarás un sueño sin resolución:

VELOCIRRAPTOR A LA CARGA

Estoy en un arboreto y un velocirraptor gris, del tamaño aproximado de un gato doméstico y sin ojos, se abalanza sobre mí desde la parte superior de un bancal de arbustos y musgo. Le doy un manotazo para apartarlo. Es demasiado pequeño para suponer una amenaza real, pero la adrenalina se me dispara. Sigue cargando contra mí y yo lo aparto una y otra vez. Lo golpeo cada vez con más fuerza y al final lo lanzo hacia el otro lado de la sala y golpea la pared. No parece que los golpes le hagan daño y se limita a reanudar la carga, sin cesar. Al final, deja de perseguirme. Ahora aparece un clon naranja del velocirraptor. Sé que este también está a punto de abalanzarse sobre mí.

Parece que el velocirraptor ciego tiene las de ganar, porque carga sobre el ego onírico desde lo alto de un bancal. La ceguera se suele asociar a la falta de consciencia, como en las expresiones «no veía las consecuencias» o «lo seguía a ciegas». La situación psíquica que plantea este escenario onírico tiene un tono de ciencia ficción: un mundo arbóreo que recuerda al Edén es invadido por una vida animal primitiva y depredadora. Cuando el ego onírico se defiende, recibe otro ataque, lo que sugiere que tras un velocirraptor vendrá siempre otro. ¿Qué ha de hacer, entonces? Tendremos que seguir atentos.

Presta atención a la resolución del sueño... o a la ausencia de esta

- ¿Queda resuelta la situación del sueño?
- De ser así, ¿qué cambios en la actitud del ego sugiere la resolución del sueño?
- ¿En qué difiere la situación final de la inicial?
- ¿Cuál es la última frase del texto onírico y de qué manera responde a la pregunta formulada por el creador de sueños?
- ¿Cuál es la última imagen? ¿Qué tono emocional evoca? ¿Qué relación guarda con el tema principal que explora el sueño?
- De no haber resolución, ¿qué preguntas quedan sin respuesta? ¿Qué queda pendiente?

Roles

No hay producción teatral completa sin un protagonista. En la mayoría de las ocasiones, el protagonista de los sueños es el ego onírico. Presta atención al papel que se le ha dado. ¿Héroe o bufón? ¿Víctima o salvador? ¿Amante, correspondido o no? Con frecuencia, el papel que interpretamos en el sueño se parece a los roles que adoptamos en la vida exterior. El papel del ego onírico se suele corresponder con cómo nos percibimos a nosotros mismos, lo que nos ofrece una información vital acerca de cómo afrontamos una situación dada.

Veamos este sueño de un hombre de unos cuarenta años que había estudiado Derecho y que usaba sus habilidades para defender a personas pobres y desfavorecidas. El sueño ocurrió en un periodo de intensa actividad en su trabajo vocacional.

T. REX

Formo parte de un equipo de cuatro miembros. Somos una unidad de operaciones especiales y tenemos una misión. Tenemos que obtener una gota de sangre o de saliva de un *T. rex*. Este se muestra reticente y nos dice que es demasiado viejo, pero sé que podemos convencerlo.

El ego onírico interpreta a un héroe que pertenece a un equipo de operativos especiales en plena misión peligrosa, pero crucial. Este rol refleja la actitud heroica del soñador hacia su trabajo. El ego onírico y su equipo necesitan la sangre o la saliva del *T. rex*, una imagen de fuerza vital primordial y de una potencia inimaginable. Conseguirla requiere valor, ingenio y la actitud adecuada respecto al inconsciente. Es muy probable que tenga éxito en su misión heroica. La actitud del ego consciente del soñador era realista, adaptativa y congruente con los imperativos de la individuación. Todo ello son buenos augurios para su empresa.

El papel que una mujer de cuarenta años interpretó en un sueño evocaba el que interpretaba junto a su pareja en la vida consciente. La relación de la soñadora se caracterizaba por el conflicto y por una dinámica de poder destructiva.

AMEDRENTADA Y AVERGONZADA

Estoy en la cama, pero no puedo dormir. Sé que no debería mirar el móvil, pero lo hago. Estoy leyendo en el móvil cuando Julie entra en la habitación. Me empieza a gritar, diciendo que no puede creer que esté con el móvil en plena noche. Me grita, me reprende. Me siento amedrentada y avergonzada, y no sé cómo defenderme.

Aquí, el ego onírico aparece en el papel de víctima indefensa. La vergüenza que siente por la mala decisión que ha tomado la deja muda e indefensa cuando su pareja la ataca. El papel del ego onírico era un reflejo de la dinámica exterior. La novia de la soñadora la criticaba implacablemente por el menor error. Y, como las acusaciones de su pareja tenían un ápice de verdad, era muy habitual que la soñadora se sintiera culpable y, por lo tanto, incapaz de defenderse. Al otorgar el papel de víctima a la protagonista, el creador de sueños mostró a la soñadora que la vergüenza que sentía por errores menores era desproporcionada y daba lugar a una dinámica problemática en su relación de pareja, donde su novia tenía demasiado poder.

Pregúntate qué papel se te ha asignado

- ¿Qué papel ha interpretado tu ego onírico? Algunas posibilidades son, por ejemplo, héroe, víctima, líder, seguidor, mediador, observador, embaucador, amante...
- ¿Se corresponde el papel que desempeñas en el sueño con alguno de los que ocupas en la vida consciente?
- ¿Indica el sueño la probabilidad de que este rol sea problemático?

SUGERENCIA PARA EL DIARIO

¿Qué papel desempeñas en el sueño? ¿En qué ámbitos de tu vida consciente ocupas este mismo papel? ¿Te funciona este papel en el sueño? ¿Y en la vida exterior? ¿En qué aspectos no te resulta adecuado?

Recursos dramáticos oníricos

El creador de sueños organiza representaciones complejas y con múltiples capas de significado. Los dramaturgos tradicionales usan recursos como el soliloquio, la ironía dramática o la paradoja. El creador de sueños también apela a distintos recursos para destacar temas, centrar la atención y revelar patrones ocultos.

Cuando/entonces

El sueño es un universo en miniatura en el que todos los elementos se relacionan dinámicamente entre sí. Por lo tanto, es habitual que en la secuencia onírica una cosa lleve a la siguiente, es decir, podemos entender que cada cosa que acontece en el sueño es consecuencia de lo que sea que haya acontecido antes. Inferimos causalidad y asumimos que la imagen representada en la segunda escena es resultado de lo que haya sucedido en la primera. La analista junguiana Patricia Berry lo llama *cuando/entonces*, y su enfoque ayuda a dar sentido a cambios aparentemente incongruentes.[7] Por ejemplo, en «La antigua fábrica de hilo», «cuando» el ego onírico se distrae mirando la fábrica, [«entonces»] acaba en una zanja y tiene que seguir a pie. En lenguaje psicológico, «cuando» el ego onírico vuelve a conectar con una habilidad perdida para establecer conexiones, [«entonces»] la manera en que avanzaba por el mundo deja de funcionar y, por lo tanto, cae en un estado depresivo leve.

«Cuando/entonces» es una herramienta clave en la caja de herramientas interpretativas, porque ayuda a dar sentido a la relación entre eventos oníricos secuenciales. Y resulta especialmente útil cuando los cambios son bruscos y desconcertantes, algo por lo que son famosos los sueños. Los sueños pasan súbitamente de un lugar a otro y cambian de personajes a placer. Los conejos se transforman en perros, las aulas se convierten en muelles de pesca y una cabaña en el bosque se convierte en la sala de espera de un médico. «Cuando/entonces» puede abrir, cual sacacorchos, conexiones entre eventos oníricos aparentemente inconexos.

«Cuando/entonces» nos ayuda a entender este sueño de una mujer:

UNA CASA DEL REVÉS

Recibo una llamada de mi amiga, que me dice que se lo está pasando fenomenal en un sitio fantástico y me invita a que me reúna con ella allí. Llego, y resulta que es una peluquería. Mi amiga está sentada a mi izquierda y el peluquero la atiende, mientras que a mí apenas me hace caso. Le quiere poner un tinte natural especial que ha inventado, y dice que no cree que funcione conmigo. La ayudante del peluquero se me acerca y me pide que escriba tres deseos. Estoy distraída, así que escribo lo primero que se me pasa por la cabeza y, entonces, me doy cuenta de que uno de los deseos es «una casa del revés». La escena cambia y estoy en una casa muy pequeña y estrecha, construida sobre pilares, con mi hijo de nueve años. La gente de la escena anterior ha dejado un pastel de especias y unas setas sobre una bandeja, para que comamos. Tomo una porción del pastel, que está delicioso, y me pregunto si mi hijo lo probará, aunque lo dudo. Intento coger más pastel, pero la casa es tan estrecha que apenas me puedo girar para coger más porque el brazo no me alcanza.

La soñadora estaba insatisfecha con su vida profesional. Quería comenzar su propio negocio y no estaba segura de si aceptar o no la proposición de una amiga, que se le había ofrecido como socia. Uno de los momentos importantes del sueño es cuando la ayudante del peluquero le pide que escriba tres deseos y, como tantos personajes de cuentos de hadas, desperdicia la oportunidad. En los cuentos tradicionales, los tres deseos son una imagen arquetípica y fabulada de la magia y de la posibilidad. Podemos tener lo que sea que imaginemos. El ego onírico no se toma en serio la oportunidad. Distraída, la soñadora pide «una casa del revés». Inferimos la relación causal con lo que sucede a continuación. «Cuando» desea una casa del revés, [«entonces»] está en una casa pequeña y estrecha en la que no puede disfrutar del pastel como desea. «Cuando» la imaginación acerca de las posibilidades es limitada, [«entonces»] acabas viviendo una vida restringida y sin acceso a las cosas deliciosas de la vida.

Aplica la construcción «cuando/entonces»

En los sueños, la secuencia acostumbra a implicar una relación de causalidad.

- Cuando en un sueño sucede algo, es útil preguntarse: «¿Qué ocurrió justo antes que podría haber causado lo que sucede ahora?».
- Si hay cambios de escena súbitos, asume que lo que sea que haya ocurrido antes del cambio es la causa de este. Una cosa lleva a la siguiente. Aplica la lógica del «cuando/entonces» y fíjate en si esto amplía tu comprensión.

Repetición

Es habitual que en un sueño haya palabras, imágenes o acciones que se repitan. También es posible que el sueño registre descriptores redundantes, como un sueño que transcurre en la biblioteca de una universidad para llevar a cabo una investigación. El creador de sueños se asegura de que el soñador capte el concepto de aprendizaje y de estudio. El sueño de una mujer puede incluir múltiples imágenes de lo femenino: hablar con su hermana, darle el pecho a su hija recién nacida o pelearse con su madre. Aunque las palabras que elegimos para transcribir los sueños surgen de la consciencia, también proceden de un lugar interior estrechamente relacionado con el mundo onírico. Por lo tanto, presta atención a las palabras que se repitan en el texto de tu sueño.

La repetición permite al creador de sueños enfatizar un tema psíquico. Prestar atención a lo que se repite te ayudará a establecer relaciones entre elementos aparentemente dispares. Veamos un ejemplo de repetición en este sueño de una mujer de cuarenta y seis años:

TRATAMIENTO ESPECIAL

Estoy en la entrada de un hospital en Estados Unidos. Hay dos mujeres inmigrantes, señoras de la limpieza, arreglando la entrada con cemento blanco. Las observo mientras trabajan la arcilla blanca sobre el suelo. Una es mayor y más experimentada que la otra. Entro en el edificio. Tengo cita con un psicólogo conocido. Subo a la segunda planta y lo veo en la planta baja, muy preocupado, buscando a su loro. Lo veo en el techo; es precioso, de color azul claro. El pico me llama la atención. Grito: «¡Está aquí! ¡Lo he encontrado!», y entro en el despacho del psicólogo rápidamente. Me siento en una butaca y cierro los ojos. Al cabo de un par de minutos, me pregunta: «Veamos, ¿qué la ha traído aquí?». Me sobresalto. No me había dado cuenta de que estaba allí. Me disculpo. Me indica que haga un ejercicio de relajación con los brazos. Quiero hablar, pero me interrumpe. Me dice que han de traer a una paciente psiquiátrica a ese despacho, para hacerle un tratamiento especial. Dos enfermeras traen a una mujer tendida en una camilla. Me asusto, parece peligrosa. La van a meter en otra sala, pero el médico dice que la tienen que poner detrás de mí. Tengo miedo. Temo que me mate. Está loca.

Este sueño contiene un sutil patrón de «emparejamientos»: dos señoras de la limpieza inmigrantes, dos enfermeras, y el ego onírico y su contrapartida psicótica. La duplicación de las imágenes hilvana el tema simbólico del sueño, igual que un leitmotiv musical. Como todas las parejas de personajes (y la soñadora) son mujeres, se sugiere una relación entre la paciente psicótica y el ego onírico. La confrontación necesaria con la paciente oscura es inevitable.

Busca la repetición

Fíjate en las figuras y situaciones que se repiten en los sueños.

- Busca palabras, imágenes, temas, figuras, colores, números u otros elementos que aparezcan más de una vez.
- ¿Qué intenta destacar el creador de sueños?
- ¿Qué elementos aparentemente dispares podrían estar relacionados?

Hipérbole y sentido del humor

El creador de sueños es todo menos soso. Se recrea en la exageración. Al igual que un mimo hábil, a veces exagera para asegurarse de que captamos el mensaje, como ocurre en este sueño de una mujer de cuarenta años:

PRISIONERA DE HITLER

Estoy con Terry. Ella y yo somos prisioneras en un campo dirigido por Hitler.

La soñadora explicó que a su amiga Terry le costaba mucho aceptar su ira y su agresividad, una dificultad que también reconocía en sí misma. El creador de sueños usó una imagen de agresividad muy exagerada (Hitler) para mostrar a la soñadora que es prisionera de su dificultad con la ira. Como las imágenes oníricas pueden dar miedo o desconcertar, recordar la tendencia a la exageración del creador de sueños nos puede ayudar a mantener sus mensajes en perspectiva.

El creador de sueños también tiene un gran sentido del humor. Algunos sueños nos hacen reír por lo absurdo de sus imágenes, su espíritu juguetón o sus comentarios ingeniosos. Ya en edad avanzada, la analista junguiana Marie-Louise von Franz soñó que recibía a unos soldados que regresaban del servicio militar. Observó que eran muy viejos y alguien le hizo notar que los habían mantenido trabajando durante demasiado tiempo. Von Franz entendió el mensaje con ironía y decidió reducir su carga de trabajo.[8]

Pregúntate si el sueño es hiperbólico o humorístico.

- ¿El sueño contiene imágenes muy cargadas?
- ¿Está usando el creador de sueños la hipérbole para enfatizar su mensaje?
- ¿Tiene el creador de sueños un tono humorístico? ¡Ojalá hayas captado el mensaje entre carcajadas!

La gran revelación: anagnórisis

Anagnórisis es un término que procede del griego antiguo y que alude al momento en una obra de teatro o historia en el que el protagonista descubre algo fundamental que lo lleva de la ignorancia al conocimiento. Según el diccionario *Merriam-Webster*, «el protagonista descubre su verdadera identidad, o la de otro personaje, o descubre la verdadera naturaleza de la situación en que se encuentra».[9] Es como el momento en el que los personajes de Scooby-Doo se quitan las máscaras al final de cada capítulo o cuando Darth Vader le dice a Luke que es su padre. En el momento de la anagnórisis, se revela la raíz del problema o de la crisis. Los sueños pueden contener momentos de toma de consciencia como estos. Veamos este sueño de una mujer de cuarenta años:

RECORDAR LO PERDIDO

Me acabo de dar cuenta de que he perdido un perro. Ahora tengo otro y lo quiero con toda mi alma, pero recuerdo que también quería a mi otro perro, y me quedo perpleja al ver que he sido capaz de olvidarme de él. En el sueño, también tengo un hijo pequeño rubio. Al final, descubro dónde está mi perro anterior: una amiga mía se lo había llevado y lo ha estado escondiendo durante todo este tiempo. Voy a su casa a recuperarlo y es idéntico al que tengo ahora, a excepción de que tiene cicatrices en la cara. Cuando recupero al perro perdido, advierto que mi amiga también se había llevado a mi otro hijo, el gemelo del que ahora vive conmigo. Robó al perro para que le hiciera compañía al niño. El descubrimiento del gemelo de mi hijo me deja consternada, ¿cómo he podido olvidarlo? Una vez que el gemelo y el perro perdidos vuelven conmigo, me percato de que ahora son cuatro. Esto hace que me sienta completa y que, por fin, formo parte de la sociedad. Pienso para mí: «Por fin soy como mi otra amiga, que tiene dos hijos».

A lo largo del sueño, el ego onírico recuerda y recupera las partes de sí mismo simbolizadas por el perro y el hijo perdidos y olvidados. El reconocimiento creciente y el aumento de la consciencia son los temas centrales del sueño. El sueño refleja un trabajo interior importante en la vida exterior de la soñadora, que estaba sanando heridas de infancia.

En los sueños, la anagnórisis acostumbra a ocurrir cuando tomamos consciencia de algo que habíamos negado o de lo que nos habíamos disociado. Con frecuencia, es un momento en el que reconocemos algo que sabemos desde hace mucho a algún nivel, pero que hemos querido olvidar porque tomar consciencia de ello resultaba demasiado doloroso. Esto ayuda a explicar la confusión de la soñadora. Se queda consternada al ver que ha olvidado al perro y al niño. El momento de anagnórisis acostumbra a señalar el cambio de la pasividad a la acción. El conocimiento y la consciencia crean el potencial para la determinación y la agencia para reclamar al perro y al niño. La gran revelación en los sueños suele mostrarnos algo que está a punto de ascender a la consciencia en el mundo exterior: los sueños suelen anticipar eventos en la consciencia. Estos momentos oníricos podrían estar anunciando una comprensión nueva.

Fíjate en si el sueño presenta un momento de descubrimiento clave, o anagnórisis

- ¿El ego onírico hace algún descubrimiento crucial que lo lleva de la ignorancia al conocimiento?
- ¿Facilita este descubrimiento que el ego onírico pase de la inacción o la reacción a la acción o respuesta?
- ¿Cómo cambia este conocimiento al ego onírico? ¿Cuál es su tono emocional?
- ¿Qué relación guarda el descubrimiento con una nueva consciencia en tu vida exterior?
- ¿Qué nuevo conocimiento podría estar aflorando a la consciencia?

Diálogo

El diálogo hablado en el sueño puede ser importante. Incluso si resulta extraño o inescrutable para la mente consciente, el discurso onírico puede parecer significativo, como una afirmación oracular del creador de sueños. Una mujer de treinta años que se quería quedar embarazada soñó lo siguiente:

DAR DEMASIADAS VUELTAS

Estoy en mi casa de la infancia, y hago cola para comprar un par de zapatos. La diseñadora está allí y firma las cajas. Es una mujer de mediana edad, vestida con elegancia. Los zapatos que compro son sandalias cerradas, algo pasadas de moda. Cuando me toca, señala la caja: «Le das demasiadas vueltas», me dice. Y, de algún modo, sé que se refiere a mis esfuerzos por quedar embarazada.

Los zapatos aluden a la persona e indican nuestra posición en el mundo (piensa en la diferencia entre llevar zapatos de tacón o zapatillas de estar por casa). El ego onírico está renunciando al estilo, y se ha puesto sandalias feas que quizá guardan relación con la maternidad. La diseñadora de mediana edad podría ser la imagen de una mujer sabia. Diagnostica sucintamente el problema del ego onírico: «Le das demasiadas vueltas». Esta afirmación puede tener dos significados, sutilmente distintos, pero adyacentes. Por un lado, quizá le transmite un mensaje de consuelo, y apunta a que la soñadora debería relajarse y dejar que la naturaleza siga su curso. Por el otro, es posible que el creador de sueños quiera hacer saber a la soñadora que la tendencia a rumiar acerca de posibles problemas de fertilidad podría ser precisamente el problema. Sea como sea, se invita a la soñadora a relajar el abordaje cognitivo y orientado al ego con el que afronta el tema. Las palabras de la mujer sabia representan el consejo del inconsciente. Las palabras pronunciadas por elementos no egoicos suelen ser afirmaciones directas del creador de sueños.

Las palabras pronunciadas por el ego onírico tienden a transmitir la actitud predominante del ego: es la manera en que el creador de sueños nos alerta de una postura que, quizá, no nos convenga. Una administradora de cuarenta y cinco años soñó lo siguiente:

CUATRO PUERTAS

Acabo de entrar con urgencia en un lugar, con miedo de que algo se acerque. Me doy cuenta de que necesito comprobar las puertas para asegurarme de que estén cerradas con llave. «Nos tendremos que ceñir los lomos», me digo mientras hago las comprobaciones. En la pared que da al exterior, hay tres puertas. Las compruebo una a una, avanzando de izquierda a derecha. Todas están cerradas con llave. Entonces, me doy cuenta de que hay una cuarta puerta a la derecha de las tres primeras. Está en perpendicular a estas y es del mismo tipo. Voy a comprobar que esté cerrada con llave, pero se abre y me da miedo que algo malo (¿espíritus?)

> entre. Veo que se abre a otra sala. No hay cerradura en ninguna de las cuatro puertas por mi lado, así que tanteo el otro lado de la cuarta puerta para ver si hay alguna cerradura que pueda girar. No la hay. Intento cerrarla y noto una fuerza muy potente que intenta mantenerla abierta. Por fin consigo cerrarla, pero se vuelve a abrir y me quedo allí, de pie, mirando la otra estancia y esperando que eso tan temible entre.

El ego onírico está centrado en impedir que algo entre. La afirmación «Nos tendremos que ceñir los lomos» es una referencia bíblica y alude a cuando los hombres se ceñían el cinturón de la túnica para prepararse para la acción o la batalla. El creador de sueños usa esas palabras para destacar la actitud defensiva de la soñadora hacia lo que sea que quiere entrar. Mientras, el inconsciente presenta la curiosa imagen de una puerta perpendicular. Es una perspectiva nueva, con una diferencia de 180 grados. Quizá guarda relación con el contenido que asusta al ego onírico. El creador de sueños usa el diálogo para destacar la actitud defensiva de la soñadora hacia eso nuevo que busca la integración.

Presta atención a los diálogos, ya sean del ego onírico o de elementos no egoicos

- Las palabras pronunciadas por figuras oníricas distintas al ego pueden ser el modo en que el creador de sueños enfatiza su mensaje.
- Las palabras del ego onírico nos pueden ofrecer una imagen clara de cómo entiende el creador de sueños la actitud del ego.

Opuestos

Busca opuestos en los sueños: poderoso/indefenso, correr/arrastrarse, conexión/antagonismo, frío/calor. El creador de sueños usa la polaridad para subrayar la situación psíquica, así que, cuando encuentres opuestos en un sueño, fíjate en el tono emocional y en la actitud de tu ego onírico. ¿Recuerdas el sueño «Vestidos de seda» del capítulo 3? El sueño mostraba opuestos como vestidos de seda y vestidos de retales, y el atribulado ego onírico solo podía acceder a los de retales. El creador de sueños usó la imagen de las hermanas para representar opuestos desconectados en la soñadora: una parte de sí misma era desconsiderada y exigente, mientras que la otra se sentía ignorada e indigna. Si estos opuestos se integran, se pueden convertir en asertividad y autoestima saludables, en lugar de permanecer en la grandiosidad y el resentimiento.

Cuando no podemos reconocer los opuestos de forma consciente y dar voz a todas las partes, estas se separan y se exageran. Entonces, el creador de sueños llama nuestra atención sobre ese desequilibrio, que interfiere con el proceso de individuación. Los síntomas, las pesadillas y los malos humores persistentes advierten de asimetrías psicológicas. Jung insistía en la importancia de mantener la tensión de los opuestos: la tensión de la ansiedad, la ambivalencia y la incertidumbre. Sostener la tensión en lugar de tomar decisiones prematuras conduce a una resolución creativa que la consciencia no ha anticipado.

Una conductora de autobús de veinticinco años tuvo un sueño que contenía una imagen generativa de opuestos muy distinta a la de «Vestidos de seda»:

LOS DOS PÁJAROS

Mi prometido y yo estamos en el dormitorio, preparándonos para acostarnos. Él abre una caja y dos pájaros se meten en ella. Uno tiene plumas de colores llamativos, es muy bonito y es hembra, mientras que el otro, un macho, tiene colores más oscuros y es más anodino. Mi prometido me explica que deja salir a los pájaros por la mañana, cuando se va a trabajar, pero que solo uno de ellos lo acompaña, la hembra multicolor. Luego me dice que ese pájaro siempre vuelve con él.

El sueño ocurrió poco después de que la soñadora se comprometiera, y ella relató una sensación de ritmo natural y relajación. Los dos pájaros, opuestos en sexo, color y actividad diurna, se reúnen en la caja todas las noches. Las imágenes y el tono emocional del sueño transmiten una unión de opuestos pacífica y creativa que puede tener que ver con la relación de pareja en el mundo exterior o un posible desarrollo interior.

Fíjate en si hay opuestos

Los opuestos pueden revelar tensiones dinámicas y posibles bloqueos en la psique, así como una resolución creativa a una tensión.

- ¿Cuáles son los opuestos en el sueño?
- ¿Cómo se relacionan entre ellos?
- ¿Qué relación mantiene el ego onírico con los aspectos de la polaridad? ¿De amistad, de miedo u otra actitud?
- ¿En qué facetas de tu vida hay polaridades como estas en este momento?

Otras estructuras oníricas

Muchos sueños no encajan con claridad en la estructura dramática que acabamos de ver. Cuando los sueños tienen una introducción, un núcleo y un desenlace claros, es probable que sean buenos ejemplos de «sueños teatrales», aquellos que narran una sola historia. Fijarse en la estructura dramática de este tipo de sueños puede ayudar a identificar patrones importantes y a prestar atención a la relación entre las distintas partes del sueño. Sin embargo, ¿qué sucede con los que siguen una estructura distinta? Muchos sueños no son tanto una historia bien hilvanada como una sucesión de escenas aparentemente inconexas. Aun así, podemos extraer mucha información de cómo las escenas se relacionan entre ellas. Los sueños que contienen varias escenas pueden seguir patrones concretos, similares a los que encontramos en la pintura o en la música. El creador de sueños no es solo un dramaturgo, es también pintor y compositor.

Dípticos y trípticos

Hay sueños que carecen de un arco dramático definido y que se parecen más a una sucesión de escenas rápidas que pueden llegar a ser drásticamente distintas entre sí. Pensar en este tipo de sueños como si fueran cuadros en lugar de obras teatrales puede ser útil.

En la Edad Media, muchas escenas pictóricas se representaban en forma de dípticos o trípticos: dos o tres paneles unidos. Estos paneles muestran escenas relacionadas: una secuencia temporal o perspectivas alternativas sobre un mismo tema. El Bosco, artista flamenco, pintó varios trípticos famosos. En *El jardín de las delicias*, el panel izquierdo muestra el jardín del Edén; el central, la lujuria terrenal, y el derecho, el infierno. Aunque las escenas son diferentes, cada uno de los paneles representa partes de un mismo tema: el paraíso perdido y sus consecuencias. Parece incluso que *El jardín de las delicias* muestra el mismo paisaje en condiciones radicalmente distintas: en cada panel aparece una superficie de agua aproximadamente en el mismo lugar. Cuando tenemos sueños con dos o tres escenas separadas, es probable que todas estén comentando un mismo tema desde perspectivas diferentes.

Veamos este sueño de una mujer de cuarenta años que trabaja como artista:

INDIGNA

Estoy en el asiento de atrás de un coche con Marcy, mi amiga de la infancia. Su padre está al volante y su madre, en el asiento del copiloto. Es de noche y, fuera, está todo completamente oscuro. Me siento pequeña y que no soy digna de estar ahí, pero al mismo tiempo estoy agradecida de estar con ellos.

Luego estoy en la playa en un día soleado. Todo el mundo está en el agua, pero yo me he quedado en la orilla porque no tengo tubo de buceo. Mi marido se acerca y se sienta junto a mí. Lleva un traje de neopreno, y esto me saca de mi ensimismamiento. Entro en el agua y ayudo a una chica joven que se sumerge y, cuando asciende, trae algo que ha encontrado en el fondo del mar.

He perdido el carnet de conducir, creo que quizá me lo he dejado en la tienda de material de bellas artes. Le pregunto a una dependienta joven, que está al fondo de la tienda, si tienen una sección de objetos perdidos y me dice que rebusque en el estante de abajo del todo y saque la bolsa que encontraré allí. Está con otras dos mujeres muy guapas. Me tiendo boca abajo para coger la bolsa. Es pequeña y negra. La vacío y caen un montón de perlas, pero no hay ni rastro de mi carnet. Le digo que al día siguiente he de coger un avión. ¿Cómo voy a hacerlo sin el carnet? Me dispongo a salir para seguir buscando, pero cuando llego a la puerta de la tienda, me da la sensación de que me tengo que quedar. Vuelvo al fondo de la tienda y las mujeres siguen allí. Les pido el número de teléfono, para que podamos seguir en contacto. Me caen muy bien. Una de ellas escribe una lista de nombres y de números en una pizarra. Creo que están organizando algo, quizá una boda. Me siento para mirar y escuchar. Un hombre apuesto aparece brevemente. ¿Será el novio? Miro al suelo. Donde antes he vaciado la bolsa de perlas hay ahora un bebé, envuelto en una mantita y dormido. Estoy muy sorprendida. Es un niño, rosado y precioso. Me encantaría cogerlo en brazos, pero no sé de quién es.

El sueño consta de tres escenas distintas, que transcurren en escenarios diferentes. La relación que guardan entre ellas no queda clara hasta que nos preguntamos qué tienen en común: en todas aparece la sensación de no encajar, de no pertenencia. Cada viñeta ofrece una perspectiva distinta de estar fuera del grupo. En la primera, hay una pasividad infantil, la sensación de no merecer estar en el espacio, pero también está presente la gratitud de haber sido incluida. La oscuridad fuera del coche y el hecho de estar en el asiento de atrás enfatizan su falta de agencia.

Cuando está en la playa, ella es la única que no tiene el equipo necesario para entrar en el agua. Quizá se compadece de sí misma, pero la aparición de su marido la saca del aislamiento autoimpuesto. Aquí pasa de una actitud pasiva a una activa. El ego onírico puede, entonces, acompañar a una parte más joven de sí misma que recupera algo de las profundidades.

La escena final comienza con la pérdida del carnet de conducir, una forma de identificación personal que puede simbolizar nuestra identidad social, algo similar a la persona en términos junguianos. Va a la tienda de materiales de bellas artes (donde compra material barato) en un intento de recuperarlo, pero la dirigen a una bolsa que solo contiene perlas. Simbólicamente, las perlas se relacionan con lo que tiene un valor supremo. En el Nuevo Testamento, el reino de los cielos se compara con una «perla preciosa»[10] que inspira a un hombre a vender todas sus posesiones para comprarla. Sin embargo, el ego onírico desprecia la riqueza de las perlas que han caído en su regazo y sigue centrada en la búsqueda de su identidad perdida. Del mismo modo, descarta la sensación de conexión que ha hallado con las dos mujeres de la tienda. Está a punto de dejarlas atrás para reanudar la búsqueda del carnet perdido. El ego onírico parece demasiado aferrado a su antigua identidad, la que la hace sentir pequeña e indigna. Centrarse en su antigua identidad le impide forjar una conexión íntima. Por suerte, vuelve a encontrar una agencia activa. Se da cuenta de que no le parece bien alejarse de esta posible amistad, y regresa con las mujeres. Su recompensa es el bebé que ha surgido de las perlas, aunque aún no está preparada para reclamarlo.

En las escenas 2 y 3, primero está preocupada por lo que le falta (el tubo de buceo, el carnet de conducir) y eso le impide alcanzar lo que quiere: estar en el agua, conectar con las otras dos mujeres. Curiosamente, en la primera escena, donde el ego onírico es más infantil, es consciente de su carencia (la sensación de ser digna), pero aun así es capaz de sentir gratitud por haber sido incluida. Parece que el sueño presenta tres «perspectivas» distintas de la relación de la soñadora con la sensación de «no pertenencia» y le muestra con suavidad que es una situación autoimpuesta. Es posible que el sueño refleje una secuencia temporal y muestre este tema en distintos momentos de la vida de la soñadora.

Veamos ahora el sueño de un médico de cincuenta y cinco años:

EL DIAMANTE Y EL OSO

Hay un diamante perdido fuera. Mi plan para encontrarlo consiste en esperar a que nieve, recoger la nieve con una pala y meterla dentro de casa, para que se funda y el diamante quede al descubierto. Miro afuera y veo una fina capa de nieve en el patio. Me preparo para recogerla con la pala. Entonces, aparece un oso enorme. Un perro lo persigue, y el oso huye. El perro sigue persiguiéndolo hasta que entra en casa. Estoy en casa con el oso, asustado. Intento acorralarlo en el comedor, para abrirle la puerta y que pueda salir.

El sueño consta de dos escenas aparentemente inconexas: el plan para encontrar el diamante y la intrusión del oso. Sin embargo, si asumimos que ambas escenas abordan el mismo tema, al estilo del cuadro de El Bosco, tienen sentido. En la primera escena, algo con valor económico está «suelto». El ego onírico concibe un plan detallado para encontrarlo y moverlo de «fuera» a «dentro». Los diamantes reciben el nombre de «hielo» en la jerga: ¿hay una parte del soñador que se siente perdida y fría?

Aunque la segunda escena parece ofrecer un contraste drástico con la primera, el tema de fuera-dentro se repite, lo que indica que el diamante y el oso son aspectos diferentes de un mismo principio psíquico. Sin embargo, esta vez lo que está «fuera» es un oso, al que no se quiere «dentro». Aun así, un perro lo persigue hasta que entra en la casa. Los osos tienen una energía arquetípica muy potente, son símbolos sagrados de resurrección y en el chamanismo eran mensajeros de los espíritus del bosque. A diferencia del cuidadoso ego onírico, que quiere traer toda la nieve de fuera, el perro, que simboliza el elemento instintivo del soñador, tiene un plan mucho más directo. Como en tantas ocasiones, el perro es la parte de la psique que sabe justo lo que hay que hacer. Persigue al oso y lo mete en casa. Cuando el ego onírico es rígido y metódico en exceso, la parte canina de la psique responde con contundencia. Sin embargo, el ego onírico aún no está preparado para este encuentro.

> *Para mí, los sueños forman parte de la naturaleza, que no tiene la menor intención de engañar, sino que expresa algo lo mejor que puede.*
>
> C. G. Jung

Este sueño de una mujer de cuarenta años ilustra cómo la superposición de distintos «paneles» ofrece dimensionalidad y énfasis.

EL BALCÓN Y LA PANADERÍA

Estoy regando las plantas en el balcón de un bloque de pisos. Un gatito gris se aferra con tenacidad a mis tobillos. Le grito que se aleje de mí. Abajo, en la calle, hay un tumulto. En la acera de enfrente hay una panadería con una larga cola de personas que quieren comprar pan. Dentro de la panadería estarían a salvo, pero el establecimiento solo puede dejar entrar a la gente de uno en uno. Oigo disparos en la distancia. Entro en el piso y me aseguro de que el gatito se quede en el balcón.

Las dos escenas que se solapan en el sueño, el balcón y la panadería, presentan a algo o a alguien que intenta entrar para buscar seguridad y alimento. La soñadora explica que siente asco por el gatito, que le recuerda la casa ruinosa donde vive un amigo drogodependiente y que está llena de gatos callejeros. Aunque cuida de las plantas del balcón, rechaza las necesidades más urgentes e imperiosas del gatito. La soñadora era hija de progenitores con adicciones y había aprendido muy pronto que tener necesidades era peligroso e incluso repugnante. La escena en la calle refleja y realza el tema de la vulnerabilidad, la necesidad y la carencia. Muchas personas esperan para comprar pan y sus vidas corren peligro por el caos y la violencia de la calle. Aunque hay una panadería (quizá una imagen de protección y nutrición maternas), solo una persona puede acceder a la seguridad y el alimento que ofrece. Como el gatito, las personas se quedan fuera y han de esperar a que les llegue el turno. Cuando la soñadora rechaza a la parte de sí misma simbolizada por el gatito necesitado, el conflicto interno estalla en la calle y muchas personas corren peligro, incapaces de acceder a la protección y el alimento. Sin embargo, el sueño también trae buenas noticias: en su barrio psíquico hay una panadería.

Con frecuencia, dos o más escenas distintas de un mismo sueño abordan el mismo tema, aunque desde puntos de vista diferentes. Del mismo modo, si recuerdas más de un sueño la misma noche, es muy probable que ambos aborden el mismo tema psicológico. Si tienes un sueño con escenas inconexas, pregúntate qué tienen en común. Como en *El jardín de las delicias* o *Rashomon*, la clásica película de Akira Kurosawa, es posible que el sueño te ofrezca distintas perspectivas del mismo contenido. Luego, fíjate en cómo las distintas capas generan una visión tridimensional de la cuestión que abordan. Contar con distintos puntos de vista de un mismo tema nos puede ayudar a identificar el problema y entenderlo más profundamente.

¿Está el sueño organizado como un díptico o un tríptico?

- ¿Tiene el sueño dos o tres escenas aparentemente inconexas? Reflexiona sobre la posibilidad de que aborden el mismo tema desde puntos de vista diferentes.
- ¿Qué tienen en común las distintas escenas del sueño? Encontrar el tema común te puede ayudar a «triangular» información y descubrir el mensaje del creador de sueños.
- ¿Qué sucede si asumes que hay múltiples versiones de un mismo tema?
- ¿En qué partes de tu vida tiene vigencia este tema ahora?

Verso, coro y puente

Algunos sueños incluyen hasta cuatro, cinco o más escenas. Los sueños más largos y complejos con varias escenas inconexas son de más difícil interpretación. A veces, ayuda ver si forman algún tipo de patrón, como ocurre en la música. Las canciones populares se construyen con patrones como verso, coro, verso, coro: ABAB. También hay canciones con dos versos entre cada coro: AABAAB; y aún otras tienen un patrón con puentes intercalados: ABCAB. Encontrar patrones oníricos puede ser difícil (si es que existen), pero busca temas emocionales, conductas o imágenes que se repitan.

Veamos un sueño con una estructura «musical»:

MANTEQUILLA DE CACAHUETE, *TOFFEE* Y HUEVO

El curso académico se acaba y me cambio a otra escuela. Es el último día y tenemos que recoger todas nuestras cosas de la residencia.

Voy al auditorio y hay mucha gente. Veo a un hombre alto y guapo. Me siento atraída por él, empezamos a hablar y me acurruco junto a él. Huele bien y su piel es suave. Nos abrazamos un poco y entonces me tengo que ir y acabar de recoger la habitación.

Vuelvo a mi habitación de la residencia y lloro sin parar mientras intento recoger todas mis cosas. Estoy muy triste por terminar el curso.

Unas mujeres mayores llevan sobre un carrito una enorme escultura hecha de chocolate, *toffee* y mantequilla de cacahuete, con forma de huevo. Uso una pala para servirme una porción generosa.

Salgo al césped, donde hay mucha gente, y choco con una abuela que sostiene a su nieto en brazos. Le doy un golpe por detrás y el bebé sale disparado por el aire. Agarro a la mujer, la estabilizo y me aseguro de que el nieto está bien. Ayudo a la abuela a sentarse, recojo al nieto y lo siento en el regazo de ella. La abuela dice que no tiene ni idea de lo que acaba de suceder. Yo no me atrevo a decirle que fui yo y mi imprudencia los causantes del accidente. Todo el mundo está bien, pero la abuela quiere mi número de teléfono. No se lo doy.

> Quiero encontrar al hombre alto y guapo. Lo encuentro y espero que nos demos el número de teléfono, pero tengo claro que no seré yo quien lo pida. Intentamos besarnos. Ambos tenemos los labios muy secos y me dice: «Bueno, creo que estarás oliendo mi aliento a tabaco». Le respondo que él estará oliendo mi aliento a mantequilla de cacahuete.

A primera vista, parece que el sueño avanza sin dirección. Aunque es difícil encuadrarlo en una estructura dramática típica, si lo descomponemos en escenas aparece un patrón que nos puede ayudar a desvelar el significado del sueño. Con estructuras de este tipo, es útil identificar y poner por escrito cada escena.

A—Escena 1: Recogiendo la habitación para irse.

B—Escena 2: Acurrucándose con el hombre guapo.

A—Escena 3: De vuelta a la habitación, para recoger sus cosas y llorando.

B—Escena 4: Huevo gigante de chocolate, *toffee* y mantequilla de cacahuete.

C—Escena 5: Choque con la abuela y el nieto.

B—Escena 6: De vuelta con el hombre guapo y beso.

Las escenas 1 y 3 (A) transcurren en la habitación y se caracterizan por emociones de finalización y tristeza. Las escenas 2 y 4 (B) muestran a la soñadora disfrutando de placeres sensuales: abrazándose con el hombre guapo que huele bien y comiendo la colosal y deliciosa escultura de chocolate. La escena 5 (C) es distinta: el choque con la abuela y el nieto y el intento de esquivar su responsabilidad. La escena 6 (B) recupera al hombre guapo, pero, esta vez, la conexión no es tan placentera: los labios están secos y tienen mal aliento. Este sueño tiene una estructura ABABCB que nos ayuda a ver un posible tema recurrente: el esfuerzo por evitar el dolor de los finales mediante el placer y la fantasía. La soñadora estaba en pleno divorcio y sentía alivio, tristeza y culpa. En la primera parte del sueño, el ego onírico no se queda en el lugar triste (A) durante demasiado tiempo y encuentra una distracción placentera (B). Sin embargo, el choque con la abuela (C) revela la sensación de culpabilidad: el final del matrimonio perturbará a su hijo, aún pequeño. Hay un deseo de evitar asumir la responsabilidad por la situación dolorosa, así como el deseo de volver al encuentro agradable (B), que ahora resulta menos satisfactorio. La consciencia incipiente ha mermado la potencia de la fantasía.

El siguiente sueño de un hombre de veintiséis años sigue un patrón algo distinto:

NUDOS CORREDIZOS

Estoy en casa de mis padres. Me acerco al buzón y veo unas llaves entre la grava. Son de otra persona. Las dejo sobre el buzón, con la esperanza de que su propietario las encuentre. Oigo una radio conservadora procedente de las casas al otro lado de la calle, y me pongo nervioso. En nuestro patio hay un estanque. Me pregunto cuál será el pez más grande del estanque. Entonces, recuerdo que tenemos un cocodrilo que vive allí. Veo al cocodrilo, amistoso, acercándose por el césped. De repente, un león de melena oscura se abalanza sobre el cocodrilo. Observo la pelea entre los dos animales, y el cocodrilo mata al león. Siento alivio. Ahora estoy en un tren. Solo llevo mi guitarra. Creo que la guitarra es como una maleta. Me cuesta encontrar un asiento y deambulo por los vagones. El resto de los pasajeros son amigos y conocidos del instituto y la universidad. La escena cambia. Estamos en una fiesta, en el bosque, en una cordillera remota. Pienso que tengo que volver a casa. Estoy junto a una mujer joven y nos abrazamos mientras observamos el amanecer entre los árboles. Siento una especie de éxtasis y rompo a llorar. Su madre está con nosotros. La belleza del momento me abruma. Este éxtasis está teñido por una sensación de distancia de la mujer junto a mí, a pesar de que nuestros cuerpos se tocan. Ahora estamos en un telesilla.

Subimos entre los árboles. Aunque había amanecido hace un momento, ahora estamos rodeados de oscuridad. Me doy cuenta de que estamos completamente solos en las montañas. De repente, el telesilla se detiene abruptamente frente a la rama de un árbol. De la rama cuelga una hilera de nudos corredizos.

....

El sueño cambia rápidamente entre escenas inconexas e incoherentes, lo que dificulta encontrar un hilo conductor. La herramienta «cuando/entonces» no es demasiado útil. Sin embargo, si buscamos similitudes temáticas entre las escenas oníricas, el significado empieza a emerger:

A—Escena 1: Llaves en el suelo, sensación de incomodidad.

B—Escena 2: El cocodrilo mata al león, sensación de alivio.

A—Escena 3: Sin asiento en el tren. Los antiguos amigos no le dejan espacio.

A—Escena 4: Fiesta en el bosque, abrazando a una mujer, sensación de soledad.

B—Escena 5: Oscuridad, nudos corredizos, consternación.

Las escenas 1, 3, y 4 (A) muestran una falta de conexión: llaves caídas, dificultad para encontrar asiento en el tren y el abrazo teñido de soledad. Las escenas 2 y 5 (B) apuntan a peligro. El ego onírico cree que el cocodrilo en el patio es amistoso, aunque acaba de devorar a un león. ¿Qué o quién será lo siguiente? En la última escena, siniestros nudos corredizos sacan por fin al ego onírico de su ensimismamiento. El sueño termina con una imagen potente que despierta al ego de su complacencia y subraya el mensaje de peligro potencial. Este sueño tiene una estructura ABAAB. Cabe preguntarse por la relación entre el tema de las conexiones añoradas y el del peligro inesperado. Quizá el mensaje del creador de sueños es: «Cuando no logras conectarte contigo mismo, se avecinan problemas». El sueño no empieza a revelar sus secretos hasta que encontramos los patrones del creador de sueños.

¿Está el sueño organizado como una canción, con verso, coro y puente?

- ¿El sueño tiene muchas escenas? Toma nota de los elementos comunes en distintas escenas e intenta trazar un mapa de la estructura. El creador de sueños puede enviar su mensaje de un modo similar al desarrollo de una idea musical a lo largo de una canción.
- ¿Comparten un tema las distintas escenas? ¿Cómo se relacionan entre sí?
- ¿Podría haber una relación causal entre las escenas?
- ¿Cómo se vinculan los temas del sueño con tu vida actual?

Sueños de reacción en cadena

Hay sueños tan caóticos que cuesta encontrar un hilo narrativo o incluso un patrón. Quizá muestran una avalancha de acontecimientos que se van agravando: una cosa mala conduce a otra, por lo general peor. El ego onírico no puede mantener su coherencia y su sentido de agencia habituales y rebota como una bola en una máquina de *pinball*. Jung los llamaba *sueños de reacción* y el analista junguiano danés Ole Vedfelt los denomina *sueños de reacción en cadena*. Según Vedfelt, estos sueños también podrían «reflejar una línea de pensamiento destructiva en el estado de vigilia de la que el soñador no es consciente».[11] Los sueños de este tipo también pueden exteriorizar el caos de un trauma no resuelto.

A continuación, encontrarás el sueño en cadena de una mujer de treinta y nueve años:

VIAJE DE LOCURA

Estoy con Josh en un parque de atracciones. Estamos en la cola de la montaña rusa, pero tengo que ir al aseo, así que me voy. No encuentro un aseo por ninguna parte. Cuando por fin lo encuentro, no hay manera de cerrar la puerta. Otra mujer entra mientras aún estoy dentro y le pido que se vaya, pero me dice que no le importa esperar

> y se queda. Luego estoy en una especie de banquete con mi familia. El tío Rick está allí y quiere que coma la ensalada de patata que ha preparado. Me pregunta una y otra vez qué me parece, pero no sé qué responderle, porque la ensalada está en la otra punta de la mesa. Pido muchas veces que me la pasen, pero no me la pasan. Entonces, se supone que tengo que ir a la boda de Carol. Sé que Johnny me está esperando y estoy nerviosa porque llego tarde. Conducimos a toda velocidad con el coche, tomando todo tipo de curvas. Voy de un lado a otro en el asiento trasero, pero le digo al conductor que acelere, porque me preocupa no llegar a tiempo.

El sueño transmite una sensación general de actividad frenética e ineficaz. Hay frustración, fracaso y confusión. El ego onírico se enfrenta a situaciones inconexas que ocurren sin orden ni concierto: simplemente suceden. Aunque usar el «cuando/entonces» podría esclarecer algún punto, la sucesión de escenas confusas ofusca el significado del tema. Estos sueños se caracterizan por el ambiente caótico y la evidente falta de cohesión narrativa. No se interpretan con facilidad. Es posible que lo más importante sea prestar atención a la emoción y al tono, y tener en cuenta la posibilidad de que el sueño nos alerte de situaciones caóticas en la vida exterior. También podemos atender al tema recurrente de la falta de resolución en todas las escenas. Tales sueños acostumbran a reflejar falta de límites, emociones abrumadoras y un ego debilitado. Jung señaló que estos sueños reproducen como un disco rayado experiencias con una carga negativa muy elevada. Con trabajo, lo habitual es que la energía se desvanezca y el significado simbólico sustituya gradualmente a la concreción caótica. Al re-cordar, re-coger y re-visar los acontecimientos, convertimos la experiencia sensorial y los sentimientos en una historia a través de la memoria, la imaginación y el significado.

Lee el tono emocional de los sueños de reacción en cadena

- ¿El sueño está cargado de imágenes caóticas y confusas?
- Toma nota del tono emocional del sueño. ¿Te estás enfrentando a una experiencia emocional parecida durante la vigilia?

El creador de sueños es un artista prolífico que nos presenta múltiples obras noche tras noche. Obras maestras de revelaciones psicológicas que usan escenarios y personajes concretos para que representen situaciones psíquicas. Los sueños relacionan ideas e imágenes y las mueven de maneras que sorprenden a la mente consciente para transmitir su mensaje. Podemos salir de nuestros marcos de referencia habituales y ver cómo se relacionan los elementos fundamentales de una situación psíquica, para que nos ayuden a vislumbrar el mensaje del creador de sueños.

CAPÍTULO 7

Tiempo y telos

Pasado, presente y futuro

Los sueños preparan, anuncian o advierten de situaciones concretas, con frecuencia mucho antes de que sucedan. No se trata necesariamente de milagros ni de precognición. La mayoría de las crisis o situaciones peligrosas tienen largos periodos de incubación que la mente consciente no percibe. Los sueños pueden revelar el secreto.

C. G. JUNG

Los sueños nos ofrecen información increíblemente precisa acerca del estado de nuestro mundo interior. En la mayoría de las ocasiones, nos ofrecen una instantánea de la situación psíquica actual y, cada noche, nos presentan un informe acerca de cómo gestionamos lo que sucede durante el día. Por ejemplo, una mujer soñó que una olla de pasta hirviendo rebosaba sobre los fogones y lo dejaba todo sucio y pegajoso. Había tenido una discusión con su hija adolescente, y el sueño mostraba una situación que no había salido como se esperaba, pero que tampoco era catastrófica. Por otro lado, los sueños también nos pueden abrir una ventana al pasado y al futuro. Con solo unas imágenes, los sueños pueden señalar los factores causales de un conflicto o un problema, ofrecernos una visión general de la situación actual y apuntar a posibles acontecimientos futuros.

Hasta donde sabemos, el creador de sueños no experimenta el tiempo como lo hace la consciencia. Jung escribió:

> No podemos aplicar al inconsciente nuestra noción del tiempo. La consciencia solo puede concebir las cosas en una sucesión temporal y, por lo tanto, nuestro tiempo está ineludiblemente unido a la secuencialidad cronológica. En el inconsciente no es así, porque, allí, todo sucede a la vez, por decirlo de alguna manera. En cierto modo, aún somos niños pequeños y, con frecuencia, hace falta muy poco para que ese «niño» ascienda a la superficie. Al mismo tiempo, estamos bajo la sombra que proyecta el futuro, del que aún no sabemos nada pero que el inconsciente anticipa de alguna manera.[1]

En los sueños, el pasado, el presente y el futuro viven a la vez. El tiempo es fluido y las imágenes del pasado se insertan fácilmente en el presente y el futuro.

Asignaturas pendientes: El pasado está presente

Los sueños mezclan a placer el pasado y el presente: es habitual que, ya de adultos, soñemos con la casa donde pasamos nuestra infancia, que vivimos en otra época o que llevamos ropa del pasado. En el mundo onírico asumimos sin parpadear distorsiones temporales que nos dejarían perplejos en el mundo despierto.

Hay sueños que nos dirigen a las raíces ocultas de una dificultad actual. Nos presentan elementos de etapas anteriores de nuestra vida para mostrarnos que las mismas actitudes que nos ayudaron en el pasado son desadaptativas en el presente. La aparición de un yo más joven o infantil en un sueño puede ser la manera en que el creador de sueños nos invita a mirar al pasado. Con frecuencia, soñamos con versiones más jóvenes de nosotros mismos o de otras personas. Los sueños que transcurren en nuestra casa de la infancia pueden reflejar actitudes antiguas o complejos surgidos en dinámicas familiares tempranas. Observa tu reacción emocional, incluso una vaga sensación de reconocimiento, y pregúntate si el sueño muestra una dinámica emocional o conductual de esa época. Es posible que estas imágenes sean la manera en que el creador de sueños llama la atención sobre algo de «entonces» que puede esclarecer el «ahora».

Una mujer de cuarenta años soñó lo siguiente:

POLVO EN LOS PULMONES

Acabo de graduarme en la universidad y vivo en un bloque de pisos nuevo. Descubro que han estado haciendo reformas o añadiendo otra planta sobre la nuestra. No nos han avisado y tampoco han tenido la precaución de sellar los conductos de ventilación. Ahora, el piso está cubierto de polvo fino. Me preocupa que sea sílice y que se haya depositado en nuestros pulmones. Pasarán años antes de que sepamos si hemos sufrido daños o no, pero quizá se manifiesten justo cuando estemos en la flor de la vida y nos dificulten respirar.

El sueño se enmarcaba en un momento de la vida en que la soñadora no tenía preocupaciones: había conseguido su primer empleo y su primer sueldo decente. Se podía centrar en sus propias necesidades y divertirse, algo que no había podido hacer durante su época en el instituto o en la universidad, porque su familia no tenía muchos recursos y había tenido que trabajar para pagarse los estudios. Sin embargo, en los primeros años tras acabar la universidad, también se dio cuenta de que sus padres no podían pagar sus propias facturas y que se estaban endeudando. Asumió parte de sus gastos y, pronto, ellos se volvieron dependientes económicamente de ella, lo que limitó su capacidad para cambiar de trabajo, mudarse o explorar otros intereses.

Cuando tuvo este sueño, la cara insidiosa de su generosidad se estaba empezando a hacer evidente. Además de mantener a sus padres, ya mayores, criaba a sus dos hijos y tenía sus propias dificultades económicas. El sueño apuntaba a la génesis de sus dificultades actuales y la avisaba de lo que había permanecido en el inconsciente hasta ese momento: sin que se diera cuenta, se estaban generando toxinas perjudiciales que le impedían respirar bien. Llegada a la mediana edad, esta soñadora estaba empezando a tomar consciencia del coste de haber mantenido a sus padres desde los veinte años. El sueño la remitió a un periodo concreto de su pasado para reflejar un problema en su presente: no solo la ansiedad financiera, sino también la indignación («No nos han avisado y tampoco han tenido la precaución...»).

De vuelta al cole

Los sueños que nos devuelven a la época de estudiantes, normalmente al instituto o a la universidad, son muy habituales. Como todos los arquetipos, el de estudiante es bivalente y su opuesto es el de maestro. Los estudiantes exploran áreas de interés y forjan relaciones sociales bajo la protección del *alma mater*, la madre nutricia. Los estudiantes también se ven sometidos a una jerarquía: los profesores ejercen su autoridad sobre ellos y los progenitores (que, quizá, les paguen los estudios) tienen expectativas de resultados. El estatus de estudiante promete la oportunidad de desarrollarse, a costa del sometimiento a valores externos y a la autoridad.

Si has soñado que estabas en el instituto o la universidad, ¿el sueño te presentaba receptivo y pleno, o más bien incompetente y torpe? Es posible que el sueño aluda al arrepentimiento respecto a «asignaturas pendientes» y a potenciales no materializados, por lo que reflexiona acerca de cómo un tema del pasado se puede haber hecho presente ahora. La ansiedad acerca de una situación vital suele arrastrar a los soñadores de vuelta a la escuela, para «repasar» lecciones de vida que entonces no aprendimos y que ahora necesitamos. También puede tratarse de un retiro estratégico a un periodo anterior y más fácil, como preparación para seguir adelante.

Jung concluyó que no bastaba con tener en cuenta las raíces causales para alcanzar una comprensión completa: también quería saber hacia dónde se dirigía la vida de la persona. Los opuestos del pasado y del futuro buscan reconciliación y síntesis. Por alejadas que estén en el tiempo, las referencias al pasado tienen significado en el presente y son relevantes para el futuro. Los sueños que nos llevan de vuelta a la escuela nos instan a reflexionar acerca del pasado y nos hacen avanzar hacia el futuro. En la psique, el tiempo es una metáfora del proceso de individuación.

En otro ejemplo de cómo el pasado informa al presente, Jung trabajó con un hombre de origen humilde que había alcanzado un gran éxito. Acudió a Jung porque estaba experimentando ansiedad, mareos, náuseas y dificultad para respirar sin causa física aparente. Comentó un sueño que Jung pensó que apuntaba al origen del problema:

> Vuelvo a estar en el pequeño pueblo donde nací. En la calle hay un grupo de jóvenes, unos campesinos con los que fui a la escuela. Paso frente a ellos y hago como si no los conociera. Entonces, oigo a uno de ellos, que me señala y dice: «No viene mucho al pueblo».[2]

El soñador había ascendido muy por encima de sus modestos comienzos. Jung señala: «El sueño lo dice muy claramente: "Has olvidado lo abajo que empezaste"».[3] El problema actual del soñador se debía a que, al negar su pasado, había perdido la conexión con parte de sí mismo. Aún más: sus orígenes humildes eran necesarios para el desarrollo futuro. Contenían una claridad y una sencillez objetivas de las que su persona sofisticada carecía.

La psique, como un contable escrupuloso, lleva registro de los asuntos pendientes. Las deudas impagadas no solo se deben tener en cuenta a la hora de calcular las ganancias, sino que también acumulan interés en forma de síntomas que aumentan la deuda. El creador de sueños nos hace saber que tenemos facturas sin pagar. Una mujer de treinta y dos años, que hacía poco había sufrido un accidente de coche en el que este quedó siniestro total, tuvo un sueño que ponía de relieve una deuda emocional y que conectó el reciente accidente de coche con un momento crítico de su pasado.

SINIESTRO TOTAL

Estoy en casa de una amiga de la infancia, mirando vídeos en VHS de Mary-Kate y Ashley Olsen. En otra escena, mi compañero de habitación me invita a casa de su familia. Él va en su coche y, sin decírselo, yo cojo el de su madre y tengo un accidente. El coche queda siniestro total. Me siento muy culpable por haber cogido el automóvil de la madre de mi compañero de habitación y me preocupa mucho que se enfaden conmigo. Cuando se lo cuento, me perdonan. Aunque me ofrezco a pagar, su madre sabe que no tengo dinero y me dice que no me preocupe.

La madre de la soñadora falleció cuando ella tenía dieciséis años y, unos meses después, la soñadora tuvo un accidente que destrozó el coche de su madre. Los coches suelen representar cómo nos movemos por la vida, y un coche siniestrado puede simbolizar la pérdida de impulso de la soñadora debido a la demoledora pérdida de su madre. La soñadora acostumbra a pasar el día de Acción de Gracias con la familia de su compañero de habitación. El sueño comienza con una referencia nostálgica al pasado: los VHS y las gemelas Olsen, estrellas de una serie donde un padre viudo cría a sus hijas con ayuda de otros dos hombres. La pérdida de la madre se ve compensada por la presencia de estos tres hombres afectuosos, imprevistos familiares y aventuras. ¿Acaso tiende la soñadora a tapar las dificultades actuales con fantasías felices y conductas inmaduras?

Parece que sí, porque «cuando» el ego onírico ve los episodios de la serie antigua, [«entonces»] se lleva el coche de la madre de su amigo sin pedir permiso. El impulso de coger el coche, de aferrarse a la fuerza materna para avanzar en la vida, es saludable, pero el creador de sueños insiste en que, antes, ha de afrontar los temas pendientes en relación con la muerte de su madre. Su reciente accidente en su vida real podría ser un mensaje similar de la psique. Que el sueño termine con perdón y absolución podría indicar una repetición de la tendencia a meter los problemas bajo la alfombra o un punto de inflexión (dieciséis años después de la muerte de su madre, cuando ella tenía dieciséis años). El creador de sueños ha devuelto a la soñadora al pasado para que pueda revisitarlo en el presente con la consciencia necesaria para tomar impulso en el futuro.

Soñar con niños

Simbólicamente, los niños apuntan hacia atrás, hacia el nacimiento y la concepción; y también hacia delante, hacia las posibilidades futuras. Cuando en el sueño aparece un niño o un bebé, es posible que el creador de sueños esté ofreciendo un «informe de estado» de un desarrollo interno. Fíjate en la edad del niño. ¿Qué sucedía en tu vida cuando tenías esa edad? ¿Qué sucedió en tu vida hace esos años? Si te encuentras con un recién nacido en un sueño, piensa en qué acontecimiento vital podría haber empezado hace nueve meses. Con frecuencia, descubrimos que hace unos meses comenzó algo que ahora es importante. Lee este sueño de una mujer de cincuenta y dos años que nunca ha estado embarazada:

AÚN NO ES HORA

Estoy embarazada. Estoy casi a término. Parece que es hora de ir al hospital para tener al bebé. Estoy confundida, porque no tengo contracciones ni ninguna otra sensación que indique que el bebé deba nacer ahora. Les digo a mi mujer, a mi madre y a la gente que hay cerca que aún no es hora. Sé que debería ir al hospital para que me induzcan el parto, pero estoy actuando con rebeldía y quiero esperar a tener contracciones, calambres o algo. No voy a recurrir a la medicina para que el bebé salga antes de tiempo. Este acto de rebeldía me asusta, pero lo hago igualmente y me voy del hospital.

Hacía un tiempo que la soñadora tenía problemas de pareja y el sueño anticipó la ruptura repentina y definitiva que sucedió solo unas semanas después. Nueve meses antes, la soñadora había empezado a tomar consciencia del desgaste que le provocaba la relación, aunque en ese momento aún no estaba preparada para hacer nada al respecto. La mujer de la soñadora podía ser controladora y crítica, y la soñadora acostumbraba a sentir que debía obedecer. El sueño le muestra el desarrollo de un «bebé» psicológico, una consciencia y una capacidad para actuar según sus convicciones recién encarnadas.

Explora las imágenes del pasado en tus sueños

Si en el sueño aparecen imágenes del pasado, intenta aplicar las preguntas siguientes:

- ¿Qué sucedía en tu vida en la época que aparece en el sueño?
- ¿Hay temas similares en tu vida en este momento?
- ¿Te estás comportando ahora de un modo que fue adecuado en el pasado y que ahora ya no lo es?
- ¿Hay asuntos pendientes de ese momento de tu vida?
- Si has soñado con un bebé, ¿qué sucedía en tu vida hace nueve meses?
- Si has soñado con un niño, ¿qué sucesos importantes ocurrieron en tu vida cuando tenías esa edad? ¿Qué pasó hace tantos años?

SUGERENCIA PARA EL DIARIO

Escribe acerca de la época que aparece en el sueño. ¿Cómo eras? ¿Cómo era tu vida? ¿De qué maneras eras distinto? ¿De qué maneras sigues igual?

Aquí y ahora: La situación actual

La mayoría de los sueños contienen imágenes relativas al presente, ocurren en contextos cotidianos y cuentan con la presencia de personas y lugares de nuestra vida diaria. Estos sueños ofrecen puntos de vista y comentarios acerca de una situación actual. Una mujer de cuarenta y ocho años cuyo matrimonio pasaba por un momento complicado se sentía atraída por un compañero de trabajo. No tenía una aventura, pero sí pasaba mucho tiempo con esa persona y fantaseaba con dejar a su marido. Soñó lo siguiente:

CONDUCIR EN LA OSCURIDAD

Es de noche, y estoy conduciendo por un puente que pasa sobre una gran superficie de agua. Estoy completamente a oscuras. Por algún motivo, el coche no tiene faros y tampoco hay farolas. Sé lo largo que es el puente y conozco las curvas de su trazado. No veo nada y me doy cuenta de que es una situación muy peligrosa. No puedo seguir avanzando, pero tampoco puedo retroceder. Creo que lo mejor será parar el coche y esperar a que haya más luz.

El sueño plantea de un modo sucinto y potente la situación actual sin hacer la menor referencia al pasado: la soñadora va directa al peligro y no puede ver más allá. Al principio, el ego onírico impulsa su intención hacia delante, hasta que se da cuenta del riesgo: podría caer del puente en una de las curvas. El sueño hace una afirmación contundente acerca de su situación vital actual: «Vas a oscuras y conduces a ciegas. ¡Detente!».

Las imágenes de un sueño que alude al aquí y ahora pueden ser impactantes, como en este caso, aunque también pueden ser tan ordinarias que es fácil que pasemos por alto el mensaje que intentan transmitir.

UN IKEA COLOSAL

Estoy en un sitio famoso, muy lejos, unas cuatro o cinco veces más grande que IKEA. Hay una pequeña sección para comprar y el resto está a oscuras, con luz de sol que ilumina cosas concretas. No está claro qué son esas cosas. Estoy desorientada y no hay carteles ni señales. Tengo que seguir avanzando, sin ninguna manera de orientarme ni prepararme. Me concentro en lo que hay delante de mí. No se trata de salir afuera, sino de permanecer dentro, así que dejo de preocuparme.

Esta soñadora estaba pasando por una situación vital complicada de la que ella no había sido la causante y que tampoco podía cambiar. Está en un lugar famoso, aunque lejano y, por lo tanto, ajeno a la consciencia. Por el contrario, IKEA era un lugar en el que (¡como todo el mundo!) se podía perder. Solo hay una pequeña sección para comprar, un proceso mediado por el ego, y rayos de sol esporádicos ofrecen puntos de luz, pero sin señales ni carteles. El ego carece de sus puntos de orientación habituales. Entonces, la soñadora se da cuenta de que «no se trata de salir afuera, sino de permanecer dentro», de estar presente, de dejar de preocuparse, una actividad mental que está centrada en el futuro. El creador de sueños le dice: «Solo has de estar aquí».

Toma nota de las imágenes del presente

La mayoría de los sueños son una instantánea de la realidad psíquica actual.

- ¿Subraya el sueño algo que esté sucediendo en tu vida en este momento? ¿A qué quiere que prestes atención?
- ¿En qué se parece la situación onírica a alguna situación vital actual?
- ¿Cuál es la actitud del creador de sueños en relación con la situación del sueño? ¿Qué ajustes te pide que hagas?

El futuro: ¿Qué nos espera?

En la antigüedad, se creía que los sueños predecían el futuro. Según Jung, una de las principales funciones de los sueños es anticipar lo que está por venir. Lo llamaba *la función prospectiva de los sueños*, y la consideraba clave para mantenernos en el camino hacia la individuación, hacia la versión más plena de nosotros mismos. Jung sabía que el inconsciente tiene una energía intencional: es nuestra brújula interior, que apunta directamente a la individuación. Tal y como explica Jung, a veces las imágenes oníricas «señalan la solución de un conflicto»,[4] predicen lo que va a suceder o nos advierten de que nos hemos desviado del camino. Estas predicciones son comparables a las previsiones meteorológicas: una combinación anticipatoria de probabilidades en relación con actitudes y conductas conocidas. Es como si el creador de sueños dijera: «Dada esta condición, estas son las situaciones más probables».

Los sueños pueden hacer referencia específica a posibles resultados futuros, como en este sueño del paciente de Jung que refería sintomatología física. Después del sueño en que visitaba el pueblo de su infancia, soñó lo siguiente:

> Tengo mucha prisa porque me quiero ir de viaje. No dejo de buscar cosas que he de meter en la maleta, pero no encuentro nada. El tiempo vuela y el tren saldrá pronto. Cuando finalmente consigo reunir todo lo que necesito, corro por la calle y, de repente, me doy cuenta de que me he olvidado un maletín con documentos importantes. Vuelvo a casa corriendo, casi sin aliento, lo encuentro y me dirijo a la estación, pero apenas consigo avanzar. Con un último esfuerzo, llego al andén. El tren está saliendo de la estación. Es muy largo y traza una curva muy curiosa, con forma de S, y se me ocurre que, si el conductor no tiene cuidado y acelera cuando llegue a la recta, los vagones de cola, que aún estarán en la curva, descarrilarán debido a la aceleración. Y eso es precisamente lo que sucede: el conductor acelera, intento gritar, los vagones de cola se inclinan muchísimo y descarrilan. Es una catástrofe terrible. Me despierto aterrorizado.[5]

Jung consideró que este sueño era una advertencia, pero el soñador no hizo caso y, más adelante, sufrió una catástrofe personal. El paciente de Jung avanzaba a toda velocidad por la vida, sin prestar atención a lo que dejaba atrás. Como el conductor, el ego nos mantiene en el carril en la vida cotidiana, pero, como los vagones de un tren, hay muchas emociones, recuerdos y motivaciones que quedan detrás de la consciencia. Jung se dio cuenta de que, como el inconsciente tiene acceso a información sutil, puede sintetizar lo que es importante, presentarlo en imágenes oníricas e indicar un resultado probable.

Algunos de los sueños que abordan el futuro transmiten una sensación prosaica, como si el creador de sueños se limitara a comentar, sin más, algo que se avecina. Lisa tuvo un sueño así la víspera de un examen importante en su formación analítica. Llevaba dos días de exámenes orales y le quedaba uno más antes de poder pasar a la siguiente fase, por lo que había mucho en juego. Por casualidad, o no, el examen en cuestión tenía que ver con los sueños. Se había acostado con un plan para el día siguiente: se levantaría, estudiaría, haría ejercicio y comería, todo ello para llegar al examen preparada y un poco antes de lo previsto. Esa noche soñó lo siguiente:

ZAPATOS DE REBAJAS

Voy a una tienda de saldos, donde hacen rebajas de calzado infantil. Todo está revuelto y apenas quedan zapatos. He llegado demasiado tarde.

El creador de sueños evoca una imagen de desorden y de oportunidades perdidas para indicar que algo no va bien. Al principio, Lisa no entendía el sueño. Sorprendida por el final, comprobó el horario del examen y se dio cuenta de que lo había leído mal: era antes de lo que pensaba. De no haber sido por el sueño, Lisa podría haber llegado tarde al examen, lo que equivalía a suspenderlo. El creador de sueños comparó el examen con zapatos de rebajas en una tienda de saldos, por lo que no parecía muy preocupado: sin embargo, emitió la advertencia igualmente. Parecía que el sueño también la instaba a relajarse: el examen no era más importante que obtener un buen descuento.

Si bien la función prospectiva es una característica esencial de los sueños, no debemos asumir que es infalible y siempre apunta en la dirección correcta. El conocimiento del creador de sueños no es mejor, sino diferente. De la misma manera que hay personas que subestiman la importancia psicológica de los sueños, existe un peligro igualmente grande de sobrevalorar la perspectiva del inconsciente, como si ofreciera una sabiduría oracular incuestionable.[6] Nuestro trabajo, cuando estamos despiertos, es atender y entender el punto de vista de la psique, para tomar decisiones y determinaciones más conscientes.

> *Los sueños allanan el camino de la vida y nos determinan sin que entendamos su lenguaje.*
>
> C. G. JUNG

SUEÑOS PREMONITORIOS

Jung tenía claro que la función prospectiva de los sueños era completamente ordinaria. Los sueños que parecen sugerir probabilidades futuras no son lo mismo que los sueños premonitorios, esos sueños que, misteriosamente, muestran eventos futuros con una precisión pasmosa. En la mañana del 21 de octubre de 1966, miles de toneladas de desechos de carbón inundaron la pequeña ciudad minera de Aberfan, en Gales del Sur. Una escuela infantil quedó sepultada y murieron más de cien niños. El psiquiatra John Barker llegó a Aberfan ese mismo día y registró la historia de Eryl Mai Jones, una niña de diez años que tuvo un sueño el día antes de la tragedia: «Fui a clase y no había escuela. ¡Estaba cubierta por algo negro!».[7] La pequeña Eryl falleció en el trágico accidente. Jung soñó una vez con un «perro lobo gigantesco con unas fauces enormes y terroríficas», y supo que «el Cazador Loco le había ordenado que le llevara un alma humana». A la mañana siguiente se despertó con la noticia de la muerte de su madre.[8]

Aunque muchas personas han tenido sueños realmente proféticos, Jung advertía en contra de insistir demasiado en este tema. Como la premonición exige una confirmación posterior de lo sucedido, la importancia profética de un sueño en el momento en que este aparece es incierta y poco probable. «Además —escribió Jung—, estos sueños son relativamente raros. Por lo tanto, no merece la pena examinar los sueños pensando en su importancia en el futuro. Lo más normal es equivocarse».[9]

Ten presente la función prospectiva de los sueños

Los sueños pueden mostrar probabilidades futuras, como las predicciones meteorológicas. Si te parece que un sueño alude al futuro, responde a las preguntas siguientes:

- ¿Qué dice el sueño acerca de lo que es probable que suceda a continuación?

- ¿Qué advertencia puede contener este sueño? ¿De qué maneras podría presagiar un acontecimiento positivo?
- ¿Qué tono emocional tiene la función prospectiva del sueño?
- ¿Ofrece el sueño consuelo o seguridad durante un periodo complicado?

Una visión general de la vida

Los sueños también nos pueden ofrecer una visión general de nuestra situación, como si el creador de sueños estuviera recopilando información para destilar temas vitales clave. Estos sueños acostumbran a trazar una línea esencial que conecta el pasado, el presente y el futuro. Un hombre de cincuenta y seis años soñó lo siguiente:

UNA CUNA A LA DERIVA HACIA CASA

Estoy flotando al borde de la atmósfera terrestre y percibo junto a mí una presencia masculina, aunque nunca llego a ver de quién se trata. Miro a lo lejos, quizá a cientos de años luz de distancia, y me veo a mí mismo, cuando tenía uno o dos años, sentado en una cápsula espacial que recuerda a una cuna y que avanza lentamente hacia la Tierra. Le digo a la presencia que me acompaña: «Le pasa algo, hay algo que no funciona en él, no se puede arreglar». Me siento muy triste por el niño, aunque él parece estar tranquilo y bien. Sé que pasará mucho mucho tiempo antes de que llegue a la Tierra.

El ego onírico flota al borde de la atmósfera terrestre, tenuemente conectado con la vida y las relaciones. Aparece una cápsula espacial del tamaño de una cuna y descubrimos que el niño ha sufrido daños, que lleva mucho tiempo solo y a la deriva. Es una descripción concisa y conmovedora de la situación actual del soñador y de su exilio emocional pasado debido a heridas relacionales tempranas. El soñador tenía muy pocas relaciones personales estrechas. Había sido un niño sensible que creció en un hogar duro y caótico en el que tuvo que ocultar sus emociones, sobre todo a sí mismo. El sueño también apunta a una solución futura: aunque llevará tiempo, está en camino hacia la emoción y la conexión terrestres. Con sus claras alusiones al pasado, presente y futuro del soñador, el sueño narra con elegancia de dónde viene el niño, dónde está ahora y hacia dónde se dirige.

Busca una revisión general de temas vitales esenciales

Los sueños que hacen referencia al pasado, presente y futuro pueden ofrecer una visión general de nuestro estado psicológico.

- ¿Alude el sueño al origen de tu situación actual, a lo que sucede ahora y a lo que te aguarda en el futuro?
- ¿Qué quiere el creador de sueños que sepas acerca de dónde vienes y a dónde te diriges?
- ¿Ilustra el sueño temas vitales de larga duración?

Telos

En una revelación tan sorprendente como fundamental, Jung se dio cuenta de que la habilidad del creador de sueños para mirar hacia delante indicaba un movimiento más amplio y deliberado hacia un objetivo. La idea de que nuestro desarrollo psicológico está orientado a un objetivo recibe el nombre de *telos*, un término griego que significa «fin». El analista junguiano James Hillman comparó el telos con el plano de un roble que está presente en cada bellota. Si las condiciones ambientales son las adecuadas, la bellota crecerá según ese patrón inherente y cumplirá su destino de convertirse en roble. Del mismo modo, cada uno de nosotros llegamos al mundo con un plano innato, un patrón único que nos corresponde vivir a medida que avanzamos en la misión de la individuación. En la mayoría de las ocasiones no conocemos este patrón de forma consciente, pero el centro de la personalidad, a la que Jung llamó *Sí-mismo*, lo entiende y guía este proceso a medida que se despliega. Por eso, cuando echamos la vista atrás, muchas veces sentimos como si una inteligencia misteriosa hubiera estado obrando, protegiendo nuestro destino. Quizá en un momento clave conocimos a una persona que cambió el curso de nuestra vida o tuvimos un accidente que nos obligó a cambiar de dirección de un modo que más tarde sentimos como algo que estaba destinado a suceder. Así como cada bellota «quiere» convertirse en un roble, hay algo en nosotros que busca la plenitud de la individuación.

> *Muchas veces, los sueños nos parecen absurdos. Sin embargo, manan de la naturaleza y tienen que ver con nuestra vida futura.*
>
> C. G. JUNG

Aunque el telos tiene que ver con la función prospectiva de los sueños, tiende a desafiarnos para que nos abramos a nuevas perspectivas más que a comunicarnos un resultado explícito. Según la analista junguiana Patricia Berry, el telos de los sueños es lo que más se aleja de la consciencia egoica.[10] Las imágenes relacionadas con el telos son sorprendentes e incluso perturbadoras y suelen apuntar en direcciones inesperadas. Estas imágenes tienden a sacudirnos, a detenernos en seco y a poner patas arriba la intención consciente. El telos de los sueños suele señalar acontecimientos o actitudes emergentes. Transmite una sensación de futuro y expresa la naturaleza volitiva, si bien misteriosa, del inconsciente, que es distinta a la prognosis o la predicción. Está impregnado de energía que activa la curiosidad y, con frecuencia, la actitud defensiva. Para ver cómo el telos nos puede ayudar a penetrar en el significado de un sueño, consideremos el siguiente ejemplo:

UN PEZ EN LA COCINA

Estaba en una cocina. Se parecía a la de mi casa cuando era pequeña. Estoy buscando un bol o un plato en los armarios, que abro de uno en uno. Todos están vacíos, como si nos acabáramos de mudar a la casa. Entonces, abro otro y encuentro un bol con carne podrida. El olor putrefacto hace que me lloren los ojos y me aparto, asqueada. La carne podrida está llena de gusanos, pero también veo un pequeño pez cubierto de joyas, boqueando y mirándome con ojos grandes y luminosos. Parece que está hecho de esmalte multicolor y piedras preciosas, pero, al mismo tiempo, está vivo. Pienso que debo meterlo en agua inmediatamente.

Siempre que trabajamos con un sueño, y sobre todo si es difícil de entender, como este, es importante que nos preguntemos dónde está el telos. ¿Qué resulta sorprendente o inesperado? Aquí, es el pez. El telos acostumbra a ser el elemento del sueño que tiene más energía, por alarmante o aterrador que resulte. Entender el telos significa mirar en la nueva dirección que el creador de sueños nos muestra: ¿qué mensaje intenta transmitir el pez de piedras preciosas entre la carne podrida? La soñadora estaba en pleno cambio de carrera y de estilo de vida, y recupera una actitud del pasado (su casa de la infancia), pero encuentra algo sorprendente e inesperado. Sin saber aún qué significa la imagen, tomar consciencia del telos suscita asombro y curiosidad: quizá algo precioso del pasado, que había quedado olvidado y se ha podrido, está cobrando ahora una vida nueva y sorprendente. El telos, como la curiosidad, nos impulsa hacia delante.

El telos no necesariamente llega al final del sueño. Con frecuencia, es la imagen más extraña, la que contiene más carga emocional o la que cautiva a nuestra imaginación. Veamos este sueño de una mujer de sesenta y dos años:

ANIMALES EXTRAÑOS

Estoy en algún sitio con más gente. Miramos afuera y vemos a un par de animales extraños, son un cruce entre cabra y mono. El macho solo usa las patas traseras, y las delanteras cuelgan, desmadejadas. La hembra avanza

> a cuatro patas y recuerda más a una cabra. Los miro por la ventana. Me fascinan. La persona que está conmigo me asegura que no son peligrosos. Quiero conectar con ellos, darles comida. Llegan más. Familias enteras. A docenas. Algunos llevan una única prenda de ropa, como un sombrero o una cinta. Avanzan entre los árboles. Estoy encantada y quiero salir. Mi marido manifiesta inquietud. ¿Serán peligrosos? ¿O quizá molestos, como ardillas? De ser así, no conviene darles alas. Pero mi actitud se impone. Salimos todos y nos unimos a ellos. Afuera hay un ambiente festivo. Alguien tiene una hija que se va a casar. Hay mucha comida deliciosa y opulenta para el banquete: carros bellísimos, cargados con postres de colores llamativos. El padre nos da permiso para ofrecer comida a los animales. No estoy segura de si conseguiré entablar contacto con ellos.

El elemento que señala el telos, al traer algo nuevo y desafiante para el ego onírico, es la aparición de los animales extraños. La comodidad de la soñadora con lo inconsciente se revela en la actitud del ego onírico: quiere entablar contacto. Sin embargo, también siente cierta ambivalencia. Su marido interior, preocupado por si los animales son peligrosos o una molestia, como las ardillas, refleja la inquietud y la actitud defensiva que también siente. Los animales extraños apuntan a un potencial psíquico. El creador de sueños afirma la actitud de entusiasmo del ego onírico, así como la voluntad de este de salir afuera (los límites habituales) y conocer a esas criaturas maravillosas: en el exterior hay un ambiente festivo, unión y abundancia de comida deliciosa. El creador de sueños le dice que siga haciendo lo que hace, y recibirá su recompensa.

Preguntarnos en qué parte del sueño se halla el telos puede cambiar nuestro enfoque, abrirnos a la curiosidad y permitirnos pensar en maneras nuevas de ver imágenes que, de otro modo, resultan chocantes o negativas. El telos nos reorienta y nos recuerda que el creador de sueños tiene un propósito e intenta empujarnos hacia delante. Desconocemos el «significado» de esos animales extraños, pero reconocemos un elemento de sorpresa que es «otro» distinto al ego onírico o consciente.

Pregúntate dónde está el telos en el sueño, sobre todo si no sabes cómo avanzar

Lo inesperado y lo nuevo pueden contener el mensaje principal del sueño.

- ¿Dónde está la imagen sorprendente del sueño, la que te ha detenido en seco?
- ¿Cómo responde el ego onírico a esa novedad? ¿Hay indicios de una actitud defensiva?
- ¿Puedes abrirte a la novedad desconcertante del elemento que contiene el telos?
- ¿Hacia qué aspecto de tu vida podría estar apuntando ese elemento novedoso?

En los sueños, el pasado, el presente y el futuro coexisten y se solapan. El creador de sueños cruza a voluntad los límites temporales habituales y combina elementos de distintas épocas de maneras únicas y caprichosas. Estas yuxtaposiciones nos ayudan a relacionar dificultades presentes con el pasado y a valorar posibilidades futuras. «En el inconsciente no hay tiempo», dijo Jung. «En el inconsciente no hay problemas con el tiempo. Parte de nuestra psique no habita ni en el tiempo ni en el espacio. El tiempo y el espacio no son más que una ilusión y, por lo tanto, hay una parte de nuestra psique en la que el tiempo no existe en absoluto».[11] Con sus insinuaciones de una existencia más allá del tiempo, el inconsciente tiende un puente entre el mundo cotidiano y el mundo de lo eterno y nos ayuda a trazar una ruta hacia la plenitud.

CAPÍTULO 8

La sombra

El exilio interior

La sombra es una parte viva de nuestra personalidad y, por ello, desea convivir con nosotros de alguna manera. No la podemos eliminar discutiéndola ni hacerla inofensiva simplemente racionalizándola.
C. G. Jung

En 1886, cuando Carl Jung solo tenía once años, Robert Louis Stevenson se despertó de un sueño con la idea de una historia que exploraría la relación entre el bien y el mal. Así nació *El extraño caso del Dr. Jekyll y Mr. Hyde*. La narración, que hoy forma parte de nuestro imaginario cultural, presenta la dinámica que Jung llamaría después *sombra*, la inclinación universal a distanciarnos de los rasgos de personalidad que se consideran inaceptables. El educado y aristocrático doctor Jekyll ejemplifica la persona, el rostro que presentamos al mundo, alineado con las expectativas convencionales y las normas sociales. Todo lo que se ha de negar para ofrecer este rostro correcto se exilia y solo se puede expresar mediante el señor Hyde, la sombra de la personalidad. El señor Hyde puede hacer y ser todo lo que para el doctor Jekyll sería inaceptable. Ambos actúan juntos, lo que permite a una misma persona desempeñar su función en la sociedad refinada al tiempo que satisface sus instintos más básicos.

Las dinámicas Jekyll y Hyde nos fascinan y ocupan los titulares de las noticias. Martha Stewart, el paradigma de la domesticidad, fue condenada por fraude bursátil y obstrucción de la justicia. Bill Cosby, el cómico querido por todos y conocido como «el padre de América» fue denunciado como depredador sexual. El, en apariencia, virtuoso fiscal general de Nueva York, Eliot Spitzer, se comprometió a acabar con la corrupción de Wall Street... mientras contrataba a prostitutas. Elizabeth Holmes cautivó a los inversores con un supuesto nuevo método para analizar sangre antes de ser condenada por fraude y conspiración.

La sombra personal

Estos Jekyll y Hyde famosos representan versiones extremas de los conflictos internos con los que la mayoría de nosotros lidiamos. Todos tenemos una sombra, que se forma durante el desarrollo y que comprende cualidades y características inaceptables para nuestra familia y nuestra cultura. Nos dijeron que no replicásemos, que no fuéramos desordenados y que no golpeáramos a nuestra irritante hermana pequeña. Si aprendimos a no cuestionar la autoridad de los progenitores o a la autoridad religiosa, es muy posible que la asertividad se vea confinada a la sombra. Si nuestra familia de origen valoraba la autonomía, es posible que también hayamos relegado a la sombra la necesidad de ayuda.

Además, los instintos innobles y perjudiciales para la cohesión social, como el robo, el engaño o la violencia, también deben relegarse a la sombra. La sombra es el precio que pagamos para que se nos vea (y para vernos a nosotros mismos) de un modo favorable.

Lo que queda excluido permanece indómito. Como perros y gatos salvajes, la sombra se vuelve más feroz en la selva del inconsciente... y lo que quiere es entrar en la casa ordenada y bien iluminada de la consciencia. «Cuando no somos conscientes de nuestra sombra, declaramos inexistente a parte de nuestra personalidad», escribió Jung. «Entonces, entra en el reino de lo no existente, que se hincha hasta alcanzar proporciones enormes. Cuando no reconocemos que albergamos esas cualidades, no hacemos más que alimentar a los demonios».[1] Intentar renegar de la sombra es inútil, porque se limita a esconderse y a actuar de maneras que nos avergüenzan, lamentamos o nos perturban. El psicólogo respetado no declara todos sus ingresos a Hacienda, y esconde parte para pagar las vacaciones familiares. El ejecutivo que se enorgullece de su honestidad y humildad realiza donaciones visibles a organizaciones benéficas para que sus colegas las vean. Una mujer que conscientemente valora mucho la amistad no se puede resistir a criticar a una buena amiga. Afortunadamente, las cualidades de la sombra buscan integración y nos hablan desde su exilio por la noche, cuando soñamos.

Si bien es cierto que la sombra puede incluir cualidades genuinamente negativas, no se trata de un enemigo que derrotar, sino de una realidad psíquica cuyo poder solo mengua una vez la reconocemos de forma consciente. «Todos tenemos una sombra, y cuanto menos integrada esté en la vida consciente de la persona, más negra y densa será»,[2] afirmó Jung. Tomar conciencia de nuestra oscuridad reduce la probabilidad de que se exprese inconscientemente. Es imposible exagerar la importancia que confrontar la sombra tiene para el crecimiento psicológico. Como los sueños dan voz a nuestras partes más oscuras, trabajarlos ofrece la oportunidad de conectar con aspectos de nosotros mismos que, de otro modo, nunca hubiéramos conocido o hubiéramos olvidado o reprimido. Confrontar la sombra es el camino al tesoro que es la individualidad y un elemento esencial de la individuación. Jung creía que la única manera de cambiar nuestro mundo plagado de conflictos era el trabajo individual con la sombra. Imagina: tú y miles de otros en todo el mundo tejéis hilos de redención trabajando con vuestros sueños y conectando con la sombra.

La sombra en los sueños

> Por la noche, el creador de sueños nos muestra una verdad sombría que preferiríamos evitar. Con frecuencia, la sombra es un aspecto de nosotros mismos que nos avergüenza y al que tememos, por lo que, durante el día, lo minimizamos, racionalizamos o atribuimos al vecino, compa-

ñero o suegro que tanto nos irrita. Sin embargo, por la noche, el creador de sueños nos trae imágenes de lo que hemos escindido de la consciencia. Trabajar con las imágenes oníricas de la sombra nos permite conectar con partes de nosotros que parecen indeseables, pero que contienen energía valiosa para la vida.

Jung planteó la teoría de que, en los sueños, la sombra suele aparecer como una persona del mismo sexo que quien sueña, aunque también se puede presentar de otras maneras. El creador de sueños alza un espejo mostrando nuestra tendencia a actuar desde la sombra. Por otro lado, los sueños también pueden reflejar aspectos vergonzosos de nosotros mismos, enseñándonos dónde nos identificamos con la sombra o dónde estamos abrumados por ella. Como siempre, el creador de sueños nos dice una verdad que preferiríamos no saber.

La sombra proyectada y personificada

Todos tenemos maneras de distanciarnos de nuestra sombra y, con mucha frecuencia, los sueños reflejan las estrategias que usamos para ello. Una de ellas consiste en proyectar las cualidades de nuestra sombra rechazadas sobre amigos, colegas, conocidos o incluso desconocidos en línea: vemos en otros lo que no nos gusta de nosotros y los criticamos o atacamos. Creemos (con cierto grado de suficiencia) que hemos trascendido nuestra sombra cuando, en realidad, lo que hemos hecho es buscar un chivo expiatorio. Una señal clara de proyección es una reacción desproporcionada frente a la situación, como cuando criticamos con ira las creencias políticas o los valores de otros. El desprecio o la condena exagerados son señales que nos indican que el otro al que criticamos tiene cualidades que negamos en nosotros mismos. Por ejemplo, si te enfureces con un compañero de trabajo porque toma atajos, ¿qué hay de lo distraído que eres en las reuniones o de ese azulejo suelto en el baño que llevas tiempo posponiendo arreglar? Cuando algo nos ofende y nos parece «mal» por fuera, es muy probable que tenga un correlato dentro.

El primer paso para entender la relación entre el ego onírico y una figura de sombra es reconocer las cualidades que nos resultan especialmente repugnantes o desagradables. Veamos este sueño de una madre de dos hijos adultos:

MUJER DESALIÑADA

Estoy en un crucero con David. Un precioso bebé rubio cae en mis brazos desde una tubería en la que estaba posado encima de nosotros. Lo cuido con afecto, y sonríe y balbucea. Disfrutamos de él y queremos cuidarlo. Entonces, su madre aparece. Tiene un aspecto desaliñado y descuidado. Quizá está bebida. Es evidente que no está en condiciones de cuidar del bebé y le pregunto si nos lo podemos quedar. Dice que no y me lo arrebata.

La mujer desaliñada despertó irritación y asco en la soñadora, que sintió tristeza cuando le arrebató al bebé. Criada en circunstancias complicadas, había aprendido a responder a las dificultades con estoicismo y a ser complaciente en situaciones sociales. Hacía mucho que se había disociado de su sombra desaliñada, que ahora se le aparecía en sueños. Aunque el ego onírico desprecia a la mujer descuidada, es la madre del bebé precioso y, por lo tanto, la fuente de nueva vida en la psique. El creador de sueños la invita a integrar la energía salvaje y feroz de la mujer desaliñada. Es como si le dijera: «Eres más que tu desaliño, le puedes hacer espacio en tu consciencia».

> *No nos podemos permitir ser ingenuos cuando trabajamos con sueños. Se originan en un alma que no es del todo humana, sino más bien el aliento de la naturaleza: de lo bello y generoso, pero también de la diosa cruel.*
>
> C. G. Jung

Una mujer de veintiocho años que trabajaba en un servicio de salud mental comunitaria tenía dificultades en su relación de pareja cuando soñó lo siguiente:

LA NIÑA ESCONDIDA

Mi pareja me había hablado de los pasillos secretos de la casa y de lo mucho que se asustó cuando tropezó y cayó en uno. El pasillo estaba atiborrado con un vestido de novia y había una niña o criatura encerrada allí. Me encontré avanzando a tientas por ese mismo pasillo. Creo que olía mal o que el aire estaba muy cargado. Al avanzar, me enredé en el tul del vestido de novia y, entonces, comprendí lo que había pasado y lo que me había contado mi pareja. Vi a la niña, que intentó seguirme. Entré en pánico, retrocedí corriendo y volví a poner todos los obstáculos. Ella me había seguido, y me miraba por las fisuras que quedaban entre los obstáculos. Se lo expliqué a mi padre, y le dije que la niña era demasiado tonta para salir si dejábamos los obstáculos en el estrecho túnel. Él tenía las llaves para cerrarlo. Me asusté porque el dueño de la casa iba a volver y pensé que sabría que habíamos descubierto dónde escondía/encerraba a la prisionera. Esperamos y dejé que mi padre hablara con el dueño. Este dijo que tenía que ir a ver a la niña, para averiguar qué pasaba. Me sorprendió, porque creía que la niña era un secreto. Había un registro donde tuve que apuntar el tiempo que había pasado en la casa como tiempo cuidando de la niña.

Los padres de la soñadora se habían divorciado cuando ella era pequeña, y se sentía inquieta ante la idea de comprometerse en una relación. Una parte de sí misma había quedado oculta en un pasillo que olía mal, junto al tul del vestido de novia que se le había enredado en los pies. El ego onírico tiene miedo del contenido exiliado y en la sombra, la califica de «tonta» e intenta bloquear su acceso a la consciencia. Sin embargo, la niña de la sombra quiere establecer contacto con el ego onírico. Sorprendentemente, el ego onírico descubre que tiene la responsabilidad de cuidar de esa niña. Parece que esa niña en la sombra tiene que ver con heridas que la soñadora experimentó durante el divorcio de sus padres, sus problemas relacionales posteriores y su miedo al compromiso. Que todo el mundo sepa de la existencia de la niña significa que el contenido de la sombra está próximo a la consciencia.

Es posible que el creador de sueños incluya en el sueño a alguien de la vida personal sobre el que acostumbramos a proyectar nuestra sombra, como en este sueño de una mujer de treinta y un años que trabaja en una empresa de diseño gráfico:

¡DESPEDIDA!

Han despedido a alguien que me recuerda a Rachel. Todos lo sentimos por ella e intentamos consolarla, aunque tengo la sensación de que Rachel ha recibido su merecido.

La soñadora identificaba a Rachel como a una colega irritante. «Es agresiva de un modo raro. Es como si no se diera ni cuenta. Presiona hasta que consigue lo que quiere, sin más». Cuando la sombra aparece en forma de una persona que nos cae mal, descubrir esas mismas características en nosotros puede ser abrumador. La soñadora reconoció que reprime su asertividad y agresividad, que acaban estallando. El ego onírico quiere despedir a su Rachel interior, pero el creador de sueños la invita a integrarla y a conectar con su asertividad.

Los aspectos de ti mismo que quizá te incomoda reconocer pueden aparecer como una figura de tu mismo sexo

- ¿Aparece en tu sueño una figura de tu mismo sexo? Piensa en esta persona como en la representante de las cualidades de tu sombra que has intentado reprimir o negar.
- ¿Qué dice el sueño acerca de esas cualidades? ¿Tienen éxito en algún sentido?

- ¿Aparece en tu sueño una persona de tu vida consciente que te caiga mal o que te irrite? ¿De qué maneras has rechazado o reprimido en ti las cualidades que más te molestan de esa persona? ¿Qué cualidades necesitas reclamar e integrar?
- ¿Qué te dice el sueño acerca de tu tendencia a rechazar o negar estas partes de ti mismo?
- ¿Dónde o cómo encuentras este elemento de sombra en tu vida actual?

Amigos y familiares

La sombra no solo se personifica en personas que no nos gustan. Los amigos y los hermanos acostumbran a cargar con nuestra sombra, y el creador de sueños los recluta para mostrarnos esas dinámicas en sueños. Marie-Louise von Franz, colega de Jung, señalaba que a menudo elegimos como amigos a quienes representan partes de nosotros que hemos dejado en la sombra. Ellos hacen lo que nosotros no nos atrevemos a hacer. Y si no integramos esa sombra, la relación con ella —y con nuestros amigos— estará teñida de una mezcla de amor y rechazo.[3]

Si un hermano o amigo de tu mismo sexo aparece en un sueño, pregúntate por lo que admiras, envidias a esa persona o por qué te irrita. ¿Has rechazado esa cualidad en tu vida? ¿Puedes desarrollar una relación más consciente con ese rasgo? Fíjate en la actitud del ego onírico. Muchas veces, será la equivocada o habrá que repensarla.

Aceptar que las figuras de sombra que aparecen en nuestros sueños encarnan las cualidades que reprimimos en nosotros, incluyendo las de amigos y familiares que deseamos pero que nos negamos, es un gran ejercicio de humildad. En palabras de Pogo, el personaje de dibujos animados, «Hemos conocido a nuestro enemigo, y somos nosotros». Este sueño de un hombre de veintiséis años que trabaja como transportista pone de manifiesto esta ambivalencia inherente:

MATAR A LA RATA

Estaba en clase y vi que mi amigo estaba sentado con una rata blanca y una serpiente en las manos. La rata y la serpiente se intentaban comer mutuamente, pero, al final, la rata mató a la serpiente. Tan pronto como la rata venció a la serpiente, mi amigo le rompió el cuello. Me horroricé y me encolericé con mi amigo, que parecía muy arrepentido. Pero yo estaba muy enfadado y le exigí que peleáramos. Accedió y miré a mi alrededor. Había otra persona, burlándose de mi ira, como si fuera una reacción exagerada. Antes de la pelea, todo se volvió negro y sentí cómo me envolvían la empatía y la posibilidad de perdón.

Hacía poco que el soñador había puesto fin a una relación duradera porque «tenía la sensación de que algo no iba bien». Sin embargo, la ruptura fue dolorosa para él y, a veces, dudaba de haber tomado la decisión correcta. Veía a su amigo como una persona capaz de hacer lo que hay que hacer por difícil que sea. En el sueño, el amigo representa a la sombra, esa parte de sí mismo que puede acceder a cualidades más oscuras, como la agresividad, y ponerlas al servicio de su instinto acerca de lo que es mejor para él. El hecho de que el soñador esté dispuesto a enfrentarse a su sombra indica que está abierto a valorar e integrar esas cualidades. Por lo tanto, no es sorprendente que el sueño acabe con una nota de redención. El modo en que respondemos al amigo en el sueño es una representación detallada de cómo nos relacionamos con nuestra propia sombra. En el sueño anterior, el soñador está horrorizado, pero, aun así, dispuesto a conectar con ella.

Con frecuencia, los amigos que llevan nuestra sombra en los sueños son objeto de envidia. Como observó Von Franz, encarnan algo que quizá aún no hemos podido reclamar para nosotros. Veamos este sueño de una mujer de veintinueve años que trabaja en el sector sanitario.

HUYENDO DE SALLY

Sally y yo estamos jugando en una piscina. Es como cuando éramos pequeñas. La salpico y me empieza a perseguir. Estamos riendo, pero de repente me esfuerzo mucho en alejarme de ella. Ahora hemos salido de la piscina y estamos en una escena con mucha gente; corro huyendo de ella. La veo, pero ella no me ve a mí. Está desconcertada y no entiende por qué me he escabullido. Luego estoy en su boda. Estamos en una sala muy grande. Hay mesas con manteles y grandes centros de flores de color rosa en cada mesa. Pruebo la tarta, está deliciosa. Más tarde intento volver a entrar sin que nadie me vea, cuando todos ya se han ido, para seguir comiendo tarta, pero los camareros se la han llevado. Entonces, intento ir a la cocina para buscar más tarta. Después estoy en una escalera, sobre la sala principal, y me escondo parcialmente detrás de una pesada cortina roja. Sally está abajo, y parece que sigue sorprendida porque no me encuentra. Sé que ella no puede verme. Decido subir hasta el último piso para que no pueda encontrarme. Quiero escapar del todo, sin la menor posibilidad de que me vea.

La soñadora estaba celosa de Sally, una amiga que se había casado hacía poco. Aunque la soñadora consciente deseaba casarse, sentía cierta ambivalencia inconsciente. Su madre había sido una esposa infeliz y frustrada, y le había aconsejado reiteradamente que no se casara nunca. El ego onírico comienza en un estado infantil, salpicando a Sally (¿solo como un juego?) para luego huir de ella. Disfruta de la deliciosa tarta de boda, pero su deseo es más bien secreto, intenta conseguir más a escondidas, lo que significa que huye y se oculta de Sally, la parte de su sombra que busca conectar con ella.

Mucho de lo que Von Franz dice acerca de los amigos también es cierto para los hermanos e incluso para los hijos. Tanto los amigos como los hermanos acostumbran a cargar con parte de nuestra sombra, pero a los hermanos no los elegimos y las dinámicas familiares tienen longevidad e intensidad. Por lo tanto, lo más probable es que las relaciones con los hermanos sean más complejas que con los amigos. Es habitual que las familias asignen de forma inconsciente diferentes roles a los distintos hermanos, sobre todo si son del mismo sexo: esta hija es más sociable y la otra es más seria. El hijo mayor es atlético y el menor es el gracioso. Estos roles pueden moldear la imagen que tenemos de nosotros mismos y contribuyen a dictar las cualidades que nos permitimos reclamar como propias y las que se espera que rechacemos. Hermanas y hermanos aparecen con frecuencia en nuestros sueños y reflejan aspectos de nosotros que requieren más integración.

Una mujer de cuarenta y ocho años, infeliz en su matrimonio y en plena transición profesional, soñó lo siguiente:

CONDUCIDA POR MI HERMANA

Estoy en el coche con mi hermana. Es de noche y conduce un descapotable con la capota bajada. Es emocionante, pero me siento incómoda. Va demasiado rápido. Es típico de ella, siempre va demasiado rápido.

En su vida consciente, la soñadora menospreciaba la ambición y la orientación profesional de su hermana. Ella había trabajado en distintos campos, pero en empleos que no la satisfacían y decía no saber qué hacer con su vida. Estaba disociada de su ambición, que proyectaba sobre su hermana. En la vida consciente, su ambición negada se expresaba en su tendencia a tener aventuras amorosas con hombres adinerados y exitosos. El creador de sueños la presenta como una pasajera en plena noche (la oscuridad del inconsciente), donde la manera de conducir de su hermana es emocionante, pero incómoda. El sueño la alerta de que ha relegado su ambición al inconsciente, donde la conduce de un modo que podría ser peligroso y destructivo.

Los amigos y los hermanos acostumbran a representar cualidades de las que renegamos

Si en el sueño aparece un amigo o un hermano del mismo sexo que tú, piensa de qué maneras esta persona podría estar sosteniendo tu sombra.

- ¿Qué aspectos de esta persona despiertan emociones en ti? ¿Se trata de una actitud o de un valor que has desterrado?
- ¿Sientes celos de esta persona en tu vida consciente? ¿De qué sientes celos exactamente? Esto podría apuntar a un potencial no vivido que aún no has integrado en ti mismo.
- ¿Qué aspecto no desarrollado de ti mismo representa esa persona en el sueño?
- ¿Qué temas de tu vida actual simboliza este amigo o familiar?

La luz en la sombra

Muchas veces, lo que desterramos a la sombra son potenciales positivos que contienen vitalidad. Jung comentó una vez que la sombra es «oro puro en un noventa por ciento».[4] La sombra es energía y posibilidad, y reclamarla promueve el crecimiento y la renovación.

Muchas veces, la figura de sombra apunta a una actitud nueva o una solución, porque la perspectiva del inconsciente es radicalmente distinta a la razón. Aunque las figuras de sombra pueden resultar amenazantes, su deseo último es entablar amistad con nosotros. Si rechazamos el barro, nos perdemos el loto.

Ya lo hemos visto en los sueños anteriores: las figuras de sombra que hemos encontrado representaban capacidades constructivas que el soñador aún no había reclamado. Veamos algunos sueños más en los que se hace evidente esta realidad psíquica. Lisa soñó lo siguiente cuando tenía veintiocho años y estaba sumida en una depresión:

SUMERGIÉNDOME

Estoy nadando en el océano y tengo un poco de miedo. No estoy en aguas muy profundas, pero la corriente es muy fuerte. Hay otras personas conmigo. Una de ellas es una mujer joven y guapa que nada muy bien. Me ayuda a no tener miedo. Me enseña a no asustarme y a avanzar de forma lenta pero segura, y a confiar en que el fondo no está muy lejos de mí. Estoy de pie en el agua, observando una enorme ola que avanza hacia nosotras. Tengo miedo, pero sé que si me sumerjo bajo la ola todo irá bien. Si no lo hago, me arrastrará. Cuando el sueño termina, estoy de pie, aguardando la ola y preparada para sumergirme.

Lisa soñó esto poco después de empezar a leer a Jung, una actividad que no encajaba con su plan de matricularse en la Facultad de Derecho. Nunca se había sentido demasiado segura en el agua, por lo que se quedó asombrada al descubrir a una nadadora interior hábil y experimentada, capaz de afrontar olas gigantescas. Ahora se había hecho presente su potencial interior para mantenerse firme al tiempo que respetaba el poder del mar, símbolo desde hace mucho tiempo del inconsciente. Lisa contaba con una aliada en la sombra, la nadadora bella y experta que entendía cómo enfrentarse a las olas.

Una mujer de treinta y dos años con problemas para gestionar la ira y la agresividad tuvo este sueño, que muestra la evolución de su relación con su sombra:

LA MUJER-SERPIENTE

Hay una mujer que también es una serpiente. Nació con colmillos de serpiente y glándulas de veneno. Su mordisco es tan venenoso como el de una serpiente cabeza de cobre u otra especie letal. Me da mucho miedo, por lo que me muestro maleducada y pendenciera con ella. De pronto, ella se convierte en una serpiente real, y la sujeto con la mano. La aferro por detrás de la mandíbula para evitar que me muerda, pero se retuerce y estoy perdiendo el control. Sé que, si me muerde, necesitaré un antídoto. Si no lo consigo, moriré. Entonces la arrojo por una puerta a una sala donde hay más personas, que empiezan a lanzarle insultos. Consigo cerrar la puerta. La serpiente parece desconcertada, pero sé que la he encolerizado y que es probable que muerda a alguna de las personas que hay en la sala donde la he encerrado. A continuación, la serpiente vuelve a ser una mujer. Me dice algo amable y, de repente, me doy cuenta de mi error. Me puede matar, sí, pero no tiene el menor deseo de hacerlo. He supuesto lo peor de ella, pero me he equivocado. De inmediato, me acerco a ella y le digo: «Siento haberme portado tan mal contigo. Me dabas miedo y por eso he actuado así. Me he equivocado». Y, a partir de ese momento, nos volvemos grandes amigas. Me cae muy bien y valoro nuestra amistad, la protejo. Pienso que es genial que, si alguna vez estoy en peligro, ella podrá matar a mi atacante con solo morderlo. A veces aún me impresiona o me asusta un poco, aunque no me da ningún motivo para temerla.

La soñadora estaba desconectada de su capacidad para la agresividad, que en el sueño aparece representada en la mujer-serpiente. Cuando dirige esa agresividad reprimida hacia sí misma (se muestra belicosa con la mujer-serpiente), la sombra se convierte en una serpiente que se retuerce y a la que el ego onírico no puede controlar. Sin embargo, al final, el ego onírico es capaz de ver el valor de esa figura. Se hacen amigas, y la mujer-serpiente, es decir, su agresividad, es ahora un recurso que la soñadora puede utilizar.

Un hombre caucásico y estudiante de posgrado soñó lo siguiente:

PELEA

Estoy discutiendo con un asistente de docencia o uno de los profesores júnior del programa. Es negro, con rastas y tiene cuerpo de Adonis: corpulento, musculoso y sin apenas grasa corporal. Nos enfrentamos verbalmente. Le digo que el trabajo de campo es una pérdida de tiempo, y él me responde que quien le hace perder tiempo soy yo. Seguimos en un tira y afloja sobre el programa del máster y algunos de los contenidos. La discusión verbal sube de tono hasta que empezamos a darnos bofetadas. Llegados a un punto, le doy un puñetazo en el estómago, que es como un muro de puro músculo. Es más grande que yo y está en una forma física increíble pero, aun así, retrocede cuando lo ataco. No entiendo por qué no me domina. Seguimos peleando. Ninguno de los dos quiere hacer daño al otro, pero competimos.

El «Adonis» negro es el opuesto étnico y físico del soñador, a quien el ego onírico desafía, primero verbal y luego físicamente. Representa una cualidad positiva que había permanecido en la sombra para el soñador: la fuerza sin necesidad de dominar. El tono emocional del sueño cambia del antagonismo a una competición respetuosa. El sueño se adentra en el reino mítico y evoca una leyenda de la antigua Sumeria, en la que los dioses crean a un hombre primitivo, Enkidu, para que se enfrente al rey Gilgamesh y este deje de oprimir a su pueblo. Luchan, Enkidu se acaba rindiendo y ambos se hacen amigos. El desafío de Enkidu modificó el egoísmo de Gilgamesh, que lo canalizó para darle propósito y ponerlo al servicio de su pueblo. El sueño, como el mito, lleva al ego onírico a una autoestima masculina superior mediante un encuentro con su sombra.

Busca el potencial positivo de la sombra

La sombra está llena de potencial que, de hacerse consciente, se puede poner al servicio de un propósito positivo.

- ¿De qué maneras te muestran las figuras de sombra del sueño rasgos, actitudes y capacidades con las que podrías conectar y desarrollar?
- ¿Cómo se resiste el ego onírico ante este rasgo? ¿Cómo lo combate?
- ¿Cómo podría ser un guía o un aliado la figura de sombra del sueño?
- ¿Qué parte de ti te invita a explorar el creador de sueños?

SUGERENCIA PARA EL DIARIO

¿Qué puedes aprender de la figura de sombra, por oscura, repelente o peligrosa que te parezca? Explora la figura de sombra de tu sueño y descubre a qué potenciales ocultos apunta.

La sombra arquetípica

Según Jung, la sombra es un arquetipo, un universal psíquico. Si reconocemos de forma consciente elementos de nuestra sombra personal, podemos forjar una relación con ella y reducir la probabilidad de que se exprese inconscientemente. Mientras que la sombra personal está próxima a la consciencia y aparece en los sueños en forma de personas conocidas que representan una faceta de nuestra propia dinámica psicológica y emocional, la sombra arquetípica está impregnada del poder mítico e impersonal de los monstruos, los magos y las brujas. Estas imágenes manan del inconsciente colectivo que sustenta toda experiencia humana y pueden aparecer en los sueños como imágenes malignas que atacan al principio vital. La sombra arquetípica aparece en los sueños como cualquier cosa que se oponga a la vida misma.

La sombra personal y la sombra colectiva se solapan, como cabe esperar. El tipo vestido de cuero negro en un aparcamiento evoca imágenes de dioses del inframundo. Según Jung: «El contenido del inconsciente personal (la sombra) se fusiona y es indistinguible del contenido arquetípico del inconsciente colectivo y arrastra a este último con él cuando la sombra asciende a la consciencia».[5] Con frecuencia, la raíz de la sombra personal se extiende hasta la sombra mítica compartida por la humanidad. La propensión a disociarnos de la vida nos puede conectar con el dominio arquetípico y aparecer en forma de imágenes oníricas aterradoras.

En una ocasión, Jung trabajó con un adolescente con una neurosis compulsiva severa, lo que hoy conocemos como trastorno obsesivo-compulsivo (TOC). El dilema del joven quedó plasmado en este sueño:

> Camina por una calle desconocida. Está oscuro y oye unos pasos que se acercan por detrás. Tiene miedo y acelera el paso. Los pasos suenan cada vez más cerca y su miedo aumenta. Echa a correr, pero parece que los pasos lo están alcanzando. Al final, se da media vuelta y ve al demonio. Aterrorizado, salta en el aire y queda allí, suspendido.[6]

Irónicamente, el verdadero mal en el sueño no es el demonio, sino la insistencia excesivamente escrupulosa y negadora de la vida en evitarlo. Jung comentó que:

> el soñador se quería mantener en un estado de pureza «provisional» o «sin contaminar». Para ello, había eliminado o «invalidado» todo contacto con el mundo y con todo lo que le recordara la transitoriedad de la existencia humana, mediante formalismos obsesivos, escrupulosas ceremonias de limpieza y la observación ansiosa de infinitas reglas y normativas de una complejidad extraordinaria. Incluso antes de que el paciente tuviera la menor sospecha de la existencia infernal que le aguardaba, el sueño le mostró que, si quería volver a vivir con los pies en la tierra, tendría que hacer un pacto con el diablo.[7]

Un hombre de poco más de treinta años se había esforzado mucho para terminar varios grados universitarios avanzados, pero algo le impedía lanzarse a una carrera profesional. Soñó lo siguiente:

LA BOCA ABIERTA

Me acerco a una iglesia que me resulta conocida. Me fijo en lo silencioso que está todo: no se oyen pájaros ni coches. Me inunda la sensación de que está a punto de ocurrir algo terrible mientras subo por las escaleras de la entrada y miro por el panel de cristal. Sobre el altar, veo una enorme boca abierta y me doy cuenta de que, por mucho que la alimente, no se saciará nunca.

Aunque el sueño asustó y confundió al soñador, entendió que su compulsión por cursar grado tras grado no tenía tanto que ver con sus objetivos personales como con una obediencia desubicada hacia un afán de logro que le negaba la vida. La fuerza arquetípica de la sombra se convirtió en las fauces de un dios insaciable, que había suplantado a la relación saludable con lo transpersonal. Como el dios griego Cronos, que devoraba a sus hijos al nacer, el soñador no permitía vivir a los «hijos intelectuales» que traía al mundo con cada título.

Busca imágenes negadoras de vida en el sueño

La sombra arquetípica aparece en los sueños como cualquier ataque contra la fuerza vital. Se trata de sueños que pueden llegar a ser aterradores, casi como pesadillas. Si tienes uno de estos sueños, responde a las preguntas siguientes:

- ¿De qué manera podría el sueño representar una energía interior que ataca a tu fuerza vital?
- ¿En qué facetas de tu vida se manifiesta esta energía contraria a la vida?
- ¿Te sugiere el sueño alguna forma de afrontar esta fuerza?

El sueño como espejo: ver nuestra sombra

A veces, el creador de sueños nos pone frente a un espejo para mostrarnos las maneras en que la sombra actúa sin darnos cuenta. A la mayoría de nosotros nos cuesta aceptar lo egoístas, avariciosos, egocéntricos y arrogantes que podemos llegar a ser, por no hablar de ignorantes, insensibles o maliciosos. Como tendemos a ocultarnos estas partes a nosotros mismos, acostumbran a aparecer en sueños en los que el ego onírico se comporta mal. Recuerda siempre que el creador de sueños está de tu parte y es un compañero honesto que tiene el valor de confrontarte cuando tus actitudes y conductas son perjudiciales.

Una mujer que trabajaba como terapeuta soñó lo siguiente:

MENTIRLE A MI CLIENTA

Estoy en una sesión telefónica con una clienta. Hablo con ella mientras estoy tendida en la cama, masturbándome. La llamada se corta y no la vuelvo a llamar. Luego caigo en la cuenta de que estará molesta conmigo por no haberlo hecho, así que le escribo un correo electrónico donde le miento y le digo que he intentado llamarla.

A la soñadora no le gustaba esta clienta, pero como le costaba admitirlo, el desagrado se manifestaba de forma inconsciente. Los límites terapéuticos estaban difusos y se aproximaba peligrosamente a conductas cuestionables. El creador de sueños exageró el engaño (la masturbación, no volver a llamar y la mentira) para confrontarla con su sombra. El creador de sueños insistió en la honestidad y apeló a conductas oníricas escandalosas para representar emociones negadas en la vida consciente. Admitir la sombra de antipatía en la consciencia fue un alivio y le permitió darse cuenta de que sus emociones contenían una sabiduría que le podía ser útil.

Una mujer de sesenta y cuatro años con problemas de abuso de sustancias soñó:

PIPA OBSTRUIDA

Estoy con otra mujer, una zángana. Somos jóvenes. Ella se está colocando y comparte la pipa conmigo, pero no hay manera de dar una buena calada. La pipa está llena de ceniza u obstruida. Sus padres están en la habitación de al lado, y me sorprende que eso no la preocupe. Luego nos acostamos en la cama. Tengo resaca. Sigo sin poder dar una buena calada y pienso: «¡Qué desperdicio de día! ¿Por qué no entran sus padres y nos dicen algo?». No quiero estar ahí, no quiero ser como ella, siempre colocada.

Al principio, el ego onírico se identifica con una actitud y conducta más juvenil, pero luego le resulta insatisfactoria y tiene la sensación de que ha desperdiciado el día. En el sueño hay una figura de sombra, pero la conducta del ego onírico es semejante a la de la sombra: también echa a perder el día colocándose. Sin embargo, la pipa está obstruida y no puede dar una buena calada. El placer de la actividad se reduce y hay más consciencia de las consecuencias negativas. La conclusión final («No quiero ser como ella, siempre colocada») indica la diferenciación de la sombra y una consciencia emergente del impacto del uso de cannabis. El sueño confronta a la soñadora con la gravedad del consumo de marihuana. Posteriormente, dejó de fumar.

> *Los sueños «se escapan», no están bajo control. Por inocente y sencilla que sea una persona, tendrá sueños de los que sacar algo siempre si logra atrapar cualquier indicio que asome.*
>
> C. G. Jung

Aquí tienes otro sueño en el que el creador de sueños sostiene un espejo ante la soñadora para mostrarle su sombra:

MOSTRADOR DE BOCADILLOS

Estoy en el supermercado y hay un mostrador donde se pueden pedir bocadillos. La joven que atiende parece estar sola y muy apurada. Insisto en ayudarla. Me dice que no, pero paso detrás del mostrador, voy a donde están los ingredientes y empiezo a prepararme mi propio bocadillo. Veo que cortar las finas lonchas de queso y de embutido es difícil, es una habilidad que exige práctica. Soy torpe y el bocadillo queda regular. También me doy cuenta de que, en realidad, no he ayudado, porque soy muy lenta y la dependienta está enfadada conmigo.

La familia de origen de la soñadora había sido inestable, y ella había asumido el papel de cuidadora antes de convertirse en maestra. Las buenas intenciones del ego onírico acaban entorpeciendo la tarea y son una falta de respeto para la dependienta, a la que trata con condescendencia disfrazada de amabilidad. La soñadora pudo reflexionar sobre si su impulso de ayudar podía ser desagradable, innecesario o torpe, lo que le abrió la puerta a una nueva capacidad: priorizar su energía creativa.

Estos sueños ilustran que, aunque enfrentarse a la sombra puede resultar incómodo, se hace al servicio de una mayor autoconsciencia y crecimiento. Bajo el lodo de mil y un autoengaños, desde el abuso de sustancias hasta la compulsión de ayudar, yace el oro de la mayor consciencia, autenticidad y vitalidad. Por eso es tan importante trabajar con la sombra.

Reflexiona acerca de si el creador de sueños te señala aspectos en los que actúa la sombra

- ¿Actúa el ego onírico de un modo desagradable, repelente o poco habitual?
- ¿De qué manera te has comportado de un modo similar en la vida cotidiana, sin ser consciente de ello?
- ¿Es posible que el creador de sueños te haya puesto frente a un espejo? ¿Qué parte de tu sombra te está mostrando?

Sombra primordial

Las dinámicas de la sombra suelen aparecer en imágenes oníricas que provocan repugnancia. Es posible que nos avergoncemos profundamente de las partes de nosotros mismos a las que consideramos inaceptables. Los sueños que sacan a la luz estos aspectos ocultos pueden estar llenos de vergüenza y de asco, y mostrar imágenes escatológicas o infestaciones de insectos o roedores. Estos sueños nos instan a aceptar e integrar las partes de nosotros de las que hemos renegado.

Sueños escatológicos

Los sueños relacionados con cuartos de baño, micción o defecación son habituales y entrañan una carga de ansiedad muy elevada. Abundan los cubículos sin puerta, los inodoros atascados y los cuartos de baño imposibles de encontrar. La orina y las heces son productos del cuerpo que escapan al control del ego, y el ego onírico acostumbra a azorarse ante la expresión pública de una necesidad instintiva. El cuerpo concentra y representa aspectos de la sombra, y los sueños en el aseo muestran heces y orines psicológicos que amenazan con superar los límites del ego y avergonzarnos.

La micción y la defecación suelen simbolizar una autoexpresión urgente y airada: mearse o cagarse en algo o alguien es un modo de expresar ira con una carga de desprecio adicional. Jung dice: «Cuando algo es producto del inconsciente, lo primero que emerge es el material infantil que hace ya mucho que se perdió en el recuerdo... el valor más bajo se alía con el más elevado».[8] La conexión entre la materia maloliente y la trascendencia inmaculada es evidente en los relucientes cuartos de baño actuales: la tapa del inodoro santifica las funciones más básicas y las bañeras de hidromasaje purifican.

Muchos niños consideran sus excrementos una creación personal y muchos adultos se sientan en «el trono» a soñar, leer o venerar su fundamento físico como una expresión de «materialidad física de la psique».[9] Lo que hacemos en el cuarto de baño refleja imperativos psicológicos, así que si como la mayoría de las personas tienes un sueño que ocurre en el baño, piensa en la sombra: el placer de la expresión física, un espacio personal aislado y la oportunidad de liberarse de características malolientes y tirar de la cadena para hacerlas desaparecer.

Veamos este sueño de una profesora de instituto y aspirante a novelista de cuarenta y cinco años:

ESCENA EN EL CUARTO DE BAÑO

Estoy en una cafetería en Florencia. He traído mi portátil y estoy sentada en una mesa, bebiendo café y escribiendo. Siento que la escritura fluye y estoy emocionada, me siento bien conmigo misma. Entonces, tengo que ir al lavabo. Es uno de esos inodoros donde solo hay un agujero en el suelo. Hago una caca enorme que aterriza en el suelo. Me las tengo que apañar para empujar la caca al agujero. Es como si cada vez hubiera más caca y me preocupa que no la pueda meter toda. ¿Y si acabo obstruyéndolo? Por fin parece que he conseguido meterla toda. Uso ambientador en un intento de disimular el mal olor, me lavo las manos y salgo del baño. Pero, cuando abro la puerta, me sorprendo al ver lo pequeña que es la cafetería. Todo el mundo me mira y se dan cuenta del olor a caca. Me muero de vergüenza.

La soñadora había viajado a Florencia con la universidad, y la asociaba con cultura, arte y sofisticación. Ahora, llegada a la mediana edad, había empezado a explorar su potencial como escritora y se sentía esperanzada y positiva al respecto. Sin embargo, cuando trabajó el sueño, se dio cuenta de que también tenía una profunda sensación de insuficiencia: ¿y si no tenía el talento necesario para escribir? Entonces, apestaría como escritora y todo el mundo lo sabría. El sueño la instaba a reconocer estos elementos más «malolientes» para que no mermaran sus aspiraciones.

El sueño siguiente también ilustra cómo las imágenes repulsivas de la sombra personal desafían nuestras defensas en aras de la plenitud. La soñadora es una alumna de posgrado estadounidense de veinticinco años que fue adoptada en China de pequeña.

DISPARAR A LOS GUSANOS

Voy en coche a la universidad y trato de orientarme en un barrio que recuerda a Chinatown. Entonces, me encuentro caminando por un callejón con una luz verde-grisácea, como un día nublado con musgo viscoso. Abro una de esas puertas metálicas cuadradas que llevan al sótano de una tienda desde la acera (esas que intentas evitar a toda costa para no caer). De repente, un montón de gusanos blancos y asquerosos salen de ella, alzándose desde abajo y retorciéndose sin control. Pienso en cómo la porquería y el terreno sucio han dado lugar a un entorno asqueroso, verde y lleno de caca que ha permitido que esos gusanos crezcan. Por algún motivo, se me ocurre que la única manera de deshacerme de ellos será dispararles uno a uno a la cabeza y luego limpiar a fondo el suelo, eliminar toda la porquería y comprometerme a no permitir que se vuelva a ensuciar.

Hacía poco, la soñadora había explotado verbalmente contra su prometido. Y él tendía a retraerse, lo que no hacía más que alimentar la ira de ella. Se preguntó si el sueño tendría que ver con las dolorosas heridas de apego relacionadas con su adopción. «Quizá —dijo— Chinatown alude a la podredumbre que albergo en mi corazón debido a mis experiencias tempranas», porque aunque su familia estadounidense era muy afectuosa, había experimentado una separación traumática temprana de su familia de origen. La soñadora tenía en Chinatown un sótano lleno de emociones primordiales, los asquerosos gusanos de un pasado putrefacto. Sentía su necesidad de amor como algo vergonzoso y repugnante, y había relegado la vulnerabilidad a la sombra. Querer a su prometido había activado sus necesidades dependientes de la sombra, y el hecho de que él se retrajera había puesto el dedo en la herida del abandono de sus padres biológicos: quizá no había sido lo bastante buena como para que se la quedaran.

Aborda con curiosidad las imágenes oníricas que puedan revelar la sombra primordial

- ¿Contiene el sueño imágenes de putrefacción, defecación u otro contenido que inspire asco, miedo o vergüenza? Es posible que este contenido sea la sombra, pidiendo comprensión y aceptación.
- ¿Qué te está haciendo saber el creador de sueños acerca de cómo tratas a esa parte de ti?
- ¿Te sugiere el creador de sueños cómo entablar amistad con esa parte de ti?

Trabajar la sombra es difícil e incómodo. Exige que miremos las partes de nosotros que nos perturban y que hemos exiliado a la sombra. Intentar reprimir la sombra consume mucha energía, lo que, como hemos visto con el paciente obsesivo de Jung, puede adoptar proporciones diabólicas. La sombra es un hecho psíquico. La única opción que nos empodera es admitirla en la consciencia.

Confrontar la sombra es un trabajo psicológico importante y la llave para el crecimiento personal. En lugar de proyectar nuestra sombra sobre los demás, asumimos la responsabilidad que nos corresponde. El trabajo con los sueños es una de las maneras más potentes y eficaces de confrontar nuestra sombra. Explorarla mediante los sueños puede ser sanador y repercute en el mundo que nos rodea. Según Jung, una persona que haya hecho este trabajo «ha conseguido resolver al menos una parte infinitesimal de los colosales problemas sociales sin resolver de nuestra era».[10]

CAPÍTULO 9

Ánima y ánimus

Las posibilidades no materializadas

En un principio la naturaleza humana era una y estábamos completos;
la búsqueda de esa totalidad es lo que llamamos amor.
DISCURSO DE ARISTÓFANES EN *EL BANQUETE* DE PLATÓN

Durante los oscuros años que siguieron a la dolorosa ruptura con Sigmund Freud, Carl Jung dedicó tiempo a explorar su inconsciente manteniendo un diálogo imaginario con figuras interiores, una práctica que llamó *imaginación activa*. Se quedó estupefacto al descubrir a una fascinante mujer interior que tenía una identidad autónoma y con la que podía conversar libremente. A esa parte de sí mismo le dio el nombre de *ánima* —la palabra latina para «alma»—, y desarrolló la teoría de que todos albergamos a un «otro» interior de sexo opuesto.

El ánima (o ánimus, la contrapartida masculina en las mujeres) es un elemento de suma importancia en el mundo interior. Nacemos con un mapa integrado de nuestro destino evolutivo único, o individuación. El creador de sueños conoce nuestros potenciales aún no vividos y los personifica en forma de figuras interiores carismáticas, por lo general del sexo opuesto. Como explica el analista junguiano Murray Stein: «Todo lo que queda fuera de la adaptación consciente... se relega al inconsciente y se acumula alrededor de la estructura a la que Jung llamó *ánima/ánimus*».[1] El ánima/ánimus es la personificación de las posibilidades no materializadas. No hay mayor historia de amor que el intenso anhelo de unirnos a él.

Las figuras del sexo opuesto aparecen en los sueños bajo la apariencia de amantes, celebridades, guías o villanos. Las interacciones con ellas pueden incluir placeres sexuales vívidos, apegos románticos sublimes o encuentros aterradores caracterizados por la persecución y la victimización. El cautivador otro interior es el enlace con el mundo interno de la posibilidad. Su aparición evoca amor y sufrimiento en una miríada de permutaciones, porque el amor nos invita a tolerar tanto el crecimiento como el sufrimiento derivado del cambio necesario para lograrlo. La individuación exige mucho de nosotros.

Cuando trabajes con tus sueños, recuerda que la sombra repele y el ánima/ánimus impele. La sombra nos provoca escalofríos, por lo que acostumbramos a rechazarla. En palabras de Jung, la sombra es todo lo que no queremos ser. Por el contrario, el ánima/ánimus nos hechiza y nos cautiva, porque está cargado de la energía del inconsciente colectivo. En tanto que elementos arquetípicos de la psique, el ánima y el ánimus generan innumerables imágenes que resuenan con la atracción personal y el poder mítico. Las percibimos en el atractivo de las estrellas de cine y los ídolos musicales. El ánima/ánimus ejerce una atracción fascinante y misteriosa que experimentamos cuando nos enamoramos... y cuando soñamos por la noche.

Los opuestos como imágenes de diferencia

El trabajo con la sombra es el primer paso para integrar las características, los valores y las emociones que hemos repudiado a modo de peaje para adaptarnos al mundo exterior. Trabajar con la sombra nos da acceso al umbral que lleva al mundo interior: al ánima y al ánimus. Según Jung, la consciencia se desarrolla a partir de la tensión creativa entre opuestos. Al igual que la meteorología se explica por las polaridades del frío y del calor, la energía psíquica es resultado de tensiones internas, como la tensión entre lo que ya ha ascendido a la consciencia y lo que aún debe ser integrado. Lo que queda sin desarrollar en nuestro interior es una imagen del alma, el opuesto interior de nuestra postura consciente. El inconsciente es antiguo y el creador de sueños recurre a metáforas fundacionales para plasmar el estado actual de nuestro desarrollo psicológico y mover la energía interior. Los opuestos, como hombre y mujer, son categorías universales profundamente arraigadas en nuestra historia evolutiva: aparecieron hace mil doscientos millones de años. Se anclan en el imperativo biológico primario de la procreación y son arquetípicos. A pesar de que estas categorías puedan incomodar a las sensibilidades modernas, la psique las usa con frecuencia para movilizar la energía interior en una dirección opuesta a la perspectiva limitada de nuestro ego.

Ya seas hombre o mujer, y tanto si eres gay, lesbiana o bisexual, en tu interior albergas imágenes de un opuesto interno que representa tu potencial psicoespiritual no materializado. Si te identificas como persona transgénero, de género fluido o no binario, hay partes de ti que son vividas y conscientes, mientras que otras permanecen como realidades no materializadas. Independientemente de tu presentación externa, de tu orientación sexual o de tus rasgos de personalidad, los opuestos interiores quieren salir al mundo a través de ti para ponerse al servicio de la individuación. Si has desarrollado rasgos tradicionalmente considerados masculinos, lo más probable es que tu opuesto interior sea femenino independientemente de tu sexo, y viceversa. No obstante, para muchos de nosotros, el opuesto interior (la imagen de nuestro potencial no desarrollado) acostumbra a aparecer en sueños como alguien del sexo opuesto.

En la psicología junguiana, las polaridades masculina y femenina aluden a principios psicológicos: diferenciación frente a integración; parte frente a todo; rigidez frente a fluidez; competitividad frente a colaboración; conocido frente a novedoso, entre otros. Todos nosotros podemos acceder a todo el abanico de potenciales humanos asociados a lo masculino y lo femenino. En la actualidad, conceptos como masculino y femenino resultan incómodos cuando se equiparan a estereotipos de roles de género desfasados. Se vuelven limitantes si los concebimos como normas, por ejemplo que las mujeres son (o deberían ser) receptivas, reflexivas y relacionales, mientras que los hombres deberían ser expansivos, decisivos y ambiciosos. Sin embargo, resultan más útiles si los entendemos como categorías que nos ayudan a agrupar experiencias internas, como el yin y el yang, el eros y el logos, o el sol y la luna alquímicos.

Jung nos anima a adoptar una actitud integradora: en términos psicológicos, todos nosotros somos hombre y mujer. Su investigación sobre el imaginario alquímico lo ayudó a formular la idea de una unión interior de opuestos que ocurre a medida que la personalidad se desarrolla y que da lugar a la creación de un misterioso tercero. Observó esta evolución en los sueños. Integrar y materializar tanto los atributos masculinos como los femeninos es esencial para la tarea del desarrollo psicológico que ocurre a lo largo de toda nuestra vida y a la que Jung llamó *individuación*. Por ello, prestar atención al «otro» contrasexual en los sueños es un trabajo de gran importancia espiritual.

Cuando en un sueño aparezca una figura del sexo opuesto, experimenta: explora si interpretarla como ánima/ánimus expande el significado y enriquece el mensaje del sueño. Al igual que con el resto de las cosas que tienen que ver con la psique, no existen normas fijas. No todas las figuras del sexo opuesto en los sueños representan al ánima/ánimus, mientras que las dinámicas de ánima/ánimus pueden aparecer representadas de otras maneras. Como hemos señalado antes, los elementos oníricos se resisten a encajar en categorías definidas. Asignar la etiqueta de ánima/ánimus a una figura contrasexual es solo un punto de partida, no un corsé conceptual.

Explora la posibilidad de que las figuras oníricas del sexo opuesto sean imágenes del ánima/ánimus

El ánima/ánimus es la imagen personificada de tu potencial no vivido. Es cautivador y a menudo aparece en los sueños como una figura del sexo opuesto.

Ánimus

El ánimus es una figura arquetípica que emana del vasto mundo psíquico del inconsciente colectivo, y aparece en los sueños de las mujeres con apariencias muy distintas. A veces, adopta la forma de hombres poderosos, como pilotos de avión, profesores universitarios o políticos. Puede inspirar la vida intelectual o creativa, encarnar la asertividad o aparecer como guía espiritual o sabio. El ánimus positivo conecta a la mujer con aspectos beneficiosos del principio masculino: agencia, decisión, orden, capacidad de autoexpresión y autoridad. Sin embargo, el ánimus también puede tener manifestaciones más oscuras y mostrarse dominante, rígido, seductor o violento. Los sueños con el ánimus negativo pueden ser intensos y dolorosos, pero siempre son significativos y pueden llevar a la mujer a descubrir sus propias profundidades. Ya sea positivo o negativo, el ánimus puede aparecer de muchísimas formas. A continuación incluimos varias categorías posibles, aunque no constituyen en absoluto una lista exhaustiva.

> *¿Qué podría ser más abundante y más fascinante que los sueños?*
>
> SINESIO DE CIRENE

ÁNIMUS POSITIVO

En su manifestación positiva, el ánimus ayuda a la mujer a salir al mundo, expresarse y ejercer su voluntad. La analista junguiana Marie-Louise von Franz observaba que el ánimus actúa como un puente hacia el Sí-mismo, portando en su interior el potencial de la mujer para la creatividad, la espiritualidad y el coraje.[2] El contacto y la comunión con el ánimus crea una conexión directa con el mundo interior y permite a la mujer acceder a su potencial para la plenitud y el crecimiento psicoespiritual.

El ánimus como guía

Con frecuencia, el ánimus positivo aparece como un guía. A continuación, encontrarás el sueño de una mujer de mediana edad donde el ánimus adopta un papel físico y activo. El sueño coincidió con el inicio de un proceso en el que comenzó a trabajar el miedo a conducir y a viajar que la había estado limitando.

UN EMPUJÓN SUAVE

Estoy caminando por un puente y mi novia me dice que se complicará. Habrá cascadas, pasajes estrechos como túneles y canales de agua resbaladizos. Llegamos a uno de estos canales y decido pasarlo poco a poco, como la persona que va delante de mí, una joven que avanza a pie. Detrás de mí hay un chico, que me empuja. Pierdo el control, pero logro atravesarlo. Luego tengo que pasar por un pasadizo estrechísimo, de perfil. Me parece demasiado angosto, y decido retroceder. Otro chico me hace señales para que avance. Confío en él, así que vuelvo y la mano de alguien que no puedo ver me empuja hacia delante.

Uno de los temas vitales de la soñadora había sido reclamar su poder y su autoridad. Cuando se topa con un canal de agua, la figura del ánimus le da un empujón. Inicia la acción y el ego onírico ha de renunciar al control. Este tema se repite cuando el ego onírico llega a un pasaje angosto, pero esta vez el ánimus la llama. Confía en él y todo vuelve a salir bien. Cuando el ánimus aparece como una figura física y activa, puede estar al servicio del desarrollo de la valentía y la capacidad de agencia de la soñadora.

Unos años después, tuvo otro sueño en el que el ánimus aparece como un guía de otro tipo. Aquí, la guía hacia el interior.

CONOCER AL GRANJERO

Mi padre, mi hermano y yo nos detenemos en una granja para conocer a su propietario. Lo acompañaremos durante toda la jornada para observar su rutina diaria, pero nos dice que antes tenemos que asearnos e ir al lavabo. Tardo un poco en entender cómo funcionan la bañera y el inodoro en ese entorno agrícola, pero lo consigo. No

> sé por qué debo asearme si estamos a punto de ensuciarnos, o al menos eso creo, porque sé que vamos a montar a caballo. Me aseo de todas maneras. Quiero ir más rápido de lo que lo hago, pero estoy en un lugar nuevo y no tengo una rutina establecida. Cuando subo las escaleras y salgo al exterior, monto un caballo que me lleva al despacho del hombre que nos ha de guiar. Soy consciente de cada paso lento y firme del caballo. No sé montar, pero llegamos sin problemas a la primera parada. Aguardo con curiosidad lo que vendrá después. Imagino que tendré calor, sudaré y me ensuciaré.

La soñadora comienza el sueño con el padre y el hermano, dos figuras de cualidades masculinas conocidas. El granjero, en cambio, es diferente y conocerlo requiere soltar (la orina) y asearse para eliminar lo que ha acumulado en su vida hasta ahora. Es una forma de purificación, como un baño ritual. Cuando se dirige al despacho del guía, se descubre a lomos de un caballo. El poder de sus instintos se canaliza, y con su paso lento el caballo se gana su confianza y encarna la paciencia. Ella empieza a entender que el viaje requerirá persistencia terrenal. Se prepara para pasar calor, sudar y ensuciarse sabiendo que facilitará el crecimiento de cosas, y podemos imaginar que un potencial psicoespiritual nuevo despierta en su interior.

El ánimus como inspiración creadora y musa

Una de las principales funciones del ánimus positivo es conectar a la mujer con su energía expresiva. Las mujeres involucradas en actividades creativas suelen relatar sueños en los que aparecen hombres que las animan o inspiran. Una mujer casada de cuarenta y cinco años, que hacía poco había terminado su tesis doctoral y sentía una profunda sensación de logro, soñó lo siguiente:

EL ABRAZO DE TOM

Estoy en algún sitio con mucha gente. Quizá sea una fiesta. El ambiente es agradable y estoy contenta de estar allí. Veo a Tom. Se alegra muchísimo de verme y viene hacia mí. Me abraza y, de repente, estoy sentada en su regazo. Es maravilloso.

Tom era amigo de la soñadora y un hombre a quien le resultaba fácil acceder a su originalidad, agencia y espiritualidad. El creador de sueños lo eligió para que representara a un ánimus positivo, y el sueño confirmó el estado de ánimo celebratorio y el éxito de la soñadora.

Una mujer adulta experimentó al ánimus positivo en forma de un profesor de bellas artes del instituto al que había apreciado mucho.

«NO LO PODRÍA HABER HECHO SIN TI»

Estoy en la clase de bellas artes del instituto, pero soy adulta. Hay más gente alrededor de mesas largas. Veo al señor K., mi profesor de bellas artes del instituto. Quiero conectar con él. Alguien está cocinando algo en una gran olla de hierro fundido esmaltada en rojo. Una mano remueve con una cuchara de madera la carne picada que se está sofriendo en la olla. También hay pimientos dorados. Tiene un aspecto maravilloso y los aromas también lo son. La carne se separa en bolitas a medida que se cocina. En lugar de apelmazarse, todo se separa. Estoy impaciente por probarlo y espero que el señor K. se quede a comer. Entonces, me doy cuenta de que está a punto de irse. Me acerco a él y me dice: «Las cosas no pueden seguir igual. Pero quiero que sepas que no lo podría haber hecho sin ti». Lloro y lo abrazo. Me despierto llorando.

El ánimus de la soñadora conecta el pasado y el presente. El señor K. había alimentado su talento en el instituto, en un momento en el que se sentía invisible. Tal como sucede con tantas mujeres, el ánimus le abrió la puerta a su vida creativa y espiritual. El abrazo final confirma la conexión secreta que había forjado con el ánimus al perfeccionar sus habilidades artísticas a lo largo de los años. La afirmación del señor K., «No lo podría haber hecho sin ti», podría ser el alma de la soñadora manifestando su gratitud por la fidelidad de la soñadora a su proceso creativo.

El ánimus como promotor del desarrollo y el crecimiento

Con frecuencia, el ánimus orienta a la mujer hacia desarrollos futuros de la personalidad. Una mujer de cuarenta y dos años llevaba mucho tiempo en un matrimonio difícil. Se comprometió con un proceso de autoexploración y soñó lo siguiente:

TAYE DIGGS Y EL ANILLO DE ESMERALDAS

Estoy frente al escaparate de una joyería, como Tiffany's, y veo un precioso anillo de oro y esmeraldas tipo cóctel. Taye Diggs está ahí. Mira mi alianza y me dice: «Será difícil que casen». Quiero el anillo. Siento que quiero hacer algo frívolo, a pesar de que no tengo dinero.

El ánimus de la soñadora aparece como el actor Taye Diggs. Ella lo describió como apuesto y recordó una serie de televisión en la que Diggs interpretaba a un médico, un sanador. La enigmática afirmación de que sería difícil casar el anillo con su alianza de boda podría significar que será difícil encontrar algo que iguale su matrimonio, o que el precioso anillo no encaja con su experiencia del matrimonio, que percibe como estrecho y limitante. Los anillos pueden simbolizar plenitud, promesa sagrada y eternidad, y este anillo era muy bello y valioso. La figura del ánimus encarnada en Taye Diggs es una confirmación alentadora de que está preparada para la siguiente etapa de su desarrollo personal, aunque le hace saber que será un proceso difícil.

El ánimus, en su aspecto positivo, es capacitador. Puede darle al ego onírico un impulso necesario, honrar su creatividad o estimular su crecimiento psicológico y espiritual. El ánimus puede aparecer como un mentor, un artesano o un sabio, o incluso como un poeta o bardo con el don de la palabra y la canción. Sobre todo, el ánimus es un guía de almas que nos hace saber que somos vistas, acompañadas y amadas.

La relación entre el ego y el ánimus

Si queremos acceder al centro guía de la personalidad, antes debemos forjar una buena relación de trabajo con el ánimus. Y esto exige cierta humildad por parte del ego. El ánimus puede aparecer solicitando tributos extraños o trayendo regalos inesperados. Si no estamos abiertos a lo que el «otro» interior quiere de nosotros, es posible que nos resulte más complicado superar los retos que nos plantee la vida. Una mujer de treinta y ocho años compartió el sueño siguiente con su analista:

EL POMO DE LA PUERTA

Un hombre blanco, de origen rural y clase trabajadora, me da un pomo de puerta antiguo, de cristal. Siento rabia y asco.

La soñadora seguía enfadada días después al explicar el sueño. «¡Los hombres como ese son unos impresentables!», exclamó. Su analista, un hombre, le sugirió que quizá ese hombre le había ofrecido algo valioso (al fin y al cabo, los pomos abren puertas). Ella se enfureció y lo trató como había tratado al hombre del sueño. Tanto el hombre del sueño como su analista le habían ofrecido algo que ella había rechazado, airada. La ira y la rebeldía eran asuntos recurrentes en muchas áreas vitales de esta soñadora, lo que le hacía difícil recibir los regalos que la vida le ofrecía. Aunque tenía talento académico y se había matriculado en un programa de posgrado, la ira por «ser controlada» le impedía cumplir con las exigencias del programa. Meses después de haber tenido este sueño, sufrió una tragedia personal importante.

Reflexiona sobre la función positiva del ánimus en tu sueño

Si eres una mujer y en tu sueño aparece un hombre con connotaciones positivas, responde a las preguntas siguientes:

- ¿Qué función desempeña? ¿Te ayuda? ¿Te acompaña? ¿Es un maestro?
- ¿Qué medicina te ofrece?
- ¿Qué cualidades interiores podría estar representando? ¿Qué te invita a integrar?
- ¿Los temas que aparecen en el sueño guardan alguna relación con lo que sucede ahora en tu vida? ¿El ánimus ha venido para ayudarte a afrontar una dificultad exterior? ¿Para comprometerse con tu creatividad y celebrarla? ¿Para ahondar en tu espiritualidad?
- ¿Cómo responde el ego onírico al ánimus? ¿Refleja apertura a lo que el ánimus ofrece?

El ánimus negativo

El ánimus negativo puede manifestarse como un perseguidor interno en la psique de una mujer. Según Von Franz, en ese estado funciona como un parásito y puede limitar su crecimiento.[3] La naturaleza del ánimus de una mujer está influida por su relación con su padre. Si esta ha sido dolorosa o difícil, es más probable que el ánimus aparezca en forma negativa. Aunque pueda dar miedo, su oscuridad acostumbra a estar al servicio del alma, exigiendo que el ego renuncie a su falsa sensación de autonomía y reconozca la realidad objetiva de la psique. La función del ánimus, en todas sus formas, es facilitar una relación con el mundo interior. Los sueños en los que aparece un ánimus negativo pueden ser abrumadores para la consciencia, porque, como es de esperar, el ego onírico se siente amenazado y la soñadora se despierta perturbada. Lo que tememos, criticamos o despreciamos en un sueño siempre quiere traer algo valioso a la consciencia, aunque el mensaje se presente de forma dura. En la psique hay una fuerza oscura e impersonal y, por lo tanto, debemos decidir cómo nos queremos relacionar con ella. Como siempre, se ha de ejercer un discernimiento consciente. El ego debe encontrar su postura frente a la opresión y la tiranía interiores.

El ánimus como crítico interior

El ánimus negativo puede presentarse como un crítico interior implacable. Von Franz relataba que soñó que un ladrón entraba en su habitación y ella despertaba con miedo. Al pensar en lo ocurrido, recordó que la noche anterior había dudado de su propio libro, como si no mereciera existir. Entonces comprendió que el ladrón era la imagen de esa misma fuerza que buscaba sabotearla. Al darse cuenta de que no compartía realmente ese juicio, pudo desprenderse de él.[4]

Estos sueños nos instan a llevar a cabo la difícil tarea de la diferenciación: decidir qué nos piden este tipo de encuentros. Von Franz necesitaba desidentificarse de los ataques críticos del ánimus negativo. En la mayoría de las ocasiones, el contenido no se resuelve con tanta facilidad y se requiere un trabajo psicológico profundo para transformarlo.

El ánimus como perseguidor interior

En los sueños, el ánimus negativo puede aparecer como una figura masculina despiadada. Veamos este sueño:

TORTURA

Estoy atada a una silla en la celda de una prisión, con un hombre de pie frente a mí. Sé que me ha torturado y que acabará matándome. En el pasillo hay más mujeres, también atadas a sillas. El hombre se va y veo que, a mis espaldas, hay una ventana en lo alto de la pared. Siento que, de algún modo, puedo escapar por la ventana (aunque estoy atada a la silla), pero tendré que moverme con rapidez. Parece imposible, pero creo que lo puedo conseguir. Veo a las mujeres en el pasillo, sorprendidas y esperanzadas de que pueda escapar.

El torturador interior en nuestros sueños puede ser una representación de nuestra tendencia a perseguirnos y torturarnos con pensamientos y juicios negativos. Esforzarnos por ver el sueño desde la perspectiva del torturador no nos será útil aquí, porque se trata de una figura inequívocamente persecutoria. La soñadora había mantenido una relación difícil con su padre, tendía a exigirse mucho y se criticaba con dureza. Por lo tanto, el torturador de su sueño era la representación de su propia tendencia a perseguirse. Es posible que las otras mujeres fueran una referencia a su madre, abuela, tías y generaciones anteriores que se enfrentaron a dinámicas similares de las que no pudieron escapar del todo.

Muchas de nosotras tenemos una voz interior crítica. A veces, opera en segundo plano, sin que nadie la cuestione, como si encontrar fallos estuviera justificado y la perfección fuera alcanzable. Esta voz puede contribuir a un estado de ánimo bajo y a una autoestima dañada. Cuando esta parte cruel de nosotras mismas se nos aparece en sueños, nos ofrece la oportunidad de explorar las maneras en que nos autosaboteamos. Los sueños con un ánimus negativo pueden ayudar a las mujeres a descubrir de qué maneras se hacen la zancadilla a sí mismas. Entonces, podemos diferenciar la voz del ánimus negativo de la voz de la razón y la honradez, y determinar si esos juicios tan terribles son acertados o no. Llevar el ánimus negativo a la consciencia nos permite, como hizo Von Franz, tomar una postura consciente.

¿Cómo diferenciar entre un ladrón que quizá represente un contenido positivo rechazado por el ego y un ladrón que es una imagen del ánimus negativo, que irrumpe para robarnos la confianza en nosotras mismas? No hay una respuesta simple y directa, pero la clave reside en determinar si el ladrón aporta una perspectiva nueva o ataca a nuestra fuerza vital. ¿En el sueño hay algo que indique que el ladrón nos quiere hacer daño? ¿Amenaza al ego con atacarlo gravemente? ¿O es el ego onírico el que asume que el desconocido vestido de negro en la cocina tiene malas intenciones? ¿Trae una perspectiva transgresora pero liberadora? ¿O busca destruir la vida nueva? En la mayoría de las ocasiones, debemos desconfiar de la actitud del ego onírico, pero no siempre.

El ánimus negativo es una fuerza contraria a los valores del ego. El ego onírico, como nuestro yo consciente, tiende a apresurarse a interpretar.

Hemos de distinguir entre las imágenes oníricas específicas y las suposiciones que tanto nosotros como nuestro ego onírico solemos hacer. Si el sueño presenta un ánimus negativo con un aspecto genuinamente malévolo, presta atención a su urgente llamada a la comprensión y la transformación.

Transformar el ánimus negativo

Transformar el ánimus negativo es un proceso arduo. Von Franz afirmaba que conlleva un gran sufrimiento y una valentía considerable, pero que el esfuerzo se ve recompensado.[5] La paradoja es que, incluso en su manifestación más oscura, el ánimus negativo quiere que lo conozcamos, lo cambiemos y lo integremos. Por mucho que nos atormente, el telos secreto de un encuentro con el ánimus negativo es que quiere que crezcamos.

Veamos este sueño de una mujer con una historia de trauma infantil:

UN GANCHO EN EL ESTÓMAGO

Estoy durmiendo en una cama individual en una habitación pequeña, y me despierta un sonido raro en el interior de mi cabeza. Una pieza mecánica me sale por la oreja. Me quedo desconcertada, porque veo que es un implante. Entonces, oigo un ruido sutil a mis espaldas y me doy media vuelta. Hay un hombre joven de aspecto siniestro y vestido con un mono de trabajo (y un chaleco de seguridad) colgado cabeza abajo de la ventana junto a mí. Se recoloca con sigilo y agilidad, arqueándose hacia atrás. Saca un gancho del cinturón de herramientas y se lo clava deliberadamente en el abdomen. Estoy horrorizada. Me doy cuenta de que tengo que hacer algo, salto hacia delante y pongo mis manos sobre las de él, para clavarle el gancho aún más, con la esperanza de matarlo.

La soñadora asoció la maquinaria implantada con voces negativas que había interiorizado en su infancia. Al igual que Von Franz, empezaba a reconocer que, en realidad, el contenido persecutorio no le pertenecía a ella.

Cuando la soñadora logra expulsar las voces negativas interiorizadas que la atacan, [entonces] el hombre siniestro se empala con un gancho. Este hombre evoca a su crítico interior, sádico y cruel. Si bien es siniestro y amenazador, cuando se lo aborda con la actitud correcta, se sacrifica a sí mismo en busca de la transformación. El motivo mitológico del colgado significa una transmutación de valores. El dios nórdico Odín se colgó de un árbol durante nueve noches, «sacrificándose ante sí mismo», y regresó con el conocimiento de las runas sagradas. En el tarot, la carta del colgado representa discernimiento, dificultades y sabiduría. Jesucristo colgó de la cruz en un sacrificio voluntario similar.

A continuación, encontrarás un sueño extraordinario que muestra el gran esfuerzo que tuvo que hacer el ego para transformar al ánimus negativo. La soñadora es una mujer de sesenta y tres años.

MATAR AL VAMPIRO

Hay un hombre que me recuerda al fantasma de la ópera, pero es un vampiro. Los colmillos de los vampiros están enterrados en el fondo de la garganta, algo que saben muy pocas personas. Ascienden cíclicamente, como los de los hombres lobo. Tengo que matarlo por su terrible lado oscuro, pero al hacerlo también mataré al hombre elegante, dotado y artístico que hay en él. Él quiere que lo mate; sabe que debe morir mientras esté en su fase benigna. Como conozco su naturaleza vampírica, debo hacerlo. Estoy muy asustada y triste. No sé si podré lograrlo. Hay que proceder de un modo muy concreto para llegar hasta el fondo de la garganta, donde se ocultan los colmillos. Se arrodilla y agacha la cabeza. Tengo unas tijeras especiales, pequeñas pero muy fuertes. Debo clavarlas profundamente en la nuca y, entonces, cortar. Lo intento, pero no funciona. No puedo cortar las vértebras con las tijeras. Sangra, le duele..., estoy desconsolada. Dice que tendré que cortar por delante, y abre la boca. Le puedo meter toda la mano dentro (no es una garganta humana). Tengo que cortar el paladar blando al fondo de la garganta y empujar las tijeras hasta lo más hondo, sin piedad. Es casi más de lo que puedo soportar, pero tengo que hacerlo. Meto las tijeras y corto. Sale sangre a raudales. Es terrible. Lloro y sollozo mientras sigo cortando. Quiero acabar para que deje de sufrir. Hay sangre por todas partes. Me despierto entre convulsiones.

....

Este sueño tan potente revela aspectos esenciales del ánimus. La figura masculina se presenta como fantasma, vampiro y hombre lobo: imágenes de un ánimus negativo que, a cambio de su genialidad, absorbe la autonomía de la soñadora. Al hacerse consciente de su influencia, ella debe emprender el trabajo de fondo que permita «desarmarlo». Von Franz señalaba que este proceso es largo y doloroso, pero que, cuando una mujer logra integrar al ánimus, este se convierte en un aliado interno que aporta claridad, coraje y capacidad de acción.[6] Aunque, como es natural, se despertó muy alterada, la soñadora se dio cuenta de que este sueño exigía comprensión. Algo en la psique se había sacrificado a sí mismo y quería ser transformado.

Este sueño es un ejemplo potente de cómo podemos transformar el contenido psíquico no personal y profundo del ánimus negativo. No hay receta para transformar al ánimus negativo, a excepción de la dedicación a la vida interior. Relacionarnos con nuestros sueños nos conecta con el inconsciente; la imaginación activa nos permite experimentarlo más hondamente; y el trabajo psicológico profundo nos ayuda a afrontar los conflictos de la vida exterior y a identificar sus correlatos en el mundo interior. Trabajar con los sueños es esencial, porque revela características esenciales de la psique. Si hace ya un tiempo que escribes un diario de sueños, reléelo e identifica las figuras de ánima/ánimus. ¿Cómo han evolucionado?

Tanto si el ánimus aparece en su forma positiva como si lo hace en su forma negativa, su función es tender un puente entre el ego y el centro guía de la personalidad que Jung llamó *Sí-mismo*. El ánimus negativo siempre será paradójico. Es posible que nos tengamos que diferenciar de sus ataques críticos y corrosivos y que debamos plantar cara a su persecución implacable. Sin embargo, incluso en su forma más oscura, nos llama a trascender las limitaciones de la consciencia del ego y a atender a la sabiduría del interior profundo. Ya sea positivo o negativo, el ánimus nos abre la puerta a la energía transpersonal de la psique. Ya sea el granjero que sabe cómo crecen las cosas, el profesor de bellas artes que ha supervisado el desarrollo de la personalidad durante décadas o el hombre siniestro con un gancho, el ánimus es, en última instancia, un «otro» que puede fascinar o aterrar, pero que siempre apunta más allá de la estrecha perspectiva del ego y hacia lo que tiene importancia espiritual.

Las figuras del sexo opuesto, peligrosas o amenazadoras pueden ser imágenes del ánimus. Observa cómo aparecen y cómo te relacionas con ellas

- ¿Es la figura completamente negativa? ¿Es realmente peligrosa o dañina? ¿O es solo una suposición del ego onírico?
- Si ataca, ¿se corresponde su conducta con tu tendencia a atacarte? Por ejemplo, ¿te recuerda ese ataque a tu diálogo interior?
- ¿Cómo responde el ego onírico a ese contenido negativo?
- ¿Es el ánimus negativo una figura paradójica? ¿Te pide que crezcas incluso mientras te ataca?
- ¿De qué maneras podría estar pidiendo ser transformado mediante una confrontación con la consciencia?

El ánimus y la sombra

El ánimus y la sombra pueden aparecer juntos en un mismo sueño. Son dos figuras interiores que pueden mantener una conexión profunda. La figura del ánimus nos puede invitar a estrechar la relación con la sombra, como en este sueño de una mujer soltera de treinta años.

SIN INVITACIÓN

Estoy con un hombre, me rodea con los brazos. Estamos sentados a gran altitud, las vistas son magníficas. Quizá estamos en Colorado. Es dulce y amable, y está casado con una mujer aventurera, atlética y amante del aire libre, aunque ahora están separados. Me habla de cuánto le gustan las Rocosas y me dice que quiere vender su empresa para dedicarse más plenamente a su mujer. Le pregunto qué harán él y su esposa una vez haya vendido la empresa, pero evita responder. Le presiono. Le pregunto por qué no me lo quiere decir. «Porque no estás invitada», me dice. Me pongo a la defensiva. «Solo era una pregunta», le digo. Pero lo cierto es que había estado flirteando con él, había intentado seducirlo y vivir vicariamente mediante su relación con su mujer.

En su vida personal, la soñadora anhelaba conexión y compañía. La mujer del hombre representa contenido en la sombra que incluye rasgos como gusto por la aventura, seguridad en sí misma y actividad física, que la soñadora no tenía muy desarrollados. El ánimus dedicado y atractivo no siente mucho interés por los objetivos del ego onírico, al que le muestra una visión más amplia de la vida y le hace saber que valora cualidades distintas a las que la soñadora había dado prioridad hasta el momento.

Busca una invitación del ánimus a conectar más profundamente con tu sombra

- Si en el sueño aparecen tanto el ánimus como la sombra, ¿qué relación mantienen entre ellos?
- ¿Cómo se relaciona el ego onírico con cada una de estas figuras?
- ¿Anima el ánimus al ego onírico a reconocer cualidades de la sombra?
- ¿Qué te dice la relación entre el ánimus y la sombra sobre tu vida actual?

SUGERENCIA PARA EL DIARIO

Fíjate en las cualidades de la figura de la sombra. ¿Qué te resulta más irritante o desagradable de esta figura onírica? ¿Cómo te invita el ánimus a reconectar con esas cualidades o a reclamarlas para ti?

Ánima

El ánima es el «otro» radical dentro de la psique masculina y cumple funciones parecidas a las del ánimus. Para Jung, es el alma, la fuerza que conecta al hombre con sus capas más profundas. Von Franz señalaba que el ánima enlaza el ego con el Sí-mismo y con la fuente de la vida. Cuando un hombre comprende esta función, puede relacionarse con ella de forma constructiva; si intenta controlarla, el ánima se vuelve desafiante. Igual que el ánimus, aparece en los sueños bajo formas muy diversas.[7]

El ánima positiva

El ánima positiva ayuda al hombre a integrar sus emociones y a aproximarse a su vida interior. Puede aparecer como una seductora terrenal o como una mujer de sabiduría y espiritualidad extraordinarias. Se manifieste como se manifieste, su misión es forjar una relación entre el consciente y el inconsciente.

El ánima como puente hacia la emoción

En muchas culturas, se enseña a los hombres a reprimir sus emociones: las lágrimas son un signo de debilidad, la risa es infantil y el miedo es señal de incompetencia. Adaptarse a las normas sociales aliena a muchos hombres de este aspecto de su vida interior. El ánima contiene las capacidades no desarrolladas y presionará para que se reconozcan a través de los sueños.

A continuación, se presentan los sueños de dos hombres de cincuenta y pocos años. Ambos mostraban una fuerte motivación por alcanzar la excelencia en su carrera profesional, a costa de dejar de cultivar otras facetas de su personalidad. Llegados a la mediana edad, recibieron una llamada de su interior.

MI MUJER EN EL MAR

Estoy en un banco de arena en el océano, a unos quince metros de la orilla. El agua está agitada y la marea empieza a subir con rapidez. Veo a mi mujer nadando mar adentro y me asusto. Grito que debe volver, pero me saluda como si nada y sigue nadando. Su cabeza, apareciendo y desapareciendo entre las olas, me hace pensar en una foca.

Es posible que este sueño esté comentando tanto el mundo interior del soñador como el exterior. Si aplicamos una lente subjetiva, vemos que el hombre acostumbra a proyectar sobre su mujer su alma femenina. Por lo tanto, es posible que los sueños donde ella aparece sean sueños con imágenes del ánima. Los bancos de arena están parcialmente sumergidos y, por lo general, desaparecen bajo el agua cuando sube la marea. Es decir, la posición del ego onírico entre las aguas de la emoción y del inconsciente, y lejos de la tierra firme del ego es más bien precaria. Empieza a tomar consciencia del enorme poder del mar y se preocupa. El ego onírico —el correlato de la personalidad consciente exterior— no sabe navegar por aguas emocionales agitadas. Por el contrario, el ánima se muestra segura de sí misma y contenta. Ejemplifica la actitud que él debe cultivar para profundizar en sí mismo. La asociación con las focas evoca a las *selkies* de la mitología celta: criaturas, normalmente femeninas, que pueden cambiar de forma de foca a humana. A veces se casan con humanos e incluso tienen hijos, pero tarde o temprano deben regresar a su hogar natural: el mar.

El sueño lo anima a corregir la relación con su mujer en la vida despierta y le anuncia que la responsabilidad de afrontar su miedo a las emociones le corresponde solo a él. Es posible que crea que sus emociones ponen en peligro a su mujer, pero el inconsciente le muestra que ella no está en absoluto preocupada y que, además, es hábil en el manejo del mundo emocional. Si puede aceptar esta revelación, entenderá que su mujer es una aliada valiosa a la hora de navegar emociones potentes.

Después de décadas reprimiéndola, es posible que un hombre tenga muy poca experiencia de su vida interior autónoma. Un ego fuerte puede dominar el instinto y desviar su energía para ponerla al servicio de objetivos conscientes. Es una estrategia que puede funcionar al principio, pero que empobrece progresivamente la vida a medida que pasa el tiempo, porque el hombre pierde el contacto con su parte emocional e instintiva. Lo podemos ver en este sueño de otro hombre de mediana edad.

EL DRAGÓN DE KOMODO

Estoy en una cata de sushi. Hay uno especial, preparado con músculo extraído del interior del párpado de un dragón de Komodo. El dragón de Komodo está vivo, pero sedado. El sushi está delicioso. El dragón de Komodo se despierta y me empieza a perseguir. Salgo corriendo. Se transforma en una mujer guapísima, pero he de seguir corriendo.

El dragón de Komodo apareció hace 3,8 millones de años y, como tantos otros reptiles, apenas ha cambiado desde entonces. Con frecuencia, los reptiles representan la parte más primitiva del inconsciente: descarnada, instintiva y ajena al ego. Son muchas las maneras en que sedamos los instintos que consideramos incompatibles con nosotros: reprimimos la ira con alcohol, la pena con comida y la culpa con distracciones. Aquí, el ego consigue sedar al dragón de la vida emocional y lo consume de un modo que se podría considerar cruel y explotador. Sin embargo, la ilusión de control se hace pedazos. El plan del ego de comerse al dragón acaba patas arriba y ha de salir huyendo. El dragón se revela como el ánima, y el ego onírico se ha de enfrentar al deseo y al miedo. Y ahí reside el conflicto. El ánima, anhelante, se despierta, exige contacto y echará por tierra las defensas del ego, aunque no para hacerle daño, sino para que entable la relación adecuada con su alma. No podemos elegir lo que deseamos; solo lo podemos descubrir. Es un valor emocional que surge del interior más profundo. Muchos hombres temen descubrir lo que quieren de verdad, porque puede hacer tambalear los planes que tan meticulosamente han diseñado. Sea como sea, el ánima es el agua de la vida y, sin ella, todo se convierte en tonos de gris.

El ánima exige al hombre que conecte con su vida emocional. Este sueño de un hombre casado de cincuenta y seis años muestra al ánima en esta capacidad.

DIME CUÁL ES MI DESTINO

Estoy en un gran salón de estilo colonial en casa de Henry, un amigo mío. Hay otros amigos varones y también una mujer. Todos estamos allí para una reunión. Estamos hablando, pero no sé de qué. Me dirijo a la mujer: «Dime cuál es mi destino». La respuesta es peculiar, porque se acerca y se inclina sobre mí, imponiéndose con su presencia y con su cuerpo. Luego se retira. Le pregunto: «Bueno, ¿qué?». Responde: «Nada bueno: hay mucha agonía y sufrimiento». Me pongo de mal humor, no quiero aceptarlo. Me alejo y, de repente, me vuelvo a acercar a ella y le imploro: «¿No se puede evitar?». Sonríe y parece desconcertada, pero muy emocionada. Me dice: «Sí, pero exige emoción». Se prepara para marcharse. Titubeo y tartamudeo, pero al final digo: «¿Te puedo volver a ver? ¿Quizá en unos meses?». No responde, pero al alejarse asiente con sutileza. Es como si le hubiera pedido una cita. Es una sensación casi olvidada (la de tener que pedir una cita), pero está bien.

El soñador estaba sufriendo tanto en su vida interior como en la exterior, y en el sueño siente la necesidad de acercarse a la mujer, que le exige conectar con la emoción. A través de ella, el sueño le ofrece la medicina de una relación renovada con su vida emocional. Que el ego onírico se mostrara receptivo y siguiera a la figura del ánima es motivo de esperanza.

El ánima como fuente de sanación y de consuelo

El ánima puede llegar al hombre bajo la forma de una mujer que sana y consuela, una función arquetípica de lo femenino en sistemas religiosos y mitológicos. Un hombre judío soñó lo siguiente durante un mal momento en su vida:

LA BENDICIÓN DE LA VIRGEN

Estoy en una iglesia católica, frente a una estatua de mármol blanco de la Virgen María sosteniendo al niño Jesús. Techos elevados, bancos marrón oscuro..., la imagen y atmósfera típicas de una iglesia. La estatua está en el lado derecho de la iglesia, sobre un pedestal marrón. Tiene aproximadamente el doble del tamaño natural. Me invade la gracia. La iglesia está en silencio. El blanco del mármol me entra por los ojos y deposita algo en mi corazón. Bebo el agua. Siento la recalibración, el recuerdo anterior a mi recuerdo. Es suficiente, ¿no? Quizá no. Me pongo de pie. Me enderezo y respiro profundamente. Estoy inquieto. La gracia está disolviendo algo. Estoy preparado para que se disuelva: estoy agradecido. La disolución es una exhalación. Una concha de vidrio se disuelve en leche. La leche me entra por los ojos y me llega al pecho. Espiro. La concha se disuelve, cada vez es más fina, como hielo en un cuenco de leche templada. Respiro. Me pongo de pie. Relajo los hombros. La concha es muy fina, la concha ha desaparecido. La Virgen María se aleja, vuelve a su estatua. Está hecho. Inclino la cabeza como muestra de reverencia. Doy un paso atrás, giro a la derecha y me dirijo hacia la entrada.

El soñador había tenido una relación difícil con su madre. Aquí, el ánima aparece como la Madre Divina, dispensando un amor que disuelve el grueso caparazón de sus defensas. El soñador vivió este sueño como una experiencia muy sanadora. Pudo asumir aspectos positivos de lo femenino tanto en su vida interior como en la exterior.

El ánima como un puente a la espiritualidad

El ánima puede conectar a un hombre con lo transpersonal. Al igual que el ánimus, el ánima funciona como un puente al mundo interior de los arquetipos y de la energía numinosa a la que Jung llamó *Sí-mismo*.

GUERRERO FÉNIX

Estaba con una chica con la que fui al instituto, teníamos una cita. En el sueño, mi mujer había fallecido hacía poco y aún la estaba llorando. Fuimos a un parque para la cita. Había mucha gente. De repente, todo el mundo alzó la mirada al cielo. Había una catedral enorme y luminosa sobre una nube. La catedral era blanca y, a cada lado, había sendas estatuas de ángeles tan grandes como la propia catedral. Jamás había visto nada tan magnífico. Entonces, un ave grande y centelleante, al menos dos veces más grande que un ser humano, voló desde la catedral. Comprendí que era un fénix. Sobrevoló la multitud a relativamente poca distancia y desapareció. Volvió, cayó al suelo y se transformó en un hombre al que solo puedo describir como guerrero águila azteca. Recogió una pluma de las alas que había perdido y esta se transformó en una espada. Comenzó a merodear, como buscando a alguien a quien atacar. Pero allí solo había mujeres y niños, y no parecía que los fuera a atacar. Miró a la chica con la que estaba en la cita, luego me vio a mí y supe que me iba a atacar. Me lanzó dos golpes, que bloqueé con mi brazo derecho. Sentí el impacto, pero no me hizo daño. Fue como si hubiera pasado algún tipo de prueba o de iniciación, porque me miró con respeto y se fue.

El sueño ocurrió en un momento de gran agitación y transición para el soñador, un hombre de veintinueve años. Acababa de abandonar un programa de posgrado y estaba de duelo por la pérdida de un sueño y de una identidad profesional; su mujer estaba embarazada de siete meses después de años de infertilidad; y su padre había fallecido unos meses antes. El sueño habla del dolor inherente a esas transiciones cruciales, pero también apunta a la promesa de una conexión con lo numinoso. Parece que la mujer onírica con la que tiene la cita potencia la visión de la catedral entre las nubes, además del encuentro con el ave fénix y el guerrero azteca. Luego, en el sueño, el guerrero azteca ataca al soñador tras ver a su cita, involucrándole en un combate iniciático. La muerte de la esposa en el sueño puede señalar que una antigua manera de relacionarse con lo femenino está llegando a su fin. Está emergiendo una nueva actitud que ahondará su conexión con el ánima y con su naturaleza heroica y guerrera.

> *Deberíamos ver al sueño como una especie en peligro, una víctima de los avances tecnológicos... Los sueños son un oasis de vitalidad espiritual... nuestro último reducto sin civilizar... Y lo debemos proteger con tanto fervor como a la selva, la capa de ozono, el elefante o la ballena.*
>
> ANTHONY STEVENS

En el siguiente sueño de un hombre de veintiséis años, el ánima conecta al soñador con una imagen que tiene una cualidad espiritual.

ÁGUILA DE PAPEL

Estoy en un campo, hay algunos árboles. El campo no me resulta familiar y tengo la sensación de que está rodeado de muchos otros campos. No hay edificios a la vista. Estoy en cuclillas, mirando al centro del campo, donde la hierba tiene una altura media-alta. Es una noche tranquila y debe de estar a punto de amanecer, porque el cielo está muy claro, con muy pocas estrellas, pero de un blanco casi grisáceo.

Detrás de mí hay una multitud de gente, hablan en voz baja y se mueven. Tengo la sensación de que muchos de ellos son mis amigos o incluso mi familia, pero no me parece necesario darme la vuelta para confirmarlo. Es evidente que todos estamos esperando a que suceda algo, algún acontecimiento. Frente a mí, y justo a mi izquierda, hay otra persona, una mujer que también está en cuclillas. No la reconozco. Es de aproximadamente mi edad o, quizá, un poquito más mayor. Tiene el cabello oscuro y un rostro atractivo. Su manera de mirar al centro del campo transmite autoridad. Me inclino hacia ella y susurro «¿A qué esperamos?», refiriéndome a mí y a las personas a mis espaldas. Responde con estas palabras exactas, que pronuncia como si fueran lo más normal del mundo: «El águila de alas de papel está a punto de emprender el vuelo». Del centro del campo, un ave de tamaño medio se alza en el aire y queda suspendida allí.

Cuando el ego atiende a la mujer interior, [entonces] el águila de papel emprende el vuelo. La apertura y la atención a la figura del ánima permiten que el águila, con sus aparentemente frágiles alas de papel, ascienda. En todas las culturas, las águilas, asociadas con los dioses celestes, representan un principio espiritual que se eleva hacia el cielo. El sueño ocurrió en un momento en que el soñador se estaba comprometiendo más con su pareja, y las emociones del sueño eran asombro, encanto y tranquilidad, una afirmación de su nueva actitud interior hacia su relación en el mundo exterior.

La relación entre el ánima y el ego

Cuando hemos explorado el ánimus, hemos visto que el ego ha de mantener la relación adecuada con esta potente energía interior si quiere recibir sus dones. Un hombre que acababa de romper su compromiso con una mujer a la que describía como difícil soñó lo siguiente. El ego onírico se muestra receptivo a los regalos del ánima, pero no los puede recibir con facilidad.

EL AMULETO

En el sueño, una mujer muy bella se acerca a mí, se inclina y me toca en la frente, en la zona del tercer ojo. Veo una luz brillante. Entonces, sostiene en alto un amuleto, una piedra azul colgada de una banda de cuero. Extiende la mano para colgarlo en mi cuello y abrocharlo, diciendo: «Esto curará tu corazón y te ayudará a encontrar el camino a casa». Me inclino para recibir el regalo, pero me detengo, porque pienso que me lo tendría que atar yo mismo. El cierre se me escapa de los dedos y el amuleto cae al suelo.

El soñador estaba llorando la pérdida de su relación, y el ánima apareció en su capacidad sanadora. El ego onírico muestra deferencia cuando se inclina para recibir el amuleto, pero cuando el ego toma las riendas, [entonces] el amuleto cae al suelo. El sueño vino acompañado de una sincronicidad: el sonido del amuleto al caer fue tan real que el soñador se despertó y lo buscó en el suelo. Por la mañana, descubrió que una caja de muestras de baldosas y de mármol había caído de una estantería debajo de su dormitorio. Las había elegido su exprometida, para la reforma de la cocina.

Fíjate en cómo aparece el ánima positiva en tu sueño

Si eres un hombre y en tu sueño aparece una mujer ocupando un papel positivo, es posible que se trate de una imagen de ánima positiva.

- ¿Qué función desempeña en el sueño? Guía benévola, cuidadora, pareja sexual...
- ¿Qué medicina te ofrece?
- ¿Qué cualidades te invita a integrar?
- ¿Cómo se relaciona tu ego onírico con ella? Se cierra, se resiste, está fascinado...
- ¿Cómo se relacionan los temas del sueño con lo que está sucediendo ahora en tu vida?

- ¿El ánima te invita a la expansión, por ejemplo a una emoción, espiritualidad o fuerza vital más amplias?
- ¿Refleja el sueño apertura hacia el ofrecimiento del ánima?

El ánima negativa

Como el ánimus, el ánima también puede aparecer como un elemento negativo en el sueño de un hombre. Una actitud crónicamente desconfiada, despreciativa u hostil hacia el inconsciente puede constelar figuras de ánima críticas, que rechazan o confrontan. La relación temprana de un hombre con su madre influye especialmente en el desarrollo de su ánima. Si el vínculo materno fue problemático, es posible que experimente la parte del ánima que oculta, avergüenza o ataca.

Un instalador de calefacción de treinta y cuatro años soñó lo siguiente:

¡FUERA!

Estoy en el coche con mi exnovia, que me empieza a criticar y a menospreciar como cuando salíamos. Al principio lo soporto pasivamente, pero entonces me doy cuenta de que conduzco yo. No tengo por qué seguir soportándolo. Paro el coche y le digo con seguridad y determinación que salga.

Al igual que Marie-Louise von Franz y su sueño con el ladrón, este soñador pudo mitigar los efectos del ánima negativa enfrentándose a la voz interior que lo criticaba y lo avergonzaba. Hay que determinar qué sucede. Aquí, el ego onírico se planta ante un contenido interior persecutorio, pero, con frecuencia, el ánima negativa es una fuerza que, paradójicamente, impulsa el crecimiento con sus ataques.

Un hombre de veintitantos años que tenía dificultades para mostrarse asertivo con las mujeres quería cortar con su novia, pero era incapaz de encontrar el momento adecuado para decir lo que sentía. Entonces, soñó lo siguiente:

LA MUJER DE LA LANZA

Avanzo por un sendero en un bosque espeso, es de noche. Sé que no conozco muy bien el camino y, a medida que me interno en él, me preocupa cada vez más perderme. De repente, una figura femenina aparece frente a mí. Sostiene una larga lanza, que apunta directamente a mi corazón. Me quedo paralizado, soy incapaz de moverme o de hablar. Podría matarme con un solo movimiento, pero, de algún modo, sé que esa no es su intención. «Solo tienes que hablar conmigo y te ayudaré». Intento hablar, pero se me cierra la garganta. Me despierto.

El soñador estaba experimentando parálisis emocional con una novia que le parecía dominante. La amenazante aparición del ánima está al servicio de provocar asertividad: «¡Habla!». Si el soñador pudiera hablar con claridad, la probabilidad de mejorar la relación con su novia (o de ponerle fin) aumentaría significativamente, y experimentaría al ánima como una fuente de apoyo y de ayuda. La intención nada secreta del ánima negativa es que atendamos a la llamada a la individuación que nos hace nuestro mundo interior.

Si el ánima aparece en su aspecto negativo, presta atención al papel que desempeña

- ¿Cómo trata la figura del ánima al ego onírico? ¿Es así como te tratas a ti mismo a veces?
- ¿Necesitas enfrentarte a tu crítico interior?
- ¿Qué le pide la figura del ánima a tu ego onírico?
- ¿Qué se pide al ego onírico que haga, cambie o sacrifique? ¿Cómo se podría corresponder esto con la vida exterior? Por ejemplo, ¿qué actitud desfasada ha de morir?

El ánima y la sombra

Como con el ánimus, es habitual encontrar una relación entre el ánima y la sombra. El sueño siguiente ilustra cómo el ánima anima al soñador a reconocer aspectos de su sombra:

EL CADÁVER BAJO LA TARIMA

Entro en mi dormitorio y me encuentro con una amiga sentada en el sofá. Lleva un turbante y está quemando incienso. Me dice que la energía de la habitación le resulta amenazadora. Le digo que quizá sea porque el dormitorio está en dos niveles distintos o porque no hay mucha luz. Entonces, recuerdo que hay un cadáver escondido bajo la tarima del suelo y me doy cuenta de que ese es el motivo. Empiezo a recordar los detalles de por qué el cadáver ha acabado allí. Fue un asesinato y yo participé. Mi papel era llevar al hombre arriba, donde otra persona aguardaba para golpearlo en la cabeza. Me parece increíble que haya sido capaz de olvidar algo semejante. Me siento más culpable y recibo mensajes de texto aludiendo al asesinato. Empiezo a sentir que no podré vivir conmigo mismo a no ser que confiese.

El soñador llevaba tres años en terapia y sentía un enorme deseo de cambio. Su padre se había suicidado cuando él tenía catorce años, y la sensación es que el cadáver podría ser su padre. El cuerpo representa una parte de su sombra, quizá la parte asociada a su padre, que ha mantenido oculta bajo el suelo durante todos estos años. El ánima comienza a facilitar la necesaria reconexión con la sombra llamando la atención sobre lo que se ha estado ocultando.

Fíjate en cómo el ánima alienta la conexión con la sombra

Cuando el ánima y la sombra aparezcan en un mismo sueño, fíjate en la relación que mantienen entre sí.

- ¿Qué relación hay entre las figuras del ánima y de la sombra en el sueño?
- ¿Cómo se relaciona el ego onírico con cada una de ellas?
- ¿De qué maneras podría estar el ánima invitando a una relación con la sombra?
- ¿Qué relación guarda la dinámica onírica con tu vida ahora?

SUGERENCIA PARA EL DIARIO

¿Cuáles son las características principales de la imagen de la sombra en el sueño? ¿Qué te irrita o te desagrada de esta figura onírica? ¿De qué maneras te invita el ánima a conectar?

El matrimonio interior

El ánima/ánimus representa el potencial que debemos integrar para estar completos y persiste en su exigencia de que crezcamos. Al principio, el ánima/ánimus tiene una energía enorme, porque alberga la mayoría de nuestro potencial. Cuando somos jóvenes, aún nos queda muchísimo que descubrir. Se aparece como proveedor, *coach*, amante, poeta, guía, entre otros. En todas sus formas, busca despertar al ego y hacernos avanzar hacia nuestro destino. Con el tiempo, el ego y el ánima/ánimus se van aproximando. Con frecuencia, esto da lugar a sueños del matrimonio sagrado. Entonces, habremos empezado a materializar nuestra plenitud, el objetivo de la individuación. El viaje al matrimonio sagrado dura muchos años, y el baile con el ánima/ánimus pasa por ciclos de amor y de sufrimiento. El compañero interior puede parecer primero diabólico y, de repente, divino; primero enemigo y, entonces, aliado. Cuando entendemos su misión, lo podemos aceptar en todas sus formas.

Sueños de boda

Las bodas nos remiten al reino mítico de la unión sagrada, un anhelo humano innato de alcanzar una compleción armoniosa. ¿Hay alguien que no haya visto la boda del príncipe Guillermo y Kate Middleton? ¿Y la del príncipe Enrique y Meghan Markle? Hace mucho que la industria del cine entendió el atractivo del matrimonio: María y el capitán Von Trapp de *Sonrisas y lágrimas* o *Mi gran boda griega*, *La princesa prometida* y muchas más.

Un joven que vivía en Nueva York lo había pasado mal repetidamente en sus relaciones con mujeres. Soñó que se iba a casar con una mujer del punto de información de la Estación Central. Es una caseta redonda con paredes de mármol blanco en el centro del vestíbulo principal, sobre la que se alza un «techo celestial» pintado con constelaciones zodiacales y estrellas. La psique celebra los pasos que los compañeros interiores dan para acercarse de camino a la boda.

Una mujer de mediana edad casada soñó que estaba llegando tarde a su propia boda. A pesar de todos sus esfuerzos, se topaba con un obstáculo tras otro que convirtieron en una misión imposible alcanzar la unión interior.

El matrimonio en el mundo exterior simboliza el viaje al matrimonio en el mundo interior, un viaje que dura toda la vida. Imperfectas, las parejas humanas pasan por ciclos de amor, conflicto, esfuerzo y sufrimiento a medida que se esfuerzan por refinarse dentro de los límites de la relación. Al mismo tiempo, el ego y el opuesto interior de cada persona están en un viaje interior hacia un matrimonio sagrado, el proceso de individuación a lo largo de la vida y el objetivo del *opus*.

Una mujer de noventa años que empezaba a tener problemas de salud tuvo el sueño siguiente. Había tenido una vida plena, con hijos y nietos, una carrera profesional sólida y mucho reconocimiento. Mientras su cuerpo decaía, su vida interior resplandecía.

ENTRE NARANJOS

Estoy en un campo de naranjos y el aroma de las flores de azahar es embriagador. Bailo entre los árboles y me siento maravillada. Alzo la mirada y veo el Cristo de la Concordia. Me quedo embelesada y apenas puedo soportar la intensidad del amor entre la estatua y yo. Me siento deslumbrada. Ahora estoy en la mano de Cristo. Es tan grande como el de la Concordia. Me acerca a su rostro. Sé que me va a dar un beso. Veo sus ojos. Me despierto.

El ánimus aparece como una figura espiritual que llama al ego a actuar como un portador de lo divino. Las flores de azahar evocan fertilidad: su polinización crea esferas naranjas, redondas como un mandala, que sugieren el Sí-mismo. La soñadora baila entre los naranjos, como si ella también fuera a florecer, abierta a recibir lo que la lleve a la plenitud. Al igual que en el *Éxtasis de santa Teresa* de Bernini, la imagen de Cristo se le aparece como un amante, que la atrae hacia él. Al final de su vida, se sentía casada con lo eterno.

Las imágenes de unión reflejan desarrollos clave en el mundo interior

Las imágenes de la unión de opuestos en los sueños son un reflejo de un proceso de integración profunda.

- ¿En tu sueño hay una unión con un amante o una boda?
- ¿Muestra el sueño una unión con una figura de ánimus o de ánima? ¿Evoca esta unión una culminación psicológica?
- En los sueños, las relaciones sexuales pueden simbolizar la unión y la integración psicoespirituales.

El matrimonio sagrado es un gran misterio. No podemos predecir en quién nos convertiremos en nuestra plenitud, pero si hemos cortejado al ánima/ánimus durante la vida, podremos acoger su abrazo y agradecer sus regalos. Como su naturaleza es de profunda otredad, el ánima/ánimus siempre nos llevará a las profundidades, incluso cuando se manifiesta en su forma negativa. Es el mediador entre el ego y el centro transpersonal de la psique al que Jung llamó *Sí-mismo*. Cuando estamos en la relación adecuada con él, se puede comportar como un guía que nos abre la puerta al centro espiritual y nos empuja hacia la individuación.

CAPÍTULO 10

El Sí-mismo

El centro guía

En última instancia, el Sí-mismo es el soñador, el emisor del sueño y el intérprete del sueño. Nosotros somos solo el bufón que lo observa todo.
MARIE-LOUISE VON FRANZ

En 1927, Jung tuvo un sueño significativo, del que hablaremos más adelante en este mismo capítulo. El sueño le confirmó que el objetivo del desarrollo psicológico era «el camino al centro, a la individuación».[1] Bautizó a este centro de la psique *Sí-mismo*, y escribía el término con mayúscula para subrayar su naturaleza transpersonal. El Sí-mismo es uno de los conceptos clave de la teoría junguiana. Alude a una realidad trascendente más allá de los límites de la personalidad consciente que nos sostiene y nos proporciona la experiencia de estar conectados con lo infinito. Es un arquetipo de plenitud y una imagen del principio unificador. Jung dijo del Sí-mismo que «bien lo podríamos llamar el "Dios interior"».[2]

En tanto que misteriosa fuerza impulsora que propulsa nuestro despliegue, el Sí-mismo es «el principio y el arquetipo de la orientación y el significado».[3] Mientras que el ego negocia diligentemente las dificultades a que se enfrenta en el mundo interior y exterior (gestionar tareas, fechas límite, relaciones, emociones, anhelos e impulsos, por nombrar solo unas cuantas), el Sí-mismo de nuestro centro se ocupa de lo eterno. Está en sintonía con la verdad de nuestro potencial pleno y dirige nuestro tránsito a la plenitud de maneras sutiles y sustanciales. Cuando Jung dijo que la psique es un sistema que se autorregula, aludía, en parte, a la actuación del Sí-mismo y al empeño de este por alinear la consciencia del ego con el conocimiento profundo del camino que estamos destinados a recorrer.

En la mitología, la religión y los sueños, los encuentros con el Sí-mismo se caracterizan por la sensación de asombro. Jung hablaba del compañero interior; el poeta persa del siglo XIII Jalal ad-Din Muhammad Rumi hablaba de «el Amigo», y el hombre santo nativo americano Alce Negro afirmaba que el «centro está, en realidad, en todas partes».[4] La historia humana está repleta de descripciones simbólicas del Sí-mismo en textos sagrados, poesía, literatura, música, arte y mitos. Se ha descrito metafóricamente al Sí-mismo como la perla preciosa: el tesoro oculto; la flor de loto que crece entre el lodo; el alfa y el omega; y la voz serena y pequeña.

Relativizar el ego

Jung escribió que «la experiencia del Sí-mismo es siempre una derrota para el ego».[5] Esta afirmación expresa una verdad esencial acerca de la relación entre el yo consciente y despierto y lo transpersonal. Jung usó la expresión *relativización del ego* para referirse a la conciencia de que la personalidad consciente descansa sobre una base transpersonal (el Sí-mismo) infinitamente mayor que ella. Los sueños ilustran la relación entre el ego y el Sí-mismo y, si tienen la capacidad de sacudirnos, es porque nos muestran la derrota del ego de la que hablaba Jung.

El creador de sueños

Marie-Louise von Franz sugería que los sueños funcionan como cartas enviadas por el Sí-mismo, mensajes que nos orientan sobre la mejor manera de vivir.[6] A lo largo del libro, hemos hablado con frecuencia del creador de sueños, de esa inteligencia interior que nos observa, tiene nuestro destino en sus manos y nos empuja hacia él. Todos los sueños nacen del centro guía de la personalidad al que Jung llamó *Sí-mismo*. En este sentido, el creador de sueños es el Sí-mismo. La extraordinaria sabiduría que subyace a nuestros sueños mana del corazón transpersonal de la psique.

Por lo tanto, todos los sueños son un sueño del Sí-mismo, y todos los sueños nos trasladan la intención del Sí-mismo: guiarnos hacia la individuación. Sin embargo, algunos sueños revelan la presencia del Sí-mismo de un modo más directo e inmediato. Estos sueños se caracterizan por emociones muy potentes de reverencia, terror, alegría sublime y, sobre todo, asombro.

Las imágenes del Sí-mismo en sueños

Los sueños con el Sí-mismo abren un portal de significado que trasciende la historia personal. Son numinosos, nos inician en la realidad independiente de la vida psíquica y abren la puerta a territorios atemporales del alma. Con frecuencia, los sueños que contienen imágenes del Sí-mismo ofrecen una sanación directa e inmediata. A veces, disipan rápidamente la tensión y el miedo, aportan un destello de claridad sobre un problema concreto o traen un profundo consuelo. Los sueños en los que aparece el Sí-mismo son, sobre todo, sueños sanadores, incluso cuando se manifiesta en forma negativa o temible. Jung dejó claro que lo que cura es el encuentro con lo numinoso. En una carta escribió: «La aproximación a lo numinoso es la verdadera terapia, y alcanzar experiencias numinosas nos libera de la maldición de la patología».[7] La mayoría de las personas modernas no conectarían con lo divino durante una peregrinación sagrada ni tampoco mediante la oración o el ayuno. Aunque quizá hayamos perdido el acceso a la experiencia numinosa mediante estos métodos tradicionales, aún contamos con la puerta inmediata, personal y diaria (¡o mejor dicho, nocturna!) a la profunda sabiduría que el Sí-mismo nos ofrece en sueños.

¿Cómo se nos aparece el Sí-mismo en sueños? La lista es casi infinita, aunque Jung nos ofrece algunos ejemplos:

> El contenido de todos estos productos simbólicos es la idea de un ser abrumador, expansivo, completo o perfecto, representado o por un hombre de proporciones heroicas; o por un animal con atributos mágicos; o por un

> vehículo mágico o cualquier otro «tesoro difícil de encontrar», como una joya, un anillo, una corona; o geométricamente, como un mandala. Esta idea arquetípica es un reflejo de la plenitud de la persona, es decir, el Sí-mismo, que está presente en él en forma de imagen inconsciente.[8]

El Sí-mismo acostumbra a aparecer representado por figuras humanas: un guía, un héroe, un sanador, un niño o incluso una divinidad. Las imágenes religiosas, como cruces, coronas, piedras o estrellas, pueden ser símbolos del Sí-mismo y, en ocasiones, la presencia del Sí-mismo se sugiere de manera sutil, como una sonrisa leve. Lo esencial es que el Sí-mismo suscita emociones potentes en los sueños, ya se trate de amor, asombro o un terror que nos quiebra. Estos sueños son encuentros y exigen que los entendamos y les prestemos atención una vez despiertos.

El Sí-mismo suele aparecer bajo su aspecto positivo y puede manifestarse en sueños en momentos de crisis o incertidumbre, para ofrecernos un regalo de gracia y de acompañamiento silencioso. La cara oscura del Sí-mismo también nos visita en sueños. Cuando el ego se resiste a la dirección que el Sí-mismo señala, este interviene de modos que el ego percibe como aterradores. Aunque las maneras en que esta energía transpersonal se puede expresar son ilimitadas, a continuación hablaremos de algunas imágenes recurrentes del Sí-mismo en sueños.

El Sí-mismo como figura humana

A veces, el Sí-mismo nos visita en los sueños bajo la apariencia de una persona. Puede ser alguien conocido, un desconocido con poderes sobrenaturales o incluso un niño.

El Sí-mismo como sanador

Jung habló explícitamente de la función sanadora del Sí-mismo, por lo que no es de extrañar que en los sueños aparezca como médico, terapeuta u otra figura sanadora que traiga renovación y recuperación. Si estás en un proceso terapéutico, es posible que tu terapeuta contenga una proyección del Sí-mismo y aparezca en sueños como un sanador de dimensiones divinas. Al principio de su carrera, una de las pacientes de

Jung se enamoró de él y no hubo manera de que dejara de estarlo a pesar de los esfuerzos interpretativos de Jung. La paciente soñó que

> su padre (que en la vida real era de baja estatura) estaba junto a ella en una colina cubierta de campos de trigo. Ella se veía muy pequeña junto a él, que parecía un gigante. La levantó del suelo y la llevó en brazos, como si de una niña pequeña se tratara. El viento agitaba los campos de trigo y, mientras las espigas ondulaban, él la acunaba en brazos.[9]

Jung conectó al padre de la paciente consigo mismo, el doctor, y con este sueño se dio cuenta de que la paciente lo veía «simbólicamente en una forma que solo se puede describir como una visión de Dios»,[10] el padre-amante semidivino que reina sobre campos fértiles y acuna a la soñadora. Esta figura imponente contenía las cualidades numinosas del Sí-mismo y, por lo tanto, fue un factor positivo y potente en la curación de la paciente.

La relativización del ego instigada por el Sí-mismo se puede experimentar como una sacudida y mediante una figura onírica que media la curación de maneras sorprendentes. Un hombre de mediana edad, inmerso en un profundo proceso de curación, soñó lo siguiente:

RECUPERACIÓN

Estoy subiendo por una montaña nevada con un grupo de personas más jóvenes que yo. Están un poco por delante de mí, sentados en una roca, e intento alcanzarlos. La pendiente es muy pronunciada y empiezo a resbalar. A nuestros pies hay un barranco enorme y, muy abajo, una vasta extensión helada e infinita. La nieve empieza a ceder bajo mis pies. Resbalo y caigo. La caída es larguísima y me pregunto si sobreviviré. Y, en caso de hacerlo, ¿cómo me van a rescatar? Estoy en un lugar muy remoto. A continuación, me despierto en un hospital, estoy cuadripléjico. El fisioterapeuta es un hombre de aproximadamente mi edad. Me coge con ternura y me coloca junto a él, al borde de una piscina. Entonces, y con mi absoluto consentimiento, me sienta en una silla especial para el agua. En lugar de meterme en el agua poco a poco, inclina la silla, así que caigo de cabeza al agua. Trago agua, manoteo y doy patadas, y, de algún modo, consigo llegar al borde de la piscina. Estoy eufórico, porque ahora sé que podré aprender a caminar de nuevo.

El sueño ofrece una visión de un arco más general: intentar mantener el ritmo en el difícil ascenso por la empinada montaña de la vida. El soñador siempre había intentado alcanzar algo que había por delante, la persona que creía que debía ser. El paisaje nevado representa la cualidad congelada de su estado emocional, y le sigue una caída a la nada fría: una imagen de desesperanza existencial de la que es misteriosamente rescatado. El fisioterapeuta encarna el poder curativo del Sí-mismo: lleva a cabo una suerte de ceremonia bautismal que pone patas arriba al ego y sugiere renacimiento, plenitud y alegría. El soñador asoció al fisioterapeuta con su analista, pero aunque el sanador onírico adopta la forma de un médico exterior, también apunta al terapeuta interior que habita en todos nosotros. El sanador es una figura arquetípica, representada de múltiples maneras, muchas veces milagrosas.

Una mujer de mediana edad que sufría de dolor crónico en el costado derecho soñó con una sanadora sorprendente.

MI YO FUTURO

Estoy en un colmado y compro muchísimas cosas. Pago y, entonces, me doy cuenta de que tengo que cargar con todas esas bolsas hasta mi casa, en Brooklyn, a muchas manzanas de aquí. Mientras reflexiono sobre este problema, una mujer mayor entabla conversación conmigo y me dice que debería revisar una herida en la espalda que ha tardado en cicatrizar. Es insistente, un poco molesta y muy parlanchina, pero no me irrita; al contrario, me empieza a caer bien; hay algo especial en ella. Me doy cuenta de que es fácil que caiga mal a otras personas. Entonces, de repente, me agarra por detrás, me pasa los brazos por debajo de las axilas y entrelaza las manos detrás de mi nuca, como si fuera a hacer un ajuste quiropráctico. Me quedo quieta, es como si hiciera magia. Al sostener mi cabeza, es como si me acunara todo el cuerpo, como si estuviera en su regazo. Me entrego por completo. Casi se me saltan las lágrimas; me invade una emoción indescriptible. Tenemos una conexión especial. Siento un cosquilleo en la pierna izquierda y espero que esté curando mi lado derecho. Termina y creo que las dos lloramos un poco. Me dice que soy muy especial, que tengo un don. Creo que es médica y quiero saber dónde. Al despertar, pienso que quizá sea mi yo futuro.

En un primer momento, el ego onírico percibe a la mujer mayor como irritante y pesada, alguien que cae mal a la gente. Sin embargo, cuando la actitud del ego onírico pasa a ser amistosa y de aceptación, [entonces] recibe los regalos de la mujer, el poder transpersonal de la curación que señala un futuro prometedor para la soñadora. Este sueño, como tantos cuentos de hadas o mitos, muestra que la capacidad para relacionarnos con un animal o con una persona humilde se recompensa con la revelación de su naturaleza divina.

El Sí-mismo puede aparecer como un terapeuta, un médico o un sanador

- ¿En tu sueño aparecen un médico, un terapeuta o un sanador de otro tipo? Es posible que la figura onírica sea una imagen de la función sanadora del Sí-mismo.
- ¿Cómo te ayuda esta figura a orientarte hacia la salud y el crecimiento futuros?
- ¿Con qué situación de tu vida se vincula que el Sí-mismo aparezca así en tu sueño?

El Sí-mismo como niño

El niño es un símbolo arquetípico de potencial asociado al Sí-mismo. Es vulnerable a ataques, abandono y enfermedad y, sin embargo, sale vencedor en mitos, cuentos de hadas y religiones. Nacido de la oscuridad del inconsciente y engendrado desde las profundidades de la Gran Madre, el niño personifica fuerzas vitales más allá del límite de la consciencia. En palabras de Jung, el niño:

> representa el impulso más fuerte e ineluctable de todos los seres, en concreto el impulso de alcanzar la plenitud. Es, de algún modo, la encarnación de la incapacidad de hacer cualquier otra cosa... El impulso y la compulsión de la autorrealización es una ley natural y, por lo tanto, de poder invencible, a pesar de que, al comienzo, su efecto es insignificante e improbable.[11]

Al igual que con cualquier otra imagen onírica, los niños pueden representar muchas cosas diferentes. No todas las apariciones de un niño en un sueño son una manifestación del Sí-mismo, pero algunas sí que se pueden entender de este modo, como en este sueño de un hombre de poco más de treinta años.

EL HALCÓN

Encuentro un halcón muerto en el jardín. Lo recojo y, de repente, se transforma en un bebé recién nacido. Es un niño. Lo meto en casa para cuidarlo. Crece meses en cuestión de minutos mientras juego con él y se lo muestro a mi mujer y a mis hijos. Entonces, me doy cuenta de que en el barrio han emitido la alerta de un «bebé perdido». Veo las luces de los coches patrulla que recorren las calles cercanas. No quiero devolver al bebé, así que lo mantengo en casa un poco más, para alargar el tiempo con él.

El soñador estaba próximo a una transición vital y en pleno proceso de introspección y sanación. El halcón, que quizá simboliza un potencial espiritual, ha muerto y renace como bebé, trayendo la promesa de una nueva vida. Como muchos bebés míticos, este bebé onírico crece a una velocidad sobrenatural y revela que no es un bebé como otros. El ego onírico cuida del bebé y siente afecto por él, aun sabiendo que no se lo puede quedar. En el cuento de hadas japonés *El cuento del cortador de bambú*, la hija de la Luna baja a la tierra y vive con un matrimonio sin hijos, pero al final debe regresar al cielo. El niño divino no nos pertenece y no podemos retenerlo: debe volver al reino arquetípico. El ego se puede relacionar con las energías transpersonales del Sí-mismo, pero no puede ni poseerlas ni controlarlas. Si intenta hacerlo, sobrevendrán desgracias.

> *Al final, lo único digno de mención en mi vida... son las experiencias internas, entre las que incluyo sueños y visiones. Constituyen la materia prima de mi trabajo científico. Fueron el ardiente magma del que cristalizó la piedra que hubo que trabajar.*
>
> C. G. Jung

El Sí-mismo puede aparecer en los sueños con forma de niño

- ¿En tu sueño aparece un niño o un bebé?
- ¿Tiene esta imagen una valencia emocional potente? ¿Podría tener importancia transpersonal?
- ¿Hay algo en el sueño que indique que el niño es un símbolo de la unión de opuestos o del impulso hacia la plenitud y el crecimiento?

El Sí-mismo como compañero y guía del alma

Soñar con el Sí-mismo nos ofrece imágenes que manan de una fuente más grande, más rica y más profunda que el ego, y nos asegura guía y compañía duraderas. Una figura sabia puede adoptar la forma de un anciano o una anciana, o aparecer disfrazada de vagabundo, estafador o ladrón. Muchas historias nos advierten que prestemos atención a la vieja bruja fuera del castillo o hagamos caso al enano o al mendigo. Figuras políticas, líderes históricos y maestros también pueden representar al Sí-mismo.

Una candidata a analista junguiana en formación soñó lo siguiente:

MIGRACIÓN MILAGROSA

Estoy en la costa oeste de América del Sur. Estoy perdida y voy hacia la playa. Salgo de la jungla y ya me puedo orientar mejor. Creo ver un barco. De repente, aparece un pequeño hidroavión y ameriza. Nado hasta él y subo a bordo. Estoy empapada, pero me encuentro bien y aliviada. ¡El piloto es uno de mis maestros de análisis! Despegamos en dirección norte, siguiendo la costa. Volamos bajo, por lo que todo se ve muy claro abajo y a mi derecha, aunque también puedo ver el horizonte delante y a la izquierda. Miro hacia abajo y veo rebaños de animales que migran lentamente a lo largo de la costa: rinocerontes, elefantes, bestias imposibles de identificar e incluso ballenas que nadan justo bajo la superficie del agua. Todos avanzan hacia el norte, despacio pero seguros. No tengo palabras para describirlo.

La soñadora, que se sentía abrumada por los retos de la formación, recibió la imagen del guía interior como un maestro sabio y admirado. Le ofrece una perspectiva más elevada y amplia: el flujo de la vida misma, avanzando de un modo inevitable y deliberado, como los animales migratorios. La soñadora calificó la experiencia de indescriptiblemente bella, otro atributo del Sí-mismo.

Los sueños casi nunca nos dan consejos respecto a cuestiones de la vida consciente, pero el Sí-mismo puede aparecer para alentarnos y ofrecernos una visión más amplia de dilemas conscientes. A veces, las personas sueñan con Carl Jung, encarnación del arquetipo del anciano sabio, del guía. Un hombre de veintitantos años que se estaba planteando matricularse en un programa de posgrado soñó esto:

JUNG EN LA PLAYA

Estoy de vacaciones en la playa. Me acerco a la orilla y me siento en la arena, a contemplar el mar. Estoy solo, a pesar de que hay otras personas en la playa y de que se realizan las actividades habituales. Entonces, veo que Jung está sentado junto a mí, vestido con su traje de siempre. Me rodea los hombros con el brazo y me dice: «Tenemos que cuidar mejor de vosotros, los jóvenes».

El soñador se despertó conmovido por la presencia de Jung. Dudaba de su capacidad y se sintió acompañado por este sueño. Decidió matricularse en el posgrado.

El Sí-mismo puede aparecer como compañero o guía del alma

- ¿Aparece en tu sueño un maestro, un compañero sabio o un guía del alma?
- ¿En el sueño aparece la imagen de un anciano o anciana sabios, incluso si su aspecto es sorprendente?
- ¿De qué manera podría este sueño estar ofreciéndote aliento desde tu centro guía?

SUGERENCIA PARA EL DIARIO

¿Cuál es la perspectiva del ego onírico? ¿Y la del guía del alma? ¿En qué se diferencian y en qué se parecen?

El Sí-mismo como animal mágico

Los encuentros cotidianos con animales pueden conmovernos y llenarnos de asombro. Un colibrí en el comedero inspira alegría y maravilla, mientras que una serpiente saliendo de entre las tablas del porche nos sobresalta. Los animales grandes y poderosos, como elefantes o ballenas, nos llenan de admiración, mientras que tiburones u osos nos infunden miedo. No es de extrañar que los panteones de las religiones antiguas estén poblados de dioses con forma animal.

Los animales oníricos acostumbran a simbolizar lo intrínsecamente sagrado de la vida instintiva. Con frecuencia aparecen como majestuosos, aterradores o sobrecogedores. Lo más importante es que los animales oníricos asociados al Sí-mismo suelen poseer cualidades mágicas: hablan, tienen habilidades sobrenaturales o son antropomorfos en algún sentido. Una mujer escandinava que estaba pasando por una transición vital soñó lo siguiente:

OSO POLAR

Es invierno y estoy en mi ciudad natal, al norte. Estoy con una amiga en una camioneta blanca con la parte trasera abierta. Conduce ella. Vamos por una carretera amplia junto al mar. Le voy dando indicaciones, porque no conoce la zona; ella es de otro país, donde yo viví durante veinte años. Nieva y veo un enorme oso polar a unos diez metros de distancia, junto a la carretera. También me ha visto y me mira fijamente. Estoy muy asustada. En lugar de decirle que dé media vuelta para alejarnos del oso, le digo a mi amiga que pase frente a él. Me da miedo que nos persiga y nos atrape si nos damos la vuelta. Para mi sorpresa, veo que el oso polar galopa a toda velocidad junto a la camioneta, casi nos adelanta. Aceleramos y aceleramos, pero el oso corre cada vez más rápido. Miro hacia delante y pienso que lo hemos dejado atrás, pero al volver la vista, lo veo sentado en la parte de atrás de la camioneta. No hay ventana entre nosotros. Veo su enorme rostro de perfil, respirando. Ya no me mira. Descansa allí y, para mi sorpresa, ya no me da miedo.

El ego onírico se encuentra en su ciudad natal, pero su amiga, sombra de la soñadora, no conoce el lugar, lo que simboliza una situación psíquica ambivalente. Hace frío y nieva, algo que con frecuencia representa un estado emocional congelado. Sin embargo, también hay una vida feroz e instintiva: el oso polar. Los osos son un símbolo potente, y los osos polares son especialmente numinosos como forma de vida majestuosa en un territorio austero. Además, este corre a más velocidad que una camioneta. Aunque el oso polar inicialmente le inspira miedo y ansiedad, la soñadora descubre que esta imagen del Sí-mismo desea acompañarla.

Una mujer que trabajaba como directora de escuela en América del Sur soñó que la energía divina del Sí-mismo se le aparecía en forma de serpiente.

SERPIENTE ENJOYADA

Estoy en mi habitación de la infancia. Veo una boa constrictor diminuta, pero plenamente formada, en el suelo. Pongo encima de ella un vaso boca abajo, para poder observarla. Es preciosa, y me quedo maravillada por sus dibujos. Entonces advierto que tiene una piedra preciosa, un rubí, en la cabeza, justo entre los ojos. La sigo fuera del dormitorio, que se abre a un patio de escuela. La sigo. Mientras la sigo, crece cada vez más y avanza cada vez más rápido. Entra y sale de todas las aulas antes de enroscarse entre los instrumentos del aula de música.

Muchas veces, y tanto en los sueños como en la vida real, reaccionamos ante las serpientes con un miedo primitivo. Sin embargo, esta soñadora reconoce la singularidad de esta diminuta boa constrictor y se acerca a ella. Coronada con una piedra preciosa en el lugar del tercer ojo, no es una serpiente ordinaria. Cuando el ego onírico la contempla con admiración y reverencia, la serpiente crece y entra en todas las salas de la amada escuela de la soñadora, antes de acurrucarse en la de música. El compositor Leonard Bernstein dijo: «La música... puede nombrar lo innombrable y comunicar lo incognoscible», tal como ha hecho la mágica y misteriosa serpiente coronada con un rubí.[12]

El Sí-mismo puede aparecer como un animal mágico

Los animales que aparecen en los sueños y transmiten una sensación numinosa pueden ser imágenes del Sí-mismo.

- ¿El animal de tu sueño inspira asombro?
- ¿Tiene habilidades sobrenaturales o se comporta de un modo inusual?
- ¿Por qué crees que el creador de sueños te ha enviado esta imagen en este momento de tu vida?

Sueños de infancia

Los sueños de los niños suelen estar llenos de imágenes míticas asociadas al Sí-mismo. Hay sueños de infancia que recordamos durante toda la vida y que acostumbran a mantenerse tan vívidos y llenos de emoción como el primer día, ya fueran fantásticos o aterradores. Jung creía que los motivos mitológicos presentes en los sueños significativos de la infancia surgían del inconsciente colectivo, al cual estamos más próximos cuando somos pequeños. «Los sueños de infancia que recordamos siendo adultos no son sueños cualesquiera», escribió. «Si algo nos dejó una impresión profunda durante la infancia, podemos asumir que eso que nos impresionó tanto contiene algo... algo que será significativo durante el resto de nuestra vida».[13]

Estos sueños pueden plantear preguntas que nos seguimos formulando décadas después. Por el contrario, también pueden ofrecernos una visión hacia la que crecer. De la misma manera que los caballeros del rey Arturo recibieron la visión del grial antes de emprender su búsqueda, los sueños de infancia pueden prefigurar nuestra búsqueda personal y convertirse en una piedra de toque simbólica en nuestra trayectoria vital.

Jung recordaba un sueño de cuando tenía tres o cuatro años, en el que descubría una cámara subterránea habitada por un dios extraño y primitivo. No empezó a entender el sueño hasta unos cincuenta años después. «Este sueño de infancia me inició en los secretos de la tierra», escribió hacia el final de su vida. «Fue una iniciación al reino de la oscuridad. Mi vida intelectual tuvo sus comienzos inconscientes en ese momento».[14]

El Sí-mismo como imagen religiosa

No es extraño que el Sí-mismo aparezca en sueños como una imagen o una figura religiosa. A los treinta y nueve años, el canadiense Fraser Boa sufrió una crisis de mediana edad y pidió ayuda a un analista junguiano. En su primera visita, el analista le aconsejó que prestara atención a lo que soñaba. Boa se mostró escéptico y respondió que jamás había soñado nada en toda su vida. Para su sorpresa, recordó un sueño a la mañana siguiente:

> Recorría las antiguas rocas de Georgian Bay. La irregularidad de la superficie hacía difícil avanzar. Cuando miré hacia abajo para mantener el equilibrio, me di cuenta de que estaba caminando sobre el rostro de Cristo.[15]

Boa había vislumbrado el sustrato transpersonal que nos sostiene. Un dicho polinesio afirma que «estamos sobre una ballena, pescando pececillos». La mayor parte del tiempo solo vemos los pececillos: vamos a trabajar, preparamos la cena y llevamos el coche al taller para el cambio de aceite. Estamos ocupados con las exigencias constantes de la vida y olvidamos que, en realidad, estamos sobre una ballena. En medio de su crisis, a Boa se le apareció en sueños una imagen del Sí-mismo para revelarle que un aspecto transpersonal de la existencia lo sostenía. Años después, Boa se convirtió en analista junguiano, escritor y director de cine.

El Sí-mismo se puede manifestar como la imagen de un sistema de creencias tradicional, incluso en ausencia de un credo religioso formal en la vida del soñador. Un hombre que sufría una crisis de la mediana edad soñó esto:

UN TEXTO MISTERIOSO

Estoy dando la vuelta a la esquina de una iglesia antigua y en desuso, en lo que parece una ciudad de Pensilvania. El cielo está nublado, y a mi alrededor crecen muchas plantas y malas hierbas. En la pared posterior de la iglesia hay un texto largo: un título y quizá unas diez líneas, no sé si cinceladas, en relieve o grabadas. Están en un idioma que no conozco, pero aun así siento algo profundo: fascinación y respeto a pesar de no entender su significado.

El soñador no había crecido en la tradición cristiana y nunca había estado en Pensilvania, pero asociaba ese lugar con un comienzo valiente, evocando la famosa frase: «A fin de formar una Unión más perfecta»*. Aunque la iglesia está abandonada, contiene una imagen muy potente de comunicación con el centro divino. El creador de sueños estaba dejando claro que, como siempre, el tesoro se encuentra en un lugar desconocido y abandonado de la psique. El soñador ha encontrado una fuente de conocimiento en otro lenguaje, aunque todavía no lo entiende.

La soñadora del sueño siguiente se crio como católica romana, pero hacía tiempo que no era practicante.

PÁJARO ÁRTICO

Estoy en una estación de investigación ártica. Una investigadora me llama para hablarme de una observación inusual y me muestra un mapa con el registro del patrón de vuelo de un pájaro. Es errático y muy poco común. El pájaro vuela en líneas

* Referencia al Preámbulo de la Constitución de Estados Unidos (1787), redactado en Filadelfia, Pensilvania, cuyo comienzo reza: *We the People... in order to form a more perfect Union...* El soñador asocia Pensilvania con ese momento fundacional de valentía y aspiración colectiva.

rectas y directas entre algunos puntos y traza bucles o arcos entre otros. El paisaje sobre el que ha volado es un mosaico dinámico y cambiante de hielo y agua, y me asombra la capacidad del ave para orientarse en un mundo tan frío y traicionero. Luego, en el mapa, me señala el punto donde el pájaro se ha detenido. Lleva diez años allí, sin moverse. Me pregunto si habrá muerto. Mi colega dice que no lo cree. Entonces, me doy cuenta de que la ubicación del ave en el mapa es la misma que la de nuestra estación de investigación. Le pregunto a mi compañera y a otros científicos que están cerca de nosotras por qué no han ido a buscar el pájaro. ¡Debe de estar a solo unos pasos de donde estamos ahora! Miro detrás de mí, debajo de una silla, y veo lo que parece una bola gris de nieve y hielo congelados. Se rompe y revela un pájaro humilde, de cuerpo redondo y plumas moteadas de color marrón. Agita suavemente las alas y se mueve por la habitación. Uno de los investigadores se pone eufórico, salta y grita de alegría: es su primera observación de esta especie de ave increíblemente rara. Entonces me doy cuenta de que, si el pájaro no se ha movido durante tanto tiempo, no es porque estuviera muerto, sino porque estaba incubando un huevo. Se vuelve a acomodar, recoge las alas blancas por debajo del cuerpo y se transforma de nuevo en la bola gris disfrazada de hielo. Me giro un instante para hablar con mis colegas. Cuando vuelvo a mirar, el pájaro ha desaparecido y Jesús está allí. Está tendido de espaldas tranquilamente, con los ojos cerrados, dormido o muerto (no lo sé), vestido con una túnica azul oscura y levitando a la altura del pecho. Estoy sobrecogida.

El sueño llegó a la soñadora durante un periodo turbulento y marcado por la depresión. Aunque había alcanzado sus objetivos profesionales mucho antes de lo que esperaba, su trabajo la dejaba insatisfecha, sola y vacía. En un momento en el que buscaba el sentido de su vida, el sueño le trajo una imagen transpersonal de sobrecogimiento y de paz. El Sí-mismo se mostró como un ave capaz de orientarse por el vasto paisaje helado, para luego disfrazarse de inocua bola de hielo. Se revela, para regocijo de los investigadores, e incuba un huevo, un nuevo comienzo. El Sí-mismo, en la imagen de Jesús, siempre ha estado allí.

El Sí-mismo puede aparecer en sueños como una referencia a imágenes religiosas

- ¿Ha usado el creador de sueños imágenes religiosas para comunicar el poder transpersonal del Sí-mismo?
- ¿Te ha traído el sueño sentimientos de reverencia, asombro y consuelo duradero?

La cara oscura del Sí-mismo

Aunque, con frecuencia, el Sí-mismo ofrece experiencias de curación y guía en los sueños, su numinosidad también puede ser oscura. Si nos resistimos a lo divino que habita en nuestro interior, es posible que acabemos teniendo un encuentro devastador con el Sí-mismo. Los sueños que muestran la cara oscura del Sí-mismo reflejan un desequilibrio en la relación entre el ego y la dimensión transpersonal de la psique, y nos confrontan con la necesidad de individuación. Todas las religiones narran historias de la cara oscura de Dios. Cuando Jonás se niega a cumplir la orden de Dios de ir a Nínive, es engullido por una ballena. El mitólogo Joseph Campbell escribió acerca de la naturaleza dual de Buda:

> En los sistemas budistas, especialmente en los del Tíbet, los Budas de meditación aparecen con dos aspectos: uno pacífico y otro colérico. Si nos aferramos con fuerza al ego y a su pequeño mundo temporal de penas y alegrías, si nos aferramos a la vida con desesperación, será el aspecto colérico de la deidad el que aparezca. Nos parecerá aterrador. Pero en el momento en que el ego cede y se rinde, ese mismo Buda se experimenta como un dispensador de dicha.[16]

Cuando nuestra personalidad consciente no está alineada con nuestro centro, el Sí-mismo puede aparecer como un ser oscuro, peligroso o incluso destructor. Podemos ver cómo nuestros planes fracasan y nuestra energía vital se desvanece. Cuando persistimos en un camino impulsado por el ego y sembrado de errores, el Sí-mismo intenta realinearnos orquestando un fracaso espectacular: es una llamada de atención. También envía sueños temibles como advertencia.

En su aspecto más oscuro, el Sí-mismo se puede presentar como una fuerza despiadada. Los sueños pueden mostrar imágenes de guerra, encarcelamiento, holocaustos nucleares, tornados, animales que atacan, terremotos, tsunamis, monstruos o fantasmas..., y esto no es más que una lista parcial. En ocasiones, relacionarse con el Sí-mismo significa arrastrar a la fuerza a una parte de oscuridad primordial hacia la consciencia, sobre todo si ha habido trauma. La única manera de entablar una relación adecuada con nosotros mismos y con el mundo es inclinarnos ante la inteligencia superior que habita en nosotros. Los sueños están al servicio de la plenitud, tanto si corrigen ligeramente nuestro rumbo como si nos sacuden para cambiarlo por completo.

> *Todos los sueños, si se entienden de verdad y no solo con el intelecto, si se entienden emocionalmente, ejercen un efecto «ajá» certero como un disparo. Si no lo sentimos, es que aún no lo hemos entendido... Todos los sueños comprendidos son como una descarga eléctrica que nos acerca a la consciencia superior.*
>
> Marie-Louise Von Franz

Un hombre a punto de cumplir sesenta años había estado en desempleo crónico, pero se aferraba al improbable sueño de un éxito mágico. Soñó lo siguiente:

RAPAZ DESPIADADA

Voy caminando mientras cargo algo pesado. De algún modo sé que debo hacerlo, es casi como una marcha forzada junto a otras personas. Llevo la carga a la espalda, así que los ojos apuntan hacia abajo; todo a mi alrededor es gris y sombrío. Avanzamos por un bosque y solo puedo ver el camino oscuro a mis pies y muros de árboles que nos rodean.

> Entonces decido levantar la vista. Echo la cabeza hacia atrás y descubro un cielo azul brillante. Contemplo el verde resplandeciente de las copas de los árboles y me asombra lo viva que está la naturaleza. Un ave enorme y majestuosa planea sobre nosotros. Me embarga la consciencia de su belleza. Mientras me maravillo ante la magnificencia de esta ave, de repente se lanza en picado y atrapa a un pajarillo con las garras; las plumas salen volando. Se me parte el corazón al contemplar la crueldad del ave.

El soñador comienza atrapado en el estrecho marco del ego, moviéndose de tarea en tarea sin una perspectiva más amplia. Como el éxito se le había escapado, la vida le parecía una marcha forzada de una obligación opresiva a otra. Al alzar la vista, experimenta el esplendor del Sí-mismo, pero no está preparado para su lado destructivo: la muerte del pajarillo. El soñador se sentía con derecho al éxito como por arte de magia y se adhería a una filosofía New Age que prometía manifestar objetivos mediante el pensamiento positivo, una manera de disfrazar los deseos del ego como realidad psíquica. Cuando las cosas no funcionaban, se enfurecía con «el universo» por traicionarlo. No veía la posibilidad de que el significado surgiera de una fuente mayor que la personalidad consciente. Este sueño alertó al soñador acerca de la existencia de una fuerza maravillosa y transpersonal en la psique, una fuerza que no existe para cumplir la limitada voluntad del ego y que puede ser cruel cuando se pone al servicio de lo que exige la individuación.

Las manifestaciones del lado oscuro del Sí-mismo nos recuerdan el impresionante e indiscriminado poder destructivo de la naturaleza. Debemos renunciar a la actitud del ego y someternos a la voluntad del Sí-mismo, incluso cuando este parezca aterrador o destructivo. El Sí-mismo puede arrasar la vida que hemos construido, preparándonos para algo nuevo. Un hombre de cuarenta años tuvo el siguiente sueño:

EL BISONTE BLANCO

Estaba en un patio y encontré a un grupo de personas reunidas alrededor de la cabeza de un bisonte blanco. La cabeza parecía una estatua con los ojos cerrados. Era tan grande que un hombre del grupo la tuvo que escalar para ponerse de pie sobre ella. Tenía un cuchillo grande (o una espada pequeña) y comenzó a clavarlo en la cabeza. Todos aplaudían, pero yo pensaba que estaba mal; aun así, permanecí en silencio. De repente, la cabeza cobró vida: el bisonte abrió los ojos, se oyó un gruñido y la tierra tembló. Me di cuenta de que no era solo la cabeza lo que el hombre estaba maltratando, sino que todo el bisonte estaba enterrado bajo la superficie. El bisonte salió de la tierra gruñendo y con una fuerza y una furia abrumadoras. Sentí un miedo paralizante y pensé que estaba a punto de morir. Entonces me desperté.

Para los lakota, el becerro de búfalo blanco es el ser vivo más sagrado de la Tierra. Según la leyenda, en tiempos de gran hambruna, dos hombres fueron enviados a buscar un búfalo que pudiera alimentar a la tribu. Mientras caminaban, vieron acercarse a una mujer de belleza extraordinaria. Uno de los hombres quiso hacerla su esposa, pero el segundo le advirtió que era sagrada. El primero no escuchó y se convirtió en un montón de huesos. La mujer enseñó a los lakota a rezar y trajo de vuelta las manadas de búfalos que sustentaban la vida. Antes de marcharse, se revolcó cuatro veces en la tierra y se convirtió en un becerro de búfalo blanco. El búfalo blanco representa lo transpersonal y lo divino, disponible siempre para nosotros. Sin embargo, si el ego intenta apropiarse de su energía para fines propios, puede volverse destructivo.

El soñador se había estado enfrentando a un bloqueo creativo doloroso. Tenía muchísimas ideas para una novela, pero no lograba empezar. El sueño muestra que el tremendo poder del inconsciente ha sido devaluado y mal utilizado, y por ello el ego onírico se encuentra con su aspecto destructivo.

Cuando la figura de la sombra y la multitud faltan al respeto a la realidad trascendente, despiertan el poder mortal del Sí-mismo. El soñador acababa de comenzar a descubrir su espiritualidad: la cabeza del búfalo blanco es visible, pero el resto permanece enterrado. El sueño sugiere que acceder al potencial creativo y psicoespiritual no es un empeño orientado únicamente al ego.

El Sí-mismo puede aparecer en sueños bajo una forma oscura y aterradora

El Sí-mismo puede parecer implacable y destructor en sueños que resultan perturbadores o aterradores.

- ¿Cómo desafía la imagen del Sí-mismo la actitud de tu ego?
- ¿Aborda el sueño alguna actitud, callejón sin salida o dilema de tu vida consciente?
- ¿Te pide el sueño rendir reverencia o reconocimiento hacia el centro transpersonal de la psique?
- ¿De qué manera intenta el sueño corregir un desequilibrio psíquico?

El Sí-mismo sugerido: Imágenes de plenitud y devenir

A veces, el Sí-mismo aparece en imágenes que resaltan su función de ordenar y centrar. Las imágenes que presentan redondeces o constructos de cuatro elementos suelen ser indicadores del Sí-mismo y transmiten la interacción armoniosa de las formas creadas por la consciencia, especialmente las formas cuadradas, y el inconsciente, sobre todo la circularidad, y pueden ejercer un impacto muy potente. Revelan la acción del Sí-mismo y la numinosidad de la plenitud.

En 1927, Jung tuvo un sueño de este tipo que le ofreció el primer atisbo del concepto al que más tarde llamó *Sí-mismo*:

> Me encontraba en una ciudad sucia y tiznada. Era de noche, en invierno, estaba oscuro y llovía. Estaba en Liverpool. Junto a varios suizos (una media docena), caminaba por calles oscuras. Tenía la sensación de que veníamos del puerto y de que, en realidad, la verdadera ciudad estaba arriba, sobre los acantilados. Subimos hasta allí. Me recordó a Basilea, donde el mercado está abajo y luego subes por el Totengässchen («el callejón de los Muertos»), que condu-

> ce a un alto y de ahí a la Petersplatz y la Peterskirche. Cuando llegamos arriba, encontramos una amplia plaza tenuemente iluminada por farolas, en la que convergían muchas calles. Los distintos barrios de la ciudad estaban dispuestos en una configuración radial alrededor de la plaza. En el centro había un estanque redondo, y en medio de él una pequeña isla. Mientras la lluvia, la niebla, el humo y la penumbra oscurecían todo a su alrededor, la pequeña isla resplandecía bajo la luz del sol. Sobre ella se alzaba un único árbol, un magnolio, cubierto de flores rojizas. Era como si el árbol estuviera al sol y, al mismo tiempo, fuera la fuente de luz. Mis compañeros comentaban el malísimo tiempo que hacía y, obviamente, no veían el árbol. Hablaban de otro suizo que vivía en Liverpool y manifestaban su sorpresa de que se hubiera instalado allí. Yo estaba deslumbrado por la belleza del árbol en flor y la isla iluminada por el sol, y pensé: «Sé exactamente por qué se ha establecido aquí».[17]

En sus memorias, *Recuerdos, sueños, pensamientos*, Jung escribe acerca de cómo entendió el impacto de este sueño:

> Este sueño representaba mi situación en aquel momento. Todavía puedo ver los impermeables gris-amarillentos, brillantes por la humedad de la lluvia. Todo era extremadamente desagradable, negro y opaco. Así era como me sentía entonces. Pero había tenido una visión de belleza sobrenatural, y por eso pude seguir viviendo. Liverpool es el «estanque de la vida»* y, antiguamente, se creía que el «hígado» era el asiento de la vida (lo que «da vida»). Este sueño traía consigo un sentido de finalidad. Vi que allí se había revelado el propósito. No se podía ir más allá del centro. El centro es el objetivo, y todo se dirige hacia ese centro. A través de este sueño entendí que el Sí-mismo es el principio y el arquetipo de la orientación y el significado. Ahí reside su función sanadora.[18]

A Jung se le había concedido una visión del centro guía. Este sueño representaba la naturaleza del Sí-mismo y su papel central en el proceso de individuación.

* *N. de la T.* Juego de palabras con el nombre de la ciudad. En inglés, *liver* significa «hígado» y «pool», «estanque».

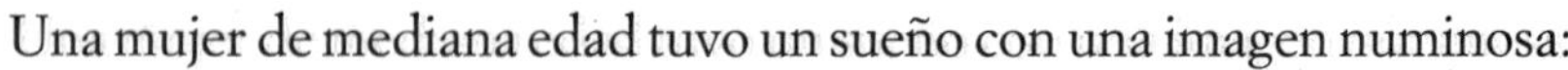

Una mujer de mediana edad tuvo un sueño con una imagen numinosa:

UNA CASA REDONDA

Un padre estaba construyendo una casa redonda para su hija. Me daba sensación de hogar, de mucha seguridad. Tendría cuatro pisos. Había un árbol viejo en el centro. Era una propiedad en medio de un barrio, pero escondida detrás y debajo de los árboles. La casa giraba lentamente, y no sabía si eso me gustaría. Me encontraba dentro de la casa. Estaba vacía porque todavía se estaba construyendo. No sentía que fuera mi casa, pero quería que lo fuera.

Al igual que en el sueño de Jung, hay una imagen de un árbol en el centro; las raíces se hunden y las ramas se extienden hacia arriba. Este sueño muestra un potencial de totalidad. El hogar redondo proporciona seguridad, aunque, al principio, el ego onírico se muestra ambivalente ante la perspectiva de 360 grados que ofrece esta casa giratoria. La soñadora tenía una relación cercana con su padre, y la casa mágica implica que experimenta a su padre interior como un mediador de las energías del Sí-mismo. La casa todavía está en construcción, y el ego onírico no está del todo seguro de que sea para ella, aunque la dirección del sueño sugiere una futura fecha de mudanza. Este sueño aportó una sensación de asombro y posibilidad.

Una mujer de unos sesenta años tuvo durante décadas un sueño recurrente que siempre le producía una profunda sensación de alegría:

UN CAMINO EN ESPIRAL

Tengo un sueño recurrente en el que subo una colina hacia una pequeña casa de piedra cubierta de enredaderas. Me embarga una profunda sensación de felicidad, un sentido de volver a casa. Sé, al comenzar a subir la colina, que encontraré una puerta abierta y que el interior estará inundado de luz dorada que entra por ventanas con cristales emplomados. Acelero el paso. La habitación es exactamente como espero. A la derecha, hay una escalera de madera que conduce a un segundo piso, que no se ve desde el exterior. A la izquierda, hay un arco que conduce a otra habitación con suelos de madera relucientes. Más allá, otro arco se adentra hacia el interior. Voy de habitación en habitación, siguiendo un camino que avanza en espiral, como si estuviera atravesando las vueltas de una concha. Cuanto más me adentro, más sagrado se vuelve el espacio. A veces hay otras personas conmigo; otras veces estoy sola. Cuando llego al centro de la concha, encuentro una habitación circular, el lugar más sagrado de todos. Debo abrirme paso entre las vueltas para entrar. Las paredes se han convertido en piedra, y una luz llega desde todos los ángulos a pesar del espacio reducido. Llego a otra puerta y dentro veo un altar, una losa de piedra negra sobre la que hay un cuerno de ciervo petrificado, una roca extraña y curiosas estatuillas de plata con formas acurrucadas, ni masculinas ni femeninas. Siento una presencia que casi puedo ver, y entonces me despierto.

El creador de sueños ofrece esta visión de una estructura interna duradera, un hogar que sigue un camino en espiral hacia el centro, donde la soñadora se encuentra en presencia del misterio. El sueño afirma la existencia de una dimensión sagrada en la vida y ofrece la promesa del regreso al hogar.

El Sí-mismo puede manifestarse en sueños con imágenes del centro o de la plenitud

- Las imágenes de plenitud pueden sugerir la presencia del Sí-mismo en el sueño.
- ¿Contiene tu sueño círculos, esferas, anillos, árboles, huevos, oro,

ciudades u otras imágenes similares? Estas pueden simbolizar al Sí-mismo.

- ¿Tiene tu sueño una profunda carga emocional? Las imágenes del Sí-mismo suelen ser numinosas.
- ¿Hay en tu sueño una imagen que te brinde aliento o apoyo en este momento de tu vida?
- ¿Por qué podría estar apareciendo la imagen en este momento?

Es mucho más probable que nuestra relación con el Sí-mismo se desarrolle de forma gradual, noche tras noche en los sueños, que de un modo monumental y estremecedor para el alma. El Sí-mismo también puede manifestarse en sueños en tiempos de crisis y de transición para ofrecer consuelo, sanación y gracia. Estas imágenes de consuelo piden menos interpretación e intelecto que reconocimiento e inclusión en la consciencia. Por el contrario, hemos de trabajar los sueños que nos sacuden por su oscuridad hasta que descifremos su significado. Toda persona dedicada a comprender los sueños y la vida interior emprende una búsqueda hacia dentro, porque el Sí-mismo supervisa el despliegue de la personalidad, el proceso de individuación que está en el núcleo de la teoría y la práctica junguianas.

En sus memorias *Recuerdos, sueños, pensamientos*, Jung escribió: «La pregunta decisiva para el ser humano es: "¿Guardo o no relación con algo infinito?". Esa es la pregunta clave de su vida. Solo si sabemos que lo que verdaderamente importa es lo infinito, podremos evitar fijar nuestro interés en futilidades y en toda clase de metas que carecen de verdadera importancia».[19] Aunque descubrir que la perspectiva del ego está subordinada a un todo mayor destrona su presunción de independencia, las experiencias del Sí-mismo también lo liberan de su carga existencial: sentirse solo en un vasto cosmos, afrontando la amenaza de la nada que es la muerte. Pertenecemos. Tenemos un hogar en el universo y formamos parte de un todo mayor.

CAPÍTULO 11

Imaginación activa

Seguir soñando el sueño

Cuando observas el mundo, ves personas, ves casas, ves el cielo, ves objetos tangibles. Pero cuando te observas a ti mismo en tu interior, ves imágenes en movimiento, un mundo de imágenes, generalmente conocidas como fantasías. Sin embargo, estas fantasías son hechos.

C. G. JUNG

Si los sueños son un mensaje del Sí-mismo, ¿qué pasaría si pudiéramos prolongar la conversación? Jung descubrió la imaginación activa, que nos permite interactuar con el inconsciente mediante figuras y situaciones oníricas. Jung creía que la imaginación activa es una de las técnicas más poderosas al alcance de todo el que desee crecer psicológicamente. «Este proceso de aceptar al Otro que hay en nosotros merece mucho la pena, porque, de este modo, descubrimos aspectos de nuestra naturaleza que no permitiríamos que nadie más nos mostrara y que nosotros nunca admitiríamos por nosotros mismos».[1]

Si soñar es como bucear con botella, la imaginación activa es como bucear con esnórquel. En lugar de descender a las profundidades, permanecemos en la superficie y solo sumergimos el rostro para ver el mundo submarino y percibir lo que está más abajo, pero aún iluminado por los rayos de sol de la consciencia. Esto nos permite interactuar con las figuras oníricas con claridad y enfoque. En los sueños, la consciencia es la receptora pasiva de los mensajes del inconsciente. En la imaginación activa, la consciencia desciende al mundo interior, invita al inconsciente a hablar y dialoga con él. La experiencia de «soñar despierto» que ofrece la imaginación activa tiene una cualidad sorprendentemente vívida y nos permite llevar los sueños al mundo consciente como experiencias vividas.

A continuación, encontrarás las sencillas instrucciones para la imaginación activa que Jung escribió en una carta al «señor O.»:

> La idea es empezar con cualquier imagen, por ejemplo esa masa amarilla que apareció en su sueño. Contémplela y observe cuidadosamente cómo la imagen empieza a cambiar o a desplegarse. No intente transformarla en nada, simplemente observe los cambios espontáneos que acontezcan. Cualquier imagen mental que contemple de esta manera se transformará antes o después mediante una asociación espontánea que causará una leve alteración de la imagen. Ha de evitar pasar impacientemente de un tema al siguiente. Manténgase firme en la imagen que haya elegido y espere a que cambie por sí sola. Tome nota de todos esos cambios y, llegado el momento, introdúzcase en la imagen. Si es una figura onírica parlante, dígale lo que le tenga que decir y atienda a lo que la figura tenga que decirle a usted... De este modo, creará gradualmente la unidad de lo consciente y lo inconsciente, sin la que no puede haber individuación alguna.[2]

Este extraordinario párrafo inspiró a Deb a probar la imaginación activa por primera vez:

> Me senté y me vino a la mente la imagen de un pequeño estanque a la sombra donde crecían berros. El estanque tenía un diámetro de unos dos o tres metros, una profusión de berros bordeaba el perímetro y ramas de árboles cargadas de hojas proyectaban su sombra sobre el agua. Bien hubiera podido ser una ilustración de un cuento de hadas. Yo estaba al borde del agua, de pie, y, de repente, un par de ojos rojos y brillantes me miraron desde el cuadrante superior derecho del estanque, justo delante de los berros. Entonces, vi la gestalt: el estanque era un rostro, con rizos de berros y dos ojos, que se cerraron cuando la rana a la que pertenecían se sumergió bajo el agua.

Me arrodillé y me descubrí acariciando el cabello de la doncella de agua, como una madre apartaría los mechones de la cara de su hija dormida. Entonces, me incliné sobre el estanque y empecé a bucear en el agua, siguiendo a la rana verde esmeralda con ojos de rubí. La visión me llevó a un encuentro vivo, sorprendente y real. Justo cuando estaba a punto de hablar con la figura interior que apareció, volví al mundo «real» tan rápidamente como lo había dejado. Me quedé anonadada por lo que había sucedido.

El encuentro de Deb con la doncella de agua y la rana ilustra la autonomía del inconsciente. No controlamos el proceso más de lo que controlamos nuestros sueños nocturnos. Cualquier cosa puede servir como punto de partida para la imaginación activa: una imagen de un cuento o de una historia, un hexagrama del I Ching, una carta del tarot, un estado de ánimo negativo o una sensación física en el cuerpo. Elegir trabajar con la imagen de un sueño puede amplificar y esclarecer el mensaje de este, como Joseph descubrió cuando tenía veintitantos años.

Joseph se quería establecer como instructor de la técnica Alexander. Era reticente a la promoción y se sentía inseguro al cobrar por su trabajo, así que apenas ganaba lo suficiente para cubrir sus gastos. Tuvo un sueño aterrador que empezó a repetirse cada vez con más frecuencia hasta que se convirtió en un temido suceso diario (¡o mejor dicho, nocturno!):

DISPARAR AL INTRUSO

Estoy durmiendo y me despierto al oír el ruido de un intruso. Rebusco en la mesita de noche y saco una pistola. Salgo al pasillo y veo a un hombre de aspecto amenazante subiendo por las escaleras. Cuando llega arriba, le disparo y cae.

Perturbado, Joseph mencionó este sueño a una analista junguiana, que le sugirió que probara la imaginación activa. Joseph volvió a entrar en el sueño en su imaginación y lo «reprodujo» desde el principio. Esta vez, cuando el intruso llegó a lo alto de las escaleras, Joseph le preguntó: «¿Qué has venido a enseñarme?».

«¡Me alegro de que me lo preguntes!», exclamó el intruso. Lo invitó a dar un paseo y le dijo que estaba llevando su negocio de forma equivocada. «Debes tomar de la vida lo que necesitas», añadió el intruso convertido en guía. La imaginación activa desbloqueó el mensaje del sueño, y el sueño recurrente cesó de inmediato. Joseph empezó a controlar mejor sus finanzas y a enviar correos electrónicos regulares a posibles clientes. Al cabo de un año, sus ingresos se habían duplicado. Los encuentros en la imaginación activa son como pilas psíquicas: contienen energía con la que pueden cargar de fuerza vital a nuestra personalidad consciente. La imaginación activa ayudó a Joseph a impulsar su vida exterior.

Por supuesto, no todas las experiencias de imaginación activa ofrecen resultados tan drásticos. A veces, su valor radica en ayudarnos a ahondar en las emociones de un sueño. Veamos este sueño de una mujer de cincuenta y cuatro años:

PISCINA CON DELFÍN

Estoy en un hotel y hay una piscina o acuario con un delfín. Paso tiempo con el delfín, que es afectuoso y parece apegado a mí. El personal del hotel me explica que pueden trasladar al delfín a una piscina en la que yo también pueda meterme en el agua con él. Me entusiasma la idea y les pido que lo hagan. Así lo hacen, pero en lugar de una piscina redonda y bonita del tamaño de una habitación, lo meten en una piscina apenas un poco más grande que una bañera. De todas maneras, parece que el delfín está bien. Me siento en el borde, con las piernas en el agua. El delfín apoya la cabeza en mi regazo y, en un momento dado, empieza a mamar de mi pecho. Estamos así un buen rato. Pienso en lo mucho que me gustan los animales. Luego, el hotel vuelve a llevarlo a su espacio original. Me cobran el tiempo que he pasado con él: son más de 600 dólares.

A pesar de esforzarse en ello, las interpretaciones no acababan de encajar, así que la soñadora decidió probar con la imaginación activa. Volvió a entrar en el sueño, se sentó con las piernas metidas en una piscina del tamaño de una bañera y acunó al delfín. Experimentó emociones más profundas, intensas y ricas que en el propio sueño: tristeza, amor, compasión y aceptación. El regalo de su imaginación activa no fue una comprensión intelectual, sino la experiencia de una relación tan significativa que propició un cambio en su mundo interior.

Hay quien es reticente a probar la imaginación activa. ¿Y si la interacción con el inconsciente abre las compuertas de un tsunami psíquico? Si la imaginación activa te atrae, pero te preocupa que pueda abrumarte, ¿qué te ayudaría a sentir apoyo y seguridad? Quizá un amigo o amiga podría estar junto a ti e intervenir en caso necesario, o darte un toquecito en el hombro tras un periodo de tiempo acordado. Por lo general, el inconsciente es un aliado de tu crecimiento y desarrollo. Las imágenes y emociones aparentemente negativas son potenciales para un uso consciente, y la psique tiende a no darnos más de lo que podemos asimilar.

También hay quien duda de que la imaginación activa «funcione». ¿Y si careces de la habilidad suficiente para pasar el examen de capacidades psíquicas? Has de saber que cuentas con una reserva inagotable de vida inconsciente. Acceder a ella es solo cuestión de intención y de práctica. La imaginación activa no es una tarea que haya que evaluar, sino una invitación a jugar, con seriedad pero sin solemnidad, como hacen los niños. Incluso si te «inventas» algo o te duermes, habrás conectado contigo mismo. Suceda lo que suceda, te pertenecerá a ti y mejorará tu vida. No hay una manera correcta de jugar.

Al leer este libro, ya has activado la imaginación activa. Registrar los sueños y trabajar con ellos es, en sí mismo, un ejercicio de imaginación activa. Prestar atención a los sueños le dice al creador de sueños que estás escuchando y contribuye a forjar una relación más profunda con él. Cuando dirigimos la atención consciente al inconsciente, este siempre responde. Estamos creando una relación viva con la psique, una relación en la que el significado se desarrolla.

> *Una vez me dijeron que no era importante que yo entendiera mis sueños. Que lo importante era que los sueños me entendieran a mí. Mi actitud hacia ellos determinaría la actitud que ellos tendrían hacia mí. Es un diálogo vivo. Cuando escuchamos a los sueños, cambiamos, y cuando los sueños son escuchados, cambian.*
>
> Marie-Louise Von Franz

Si quieres profundizar tu conexión con los sueños mediante la imaginación activa, aquí tienes algunos consejos. Tal como explica Jung en su carta al «señor O.», el objeto en el que decidas centrarte no tiene por qué ser algo grande, pero sí debe despertar en ti una curiosidad genuina. No pasa nada si sientes cierta ambivalencia, como la que sentirías al quedar con un desconocido. Solo has de ofrecer buena voluntad básica y apertura. El rostro que mostramos al inconsciente suele ser el rostro que este nos ofrece a nosotros.

Relaciónate con tus sueños en tu vida consciente mediante la técnica de la imaginación activa

Sigue los pasos siguientes para practicar la imaginación activa:

- Busca un momento y un lugar donde nadie te moleste. Apaga el móvil, cierra la puerta o ve a un lugar donde no puedan interrumpirte. Necesitarás media hora como mínimo.
- Haz un pequeño ritual. Te ayudará a separar el tiempo que dediques a la imaginación activa del resto de la jornada. También es un indicador de actitud receptiva. Por ejemplo, puedes encender una vela, sostener un objeto especial, sentarte en un lugar específico o escuchar un canto para invocar al inconsciente.
- Céntrate. Puedes cerrar los ojos y respirar profundamente un par o tres de veces. O puedes suavizar la mirada mientras observas una imagen concreta o hacer una visualización, como bajar a las profundidades en unas escaleras mecánicas, mientras ralentizas la respiración y diriges la atención hacia tu interior.
- Piensa en el sueño o en la imagen que desees explorar y mantén esa imagen en la mente hasta que se empiece a transformar por sí sola.

- Dirige las preguntas o los comentarios al personaje que aparezca en el sueño. «¿Qué has venido a enseñarme?» es una buena pregunta general.
- Atiende a la respuesta. Solo has de recibir lo que sea que surja. No hay necesidad de lógica, dudas u objeciones... ¡ya lo harás después! Sigue dialogando hasta que sientas que la conversación ha llegado a su fin.
- Registra tu experiencia y tus reflexiones en tu diario de sueños.

Otras técnicas de imaginación activa

La imaginación activa se puede ampliar a diversas prácticas que aumentan la consciencia corporal y la conexión consciente con las imágenes y emociones oníricas. A continuación, encontrarás algunas posibilidades para cortejar al inconsciente.

Pinta, crea, haz

Jung pasó por un periodo de gran agitación emocional y decidió «sumergirse» en el inconsciente. En su imaginación se encontró con Filemón, una figura que había aparecido en sus sueños. Describió estas experiencias en *El libro rojo*, y luego escribió acerca de ellas en su autobiografía:

> El cielo era azul [y] por la derecha apareció un ser alado... Vi que era un anciano con cuernos de toro. Sostenía un manojo de cuatro llaves, una de las cuales aferraba como si estuviera a punto de abrir un cerrojo. Tenía las alas de un martín pescador, con sus colores característicos. Como no entendí esta imagen onírica, la dibujé para grabármela en la memoria... Filemón, como otras figuras de mi fantasía, me trajo la crucial revelación de que hay cosas en la psique que no he producido yo, sino que se producen por sí mismas y tienen vida propia. Filemón representó una fuerza que no era yo. En mis fantasías, mantenía conversaciones con él y me decía cosas que yo jamás había pensado conscientemente. Me quedaba muy claro que quien hablaba era él, no yo.[3]

Jung usó la mano y la vista para dar vida a esa imagen extraordinaria. Filemón, con sus alas de martín pescador, es ahora una imagen icónica junguiana, y se convirtió en una figura con la que Jung interactuaba con frecuencia mientras paseaba por su jardín. No es necesario tener el talento artístico de Jung para dibujar lo que vemos en sueños. No importa que los dibujos parezcan rudimentarios. Intenta acceder al placer infantil de crear y confía en el inconsciente como acompañante.

Pinta, dibuja o esculpe tu sueño

- Usa los materiales que tengas a mano y crea una representación artística de tu sueño.
- Date permiso para jugar. Disfruta del proceso.
- No te preocupes por el mérito artístico de tu creación. Con esta acción, estás forjando una conexión profunda con el inconsciente.

Deja hablar al cuerpo

El cuerpo es una fuente de sabiduría instintiva y sin palabras, como los sueños. Valerte del cuerpo para representar escenas oníricas puede activar el conocimiento somático y desbloquear el significado del sueño. Joseph trabajaba con una exitosa mujer de mediana edad que le explicó el fragmento de un sueño: paseaba por la casa donde creció y cruzaba la galería que daba a la sala de estar. Es un sueño que no parece extraordinario en absoluto, pero como Joseph había sido maestro de la técnica Alexander, era muy consciente de la capacidad del cuerpo para almacenar información y recuerdos. Le pidió a la soñadora que representara cómo había caminado por la galería. Mientras la mujer iba y venía por su oficina, Joseph advirtió que caminaba de puntillas como una bailarina: avanzaba apoyando primero los dedos de los pies y rodando después hacia los talones de manera estilizada. Cuando Joseph comentó que parecía como si no quisiera hacer ruido, la mujer se sentó en el suelo y rompió a llorar. Recordó que, cuando era adolescente, su padre se obsesionó con su manera de andar y le gritaba que parecía un caballo, así que ella se esforzaba por caminar tan sigilosamente como le era posible. Mientras exploraba esta dolorosa experiencia con su padre, empezó a caminar de un modo más natural. Sus nuevas zancadas aliviaron su dolor crónico de cadera. Con frecuencia, el cuerpo guarda secretos y nos habla sobre ellos de formas sutiles pero significativas.

Encarna tu sueño

- Usa el movimiento y la gestualidad para encarnar tu sueño. Muévete como en el sueño, incluso exagerando algunos gestos.
- Fíjate en las sensaciones sutiles o en las emociones que emerjan.
- Luego, escribe en tu diario acerca de la experiencia.

Un gesto simbólico

A veces, tenemos un sueño que nos ofrece una imagen como un faro, un símbolo que capta elocuentemente la solución a un problema actual o plasma un valor que queremos honrar. Permitir que esta imagen cobre importancia puede ser una manera de honrar la sabiduría del creador de sueños. Por ejemplo, puedes dibujar la imagen, comprar una representación de ella o emprender una acción simbólica que le comunique al creador de sueños que has escuchado su mensaje y que te lo estás tomando en serio. Por ejemplo, una mujer de cuarenta y dos años soñó lo siguiente:

PINTARME LOS LABIOS

Estoy en la universidad. He escrito una carta larga y cuidadosamente redactada a las autoridades de la facultad, en la que pregunto si puedo ir a clase con los labios pintados.

De hecho, la soñadora era muy modesta y nunca se maquillaba. Llamar la atención le generaba un conflicto interior. Por un lado, anhelaba que otros la vieran y la admiraran por su talento. Y tenía mucho. Por el otro, sentía que tenía profundamente prohibido llamar la atención, y hablar bien de sí misma le provocaba ansiedad, incluso si lo hacía de un modo sano y adecuado. Entendió que este sueño expresaba con elegancia una verdad acerca de ese conflicto. Para honrar el sueño y permitir que el mensaje ejerciera un impacto aún mayor sobre su psique, decidió ir a una perfumería del barrio y elegir cuidadosamente una barra de labios, que compró. Al hacerlo, se dio el permiso que el ego onírico había pedido. Es importante señalar que comprar la barra de labios no tenía el propósito de materializar el mensaje del sueño, sino que fue un acto ritual que apeló al mismo simbolismo que el creador de sueños le había ofrecido.

> *Un sueño que no se entiende es un mero acontecimiento; si se entiende, se transforma en una experiencia viva.*
>
> C. G. Jung

Un joven tuvo un sueño sorprendente que resumió sucintamente un tema clave y le sugirió un cambio de actitud necesario. El soñador era un actor que se había quedado sin trabajo durante la pandemia. Se sometía a sí mismo a críticas durísimas acerca de la necesidad de «madurar» y de encontrar un «trabajo de verdad». Entonces, soñó lo siguiente:

KOI

Estaba en casa de un familiar anciano y adinerado. La sensación era postapocalíptica. No teníamos comida y una pariente me dijo que debía meterme en un estanque de carpas koi y matar a una para poder comer y, así, sobrevivir. No quería hacerlo, pero lo hice. Me sentí culpable e incómodo. La sensación de meter las manos en el agua para matar a ese ser fue muy realista y visceral. Podía sentir mis uñas clavándose en su carne, notaba la sangre. Llevé la carpa a casa de mi familiar y, en cuanto llegué, se convirtió en un cachorro de perro herido y moribundo.

Las carpas koi son conocidas por su inteligencia, conexión con sus propietarios y, sobre todo, por su belleza mística, que evoca a piedras preciosas. En las culturas japonesa y china son símbolos importantes de abundancia y buena suerte, y no se las considera fuente de alimento. Se crían solo por su belleza, no se les pide nada más. El creador de sueños alertaba al soñador de que, al centrarse solo en cuestiones prácticas, estaba sacrificando a la parte artística y sensible de sí mismo en aras de unas demandas externas. El soñador sentía una afinidad especial por los perros, por lo que la desgarradora imagen del cachorro moribundo no hizo más que aumentar la potencia del mensaje. La imagen onírica de las carpas koi se convirtió en un recordatorio importante de lo que valoraba y de a qué debía prestar atención. Para marcar la importancia del sueño, decidió tatuarse en el brazo un bellísimo dibujo de una carpa koi. Fue un gesto simbólico que honró el mensaje del creador de sueños.

Explora la posibilidad de llevar a cabo un ritual para honrar el sueño

- ¿Te invita el sueño a emprender alguna acción? ¿Qué puedes hacer con este sueño?
- ¿Cómo puedes honrar el sueño?
- ¿Hay algún gesto simbólico que puedas llevar a cabo en tu vida exterior?

Un punto de vista nuevo

Los sueños suelen incluir elementos no egoicos que se oponen o cuestionan al ego onírico, cuya perspectiva acostumbra a estar alineada con la de nuestra consciencia durante el día. El analista junguiano Robert Bosnak tuvo un sueño lúcido que le mostró cuán «otro» puede ser una figura onírica. El ego onírico, que en el sueño se enfrentaba a un taxista recalcitrante, acabó gritando: «¡Formas parte de mi sueño!». El taxista lo miró, incrédulo, y se alejó. No estaba dispuesto a soportar la presunción de autoridad y posesión del ego onírico. La experiencia del sueño confirmó a Bosnak la autonomía de la psique, incluida la individualidad de las personas que habitan nuestros sueños.[4]

Los habitantes de nuestros sueños tienen una perspectiva independiente de la consciencia. Al igual que podemos malinterpretar las intenciones, los pensamientos o los puntos de vista de otra persona, es probable que hagamos lo mismo con las figuras oníricas. En el mundo de los sueños, ellas son tan reales como nosotros, y las podemos tratar con la misma curiosidad y consideración que mostraríamos a una persona a la que acabamos de conocer. También podemos intentar ver las cosas desde su punto de vista. La revelación que experimentó Joseph al interactuar con el intruso durante su ejercicio de imaginación activa es un ejemplo dramático de cómo, al alinearnos con el ego onírico, enturbiamos el significado esencial del sueño. La reacción del ego onírico, como la del ego consciente, es que un intruso que sube por las escaleras es una amenaza, por lo que es necesario defenderse. Sin embargo, en el mundo onírico merece la pena actuar desde la curiosidad.

La imaginación activa nos puede ayudar a ver el sueño con los ojos de otra figura onírica. Si alguna de las figuras de tu sueño te irrita, asusta o atrae especialmente, se podría tratar de una invitación a ver las cosas como si fueras esa persona. Imagina que eres un actor a quien se ha asignado ese papel. Vuelve a entrar en el sueño con tu imaginación y experimenta la narrativa del sueño desde la perspectiva de esa figura.

Es un ejercicio que apenas exige tiempo y que puede ofrecer resultados sorprendentes. Una mujer de unos treinta y cinco años soñó lo siguiente:

CRÍTICA

Estoy delante de la clase, presentando un trabajo. Cass está en primera fila y me critica a voces.

La soñadora había ido al instituto con Cass, y la recordaba como alguien a quien había admirado y respetado. En la vida consciente, Cass había sido una amiga afectuosa que la había ayudado, por lo que su actuación en el sueño parecía una traición, y al principio la soñadora se sintió muy mal. Sin embargo, cuando se puso en el papel de Cass y volvió a reproducir el sueño, se sorprendió al darse cuenta de que Cass quería ardientemente que el ego onírico fuera más sincero consigo mismo. «¡Ah! —se dio cuenta la soñadora—, me está animando a ponerme las pilas». Entonces comprendió que el sueño estaba hablando de un problema actual en su vida: estaba renunciando a su autenticidad por miedo a las críticas.

Experimenta el sueño desde la perspectiva de una figura onírica no egoica

- Relájate. Cierra los ojos y respira profundamente un par o tres de veces. Recuerda un sueño reciente en el que haya aparecido un personaje con el que te gustaría conectar.
- Vuelve a entrar en el sueño como si se tratara de una película que puedes empezar desde el principio. Esta vez, en lugar de ser «tú», experimenta la acción como si fueras el otro personaje. Habita esa perspectiva tan plenamente como te sea posible.
- Fíjate en qué sientes al ser la otra persona (o animal). ¿Qué ves? ¿Qué llevas puesto? ¿Qué sientes? ¿Qué piensas? ¿Cómo experimentas tus interacciones con el ego onírico?
- Una vez hayas terminado, escribe la «versión de la historia» de este personaje y tus reflexiones al respecto.

Puedes intensificar esta práctica usando la técnica gestáltica de las dos sillas. Una mujer en un programa de posgrado soñó esto:

LOBOS

Estoy en una casa enorme, en el campo. Varios alumnos y profesores hemos venido para llevar a cabo un trabajo práctico. Estoy en la cocina, preparando la comida para todos. Por la puerta de la cocina veo dos lobos. Uno de ellos se ha levantado sobre las patas traseras y tiene las delanteras apoyadas en la puerta. La abro, y uno de los lobos se da media vuelta y me mira. Tiene el rostro de una mujer joven.

La soñadora dijo que, al ver el rostro humano del lobo desgreñado, sintió sorpresa y pena. Colocó dos sillas y empezó por sentarse en la silla del «yo», sintiéndose muy incómoda. Preguntó: «¿Quién eres y qué quieres?». Luego se sentó en la otra silla, imaginó que era la «mujer lobo» y dijo: «Esta es mi tierra, merezco estar aquí». El horror inicial se convirtió en asombro a medida que el diálogo reveló el orgullo de la mujer lobo por su capacidad para vivir en la tierra de un modo natural. La soñadora comprendió que la pena que había sentido al principio había sido condescendiente. Tras el ejercicio, se dio cuenta de que cocinar para el grupo era un servicio que ofrecía porque no se sentía integrada ni en el sueño ni en su programa de posgrado. Se había prestado a ayudar para «ganarse» su lugar.

Usa la técnica de las dos sillas

- Coloca dos sillas frente a frente.
- Siéntate en la silla del «yo» y dirige un pensamiento, emoción o pregunta a la figura onírica. Usa la gestualidad o cualquier otra forma de expresión física, si lo deseas.
- Pasa a la silla del personaje del sueño y habla desde su perspectiva. Permítete decir lo que sea que surja y, si procede, usa los gestos que aparezcan espontáneamente.
- Muévete de una silla a la otra y permite que esas dos partes de ti dialoguen con honestidad. El movimiento físico ayuda a diferenciar entre los personajes oníricos, y el lenguaje corporal realza sus puntos de vista, que plasman el conflicto interior del soñador. Conduce a un «saber» sentido, a medida que la voz, la emoción y el cuerpo emerjan más plenamente a la consciencia.

Estas dos técnicas permiten a la imaginación completar lo que no queda explícito en el sueño. Siempre que nos falte información, nos podemos preguntar: «¿Qué me dice mi imaginación acerca de esto?». Aunque es posible que temas imponer al sueño la perspectiva del ego, cuando conectamos con la imaginación, bebemos del mismo manantial del que ha brotado el sueño. Cuando conectamos con el tono emocional del sueño y nos permitimos habitar al «otro» no egoico, nos adentramos en el campo imaginativo propio del sueño. Por lo tanto, todo lo que podamos extraer de allí pertenece al sueño de una forma u otra.

Ponlo por escrito

El diario de sueños es una cuenta bancaria psíquica donde los «depósitos» acumulan interés espiritual, emocional y cognitivo. En un ejercicio parecido al de las dos sillas que acabamos de ver, puedes escribir un diálogo entre tu ego onírico y la figura del sueño. Prueba a usar la mano no dominante para escribir las respuestas del inconsciente, o escribe tan rápidamente como te sea posible para circunvalar la autocrítica del ego. Como siempre, el objetivo es facilitar la expresión del inconsciente. Experimenta y descubre qué te funciona mejor.

Cuando transcribes un sueño, ya estás realizando parte de este ejercicio: has convertido el sueño en un texto onírico. Nos preguntan con frecuencia acerca de la mejor manera de transcribir los sueños. ¿Deben incluir asociaciones, recuerdos o detalles vagos? Sí. Es muy habitual que, al empezar a escribir, aparezcan ideas inesperadas. Escríbelas todas, desde la casa que te parece que era rosa hasta la ardilla que parecía mirarte mal. Ya reflexionarás acerca de ello más adelante, cuando hagas un esfuerzo más consciente para entender el mensaje.

Entra en el reino de la imaginación mediante la escritura

A continuación tienes varias maneras de usar la escritura como puerta al mundo de la imaginación:

- Con la mano dominante, escribe preguntas o reacciones dirigidas a una figura onírica no egoica. Luego cambia a la mano no dominante y espera a que llegue la respuesta.
- Dibuja una línea vertical en el centro de una hoja de papel. Usa una mitad para el ego, o el «yo» del diálogo, y la otra para la voz de la figura onírica.
- Lee el diálogo en voz alta, para incluir a la voz y al cuerpo.
- Escribe tan rápidamente como te sea posible sin permitir que la mano se detenga, incluso si escribes sinsentidos o «no sé qué escri-

bir». La conexión ojo-mano-cerebro es muy potente, puedes tener la seguridad de que aparecerá algo.

Precuela y secuela

También puedes llevar al sueño al «antes» y el «después», como las películas que dan lugar a precuelas y secuelas. A veces, el telón del sueño se alza en una escena en pleno desarrollo, como si hubiéramos llegado tarde y nos hubiéramos perdido el comienzo. Dejar que la imaginación nos diga qué ha sucedido antes del sueño puede añadir capas de significado.

Veamos, por ejemplo, este sueño de una mujer de cincuenta y tres años:

PULPO RESCATADO

He rescatado a un pulpo y lo mantengo húmedo en una bolsa llena de agua. Esta criatura tan inteligente está recluida en un espacio diminuto en el que ni siquiera se puede mover. Le hablo y lo acaricio. Entonces, estira uno de los tentáculos. Parece una trompa de elefante. Decido construirle una piscina interior o, como mínimo, comprarle un acuario en condiciones. He rescatado a esta criatura, pero no la estoy tratando bien.

Al tratar de comprender el mensaje del creador de sueños, la soñadora descubrió que le parecía importante imaginar qué había sucedido antes de la escena que mostraba el sueño. ¿De qué había rescatado al pulpo? ¿Dónde estaba y en qué estado lo halló? ¿Cómo había llegado allí? Dio voz a su imaginación, y vio al pulpo estirado sobre un suelo de cemento, inmóvil, débil y lejos de cualquier superficie de agua que hubiera podido ser su hogar. Aunque esta información no aparecía en el sueño propiamente dicho, la precuela le permitió ahondar en su relación con la imagen.

Del mismo modo, podemos «seguir soñando el sueño», como dijo Jung. Podemos imaginar distintos finales para un mismo sueño o prolongarlo en un capítulo nuevo. Con el sueño del pulpo, podríamos imaginar que lo llevamos a la playa y lo depositamos cuidadosamente en el agua, o que lo llevamos a un acuario local preparado para cuidar de esos animales. Es muy probable que uno de esos finales imaginarios suscite una revelación sentida de cómo y por qué esa acción no se muestra en el sueño. Si, como acostumbra a suceder, el sueño carece de final, lo podemos terminar nosotros, o imaginar qué sucede a continuación.

Consulta a tu imaginación para descubrir qué sucede antes o después de una imagen onírica concreta

Si el sueño comienza con una imagen desconcertante o tiene un final abierto, valora la posibilidad de usar precuelas o secuelas para explorar qué podría haber sucedido antes o qué podría suceder a continuación.

- ¿Cómo ha surgido la situación inicial?
- ¿Qué ha sucedido justo antes de que el telón onírico se haya levantado y haya mostrado la escena inicial?
- Si el final queda abierto, ¿qué te dice tu imaginación acerca de lo que sucederá a continuación?

SUGERENCIA PARA EL DIARIO

Escribe una breve historia biográfica acerca de lo que ha sucedido en la vida de la figura onírica antes de su aparición en tu sueño, o bien acerca de lo que le ha sucedido desde entonces.

Cada noche nuestro creador de sueños nos invita a jugar. Conjura situaciones extrañas e inesperadas y yuxtapone imágenes contradictorias. Quiere ser entendido, atendido y valorado. En ocasiones, nuestros esfuerzos para interpretar un sueño se ven frustrados. Sin embargo, la oportunidad de experimentar el sueño más profundamente siempre está disponible gracias a las técnicas de imaginación activa.

CAPÍTULO 12

Trabajar un sueño

Usar las llaves

> *Haríamos bien en tratar todos los sueños como si de un objeto completamente desconocido se tratara. Mirémoslo por todas sus caras, sostengámoslo en la mano, llevémoslo con nosotros, permitamos que la imaginación juegue con él y hablemos de él con otras personas.*
>
> C. G. Jung

En las páginas anteriores hemos explorado distintas maneras de abrir las puertas de los sueños. Ahora usaremos las llaves, una a una, para abrir las puertas de un sueño concreto. Hemos elegido uno que se irá abriendo progresivamente a medida que apliquemos las distintas técnicas de las que hemos hablado. Usaremos las llaves una a una, para mostrarte cómo las distintas perspectivas encajan y se suman para ofrecer una interpretación completa. El sueño es de una mujer de unos cuarenta años que trabajaba como orfebre. Estaba valorando mudarse a otra ciudad y cambiar de profesión tras un periodo recuperándose de una relación de maltrato. Se había abierto recientemente a la posibilidad de volver a tener citas.

PERROS DE GUERRA

Estoy en un espacio subterráneo repleto de objetos antiguos y polvorientos. Estoy con un hombre. No lo conozco, pero estoy tranquila. Encontramos a una bebé envuelta en una mantita. La recojo, a oscuras, y la aprieto contra mi pecho. Nos dirigimos hacia un túnel para salir. El hombre que me acompaña levanta su antorcha e ilumina el techo de la caverna. Me señala que está quemado y me dice: «No se puede confiar en un hombre cuyo techo se ha quemado». Veo que algo se mueve entre las tinieblas. Algo nos sigue. Emerge de entre la oscuridad. Es tan negro que es como si estuviera hecho de oscuridad. Es alto, musculoso y está cubierto con lo que parece ser látex negro o una armadura. Parece que lleva el cabello en trenzas, o quizá sean tentáculos. O quizá ni siquiera es cabello, sino un casco o un tocado. Sin embargo, sus ojos son humanos y de un azul profundo. Su rostro tiene las facciones marcadas, como esculpidas. Es cautivador. Me pregunto si será un dios antiguo, o quizá un extraterrestre. Se acerca hacia mí: «Dámela, estoy aquí para protegerla». Me quedo sin respiración y doy un paso atrás para alejarme de él, aferrando a la bebé contra mi pecho. El hombre con el que estoy tira de mí hacia el túnel, en dirección opuesta al hombre oscuro. Corremos. Mi compañero prende fuego al túnel: vierte queroseno y lanza la antorcha a la boca de la cueva en cuanto salimos. Nos adentramos en la noche. Miro hacia atrás y veo al hombre oscuro, moviéndose entre las llamas. De repente, el hombre, la niña y yo estamos en una tienda de antigüedades. Está abarrotada de objetos, polvorienta. Hace años que no abre al público. El hombre me dice que la tienda había pertenecido a su padre. La bebé ha crecido, la tengo en brazos y me rodea la cintura con las piernas. El hombre me pregunta: «¿Dónde crees que está el hombre oscuro? ¿Nos encontrará?». Mientras me lo pregunta, siento los duros pectorales del hombre oscuro contra mi espalda. Estalla el caos. Fuego y cristales rotos. Algunas partes del techo se derrumban y la lluvia cae sobre nosotros, pero el hombre oscuro nos protege del diluvio.

De repente, estamos en el callejón detrás de la tienda. La niña ha vuelto a crecer. Ahora es una adolescente, y me sujeta la mano. El hombre oscuro está a unos metros de nosotras, fundido con la oscuridad. No sé dónde está el otro hombre. La chica me aprieta la mano: «No necesito que me protejas de él», me dice. Lo miro mientras se acerca y tiende la mano hacia ella. Ella lo mira, sonríe y le da la mano libre, sin soltar la mía. «Él y yo somos lo mismo», me dice. «Somos los perros de la guerra».

Antes de profundizar en la riqueza asociativa del sueño, fíjate en tu reacción **emocional**. Las imágenes mitológicas, la potencia narrativa y el impacto emocional cargan a este sueño de significado arquetípico. Estos sueños acostumbran a aparecer cuando la persona que sueña se encuentra ante encrucijadas importantes o grandes transiciones vitales.

Vemos de inmediato que el sueño comenta cuestiones relativas al **mundo interior**: todas las figuras oníricas son desconocidas para la soñadora en la vida consciente, por lo que habrá muy pocas **asociaciones personales**. La **interpretación subjetiva**, la **explicación** y la **amplificación arquetípica** serán fundamentales a la hora de entender este sueño.

Vayamos paso a paso.

«Estoy en un espacio subterráneo repleto de objetos antiguos y polvorientos».

Cuando se alza el telón de esta representación interior, estamos en el subsuelo. El **escenario** evoca el inframundo que, por lo general, **simboliza** el inconsciente. Se trata de un espacio «repleto de objetos antiguos y polvorientos», por lo que el creador de sueños llama nuestra atención sobre material psíquico del **pasado**. Si aplicamos la **prueba del mundo real**, podemos preguntarnos qué sabríamos si encontráramos un espacio así en la vida cotidiana. Podríamos imaginar que nadie había estado allí durante mucho tiempo. Quizá se guardaron secretos que luego fueron olvidados.

Ahora, pasemos a la **amplificación arquetípica**. La escena subterránea evoca cuevas de mitos y cuentos de hadas que contienen tesoros secretos. En *Aladino y la lámpara maravillosa*, el cuento de Oriente Medio, un joven es enviado a una cueva. Le ordenan que pase por salas llenas de oro y de plata sin tocar nada. Solo puede coger una lámpara, humilde y sin lustre. *La cajita de yesca*, de Hans Christian Andersen, explica una historia parecida. Una bruja persuade a un soldado para que se dirija a un espacio subterráneo lleno de oro y de plata. Le dice que se puede llevar tanto dinero como quiera. Lo único que ella necesita es una sencilla cajita de yesca. En ambas historias, el objeto más humilde es también el más valioso. Por supuesto, la lámpara es el hogar de un genio que concede deseos. La cajita de yesca invoca a perros mágicos dispuestos a hacer la voluntad del soldado. Quizá, esta cámara subterránea también esconda tesoros inesperados.

> «Estoy con un hombre. No lo conozco, pero estoy tranquila. Encontramos a una bebé envuelta en una mantita».

Ahora, la presentación del sueño (la **situación inicial** y las figuras oníricas) se ha completado: el ego onírico, un hombre desconocido y una bebé. Cabría pensar que el hombre desconocido, que no es nadie de la vida personal de la soñadora, es una imagen de **ánimus** positivo, sobre todo porque «estoy tranquila».

Un bebé, «la niña», es un **símbolo** arquetípico con muchas **amplificaciones** en los mitos, cuentos de hadas e imágenes religiosas. Jung dice:

> Una de las características esenciales del motivo del niño es su futuridad... la ocurrencia del motivo del niño en la psicología del individuo significa, por lo general, una anticipación de eventos futuros, incluso si a primera vista parece una configuración retrospectiva. La vida es un flujo, un fluir hacia el futuro; no se detiene ni retrocede. Por lo tanto, no sorprende que tantos salvadores mitológicos sean [*sic*] niños dioses. Esto se corresponde con la psicología del individuo: el «niño» allana el camino para un cambio de la personalidad en el futuro. En el proceso de individuación, anticipa la figura que surge de la síntesis de los elementos conscientes e inconscientes de la perso-

> nalidad. Por lo tanto, es un símbolo que une opuestos; un mediador, un portador de curación, es decir, el que nos completa.[1]

En los sueños, los niños aportan **telos**, representan posibilidades **futuras** y potencial y pueden ser imágenes del **Sí-mismo** encarnado. La historia de Moisés **amplifica** este tema: el faraón había decretado el asesinato de los niños israelitas, y la madre de Moisés lo depositó en una cunita que dejó en el Nilo para que se lo llevara corriente abajo, hacia donde sabía que la hija del faraón se estaba bañando. La princesa lo adoptó y Moisés creció en la corte real. El bebé sin madre **simboliza** al niño divino cuyo destino no se puede cambiar. Como Moisés, la bebé del sueño no es rechazada, sino protegida.

Usando la **explicación**, sabemos que los bebés son seres humanos nuevos e indefensos que necesitan cuidados y protección. También usamos «bebé» para hablar de otros comienzos: damos pasitos de bebé hacia nuevas empresas y el nuevo proyecto es el «bebé» de George. Del mismo modo, cuando en la psique nace una actitud nueva, es como un bebé que requiere cuidados y atención. La vida nueva comienza en la oscuridad, por debajo de la consciencia, algo que con frecuencia se **simboliza** con el útero, una cueva o las profundidades del océano.

> «La recojo, a oscuras, y la aprieto contra mi pecho. Nos dirigimos hacia un túnel para salir».

El **ego onírico** reclama y abraza inmediatamente al bebé. Ha **avanzado** hacia una vida nueva y hacia el potencial sin dudarlo, algo aparentemente positivo. Por otro lado, la **amplificación** nos dice que secuestrar potencial numinoso del subsuelo (el inconsciente) siempre se hace a costa de algo. En el mito de Psique y Eros, la tarea final de Psique la lleva al inframundo para recuperar el cofre con la belleza de Perséfone. Es una misión peligrosa y acaba sucumbiendo a un sueño semejante a la muerte por su transgresión antes de reunirse, por fin, con su amante.

Como tanto el ego onírico como el bebé son mujeres, es posible que el bebé represente un aspecto poco desarrollado de la **sombra** de la soñadora. ¿Qué parte de sí misma ha rechazado y relegado al inframundo? ¿Es posible que el bebé onírico sea una referencia al **pasado** de la soñadora? Quizá, hace mucho que una parte valiosa de su alma vive secuestrada. Por otro lado, el bebé también podría representar un nuevo potencial que ha estado germinando en la psique de la soñadora y que justo acaba de «nacer». Se trata de un símbolo muy potente que se puede interpretar de muchísimas maneras.

> «El hombre que me acompaña levanta su antorcha e ilumina el techo de la caverna. Me señala que está quemado y me dice: "No se puede confiar en un hombre cuyo techo se ha quemado".».

El sueño tiene una **estructura dramática** clara y el argumento se desarrolla a medida que el sueño avanza; hay giros y cambios conforme la **acción** se sucede. El ego onírico ha agarrado al bebé, el **ánimus** ilumina la caverna y el trío está empeñado en huir. El **ánimus**, en su papel clásico de guía, trae la luz de la consciencia a una situación aún a oscuras y muestra el camino hacia delante. El enigmático **diálogo** acerca del techo quemado implica que el reino subterráneo pertenece a un hombre que no es de fiar. También contiene la primera referencia del sueño al fuego y al quemar(se), un motivo que se irá repitiendo.

Un techo (**explicación**) es un límite superior. «He tocado techo» expresa frustración y «estar quemado» significa estar harto, enfadado por un trato injusto. Los **juegos de palabras** pueden producir la chispa de un «ajá».

> «Veo que algo se mueve entre las tinieblas. Algo nos sigue. Emerge de entre la oscuridad. Es tan negro que es como si estuviera hecho de oscuridad. Es alto, musculoso y está cubierto en lo que parece ser látex negro o una armadura. Parece que lleva el cabello en trenzas, o quizá sean tentáculos. O quizá ni siquiera es cabello, sino un casco o un tocado. Sin embargo, sus ojos son humanos y de un azul profundo. Su rostro tiene las facciones marcadas, como esculpidas. Es cautivador. Me pregunto si será un dios antiguo, o quizá un extraterrestre».

Cuando el hombre con la antorcha habla de la necesidad de desconfiar de los hombres con el techo quemado, [**entonces**] aparece el hombre oscuro. El **ánimus** ha relacionado al ego onírico con contenido psíquico oscuro y numinoso. La aparición del hombre oscuro genera **tensión en aumento**. Se parece a Hades, el dios del inframundo, inescrutable e impredecible (**amplificación**). Hades es una imagen divina antigua y potente que se asocia a fuerzas subterráneas aterradoras. El ser humano podía acceder a la tierra, el mar y el aire, pero no podía descender al inframundo. En astrología, Plutón, el otro nombre de Hades, se suele asociar a erupciones inesperadas y violentas de una fuerza y una potencia inmensas.

¿Son el hombre de la antorcha y el hombre oscuro imágenes de un **ánimus** escindido, de un masculino interior polarizado? O, por el contrario, ¿podría el hombre oscuro estar asociado al **Sí-mismo** transpersonal en su aspecto oscuro? El tono emocional numinoso y sobrenatural asociado a su figura lo hace verosímil. No es sorprendente que la soñadora refiriera **emociones** de temor y miedo en esta parte del sueño. El **miedo** en sueños acostumbra a indicar contenido exiliado de la consciencia.

> «Se acerca hacia mí: "Dámela, estoy aquí para protegerla". Me quedo sin respiración y doy un paso atrás para alejarme de él, aferrando a la bebé contra mi pecho».

Ahora, el elenco de personajes está completo. La **situación inicial** consta de cuatro figuras, dos hombres y dos mujeres. Jung creía que las tétradas **simbolizaban** la plenitud estructural. La tétrada del sueño muestra a un ego onírico, sombra y ánimus alineados entre ellos y en conflicto con realidades arquetípicas más oscuras y profundas. También vemos una imagen de **opuestos**. El hombre oscuro y la bebé envuelta en la mantita pertenecen de algún modo a este espacio subterráneo y, sin embargo, son muy diferentes entre ellos. El hombre de la antorcha y el hombre oscuro también son opuestos.

El ego onírico y el **ánimus** que la acompaña **se alejan** del hombre oscuro, que encarna los aspectos de la psique que el ego onírico rechaza.

El ego onírico teme al hombre oscuro y protege a la bebé de él. ¿Podemos confiar en la **actitud del ego onírico**? ¿El hombre oscuro es un enemigo? El **diálogo** o las frases enunciadas por los elementos no egoicos acostumbran a ser un reflejo preciso de la actitud del inconsciente, y el hombre oscuro afirma que está aquí para proteger a la niña. Sin embargo, el ánimus con la antorcha y el ego coinciden en su deseo de escapar. Tendremos que esperar a que el argumento siga su curso para determinar si el miedo que el ego onírico siente al principio respecto al hombre oscuro está justificado o no, pero sabemos que no lo podemos validar sin más.

> «El hombre con el que estoy tira de mí hacia el túnel, en dirección opuesta al hombre oscuro. Corremos. El hombre prende fuego al túnel: vierte queroseno y lanza la antorcha a la boca de la cueva en cuanto salimos. Nos adentramos en la noche. Miro hacia atrás y veo al hombre oscuro, moviéndose entre las llamas».

La **tensión dramática** sigue en aumento. La figura del **ánimus** insta al ego onírico a huir con la bebé y prende fuego al túnel, una **repetición** y una escalada del motivo del fuego (techo quemado) que insiste en el rechazo del **ánimus** al hombre oscuro. Ahora, el **ego onírico se vuelve contra** el hombre oscuro y se alinea con el hombre de la antorcha en el intento de quemarlo. Sin embargo, el hombre oscuro sobrevive a las llamas. La **amplificación arquetípica** nos lleva al libro de Daniel, en la Biblia: tres oficiales judíos que se habían negado a adorar la estatua de oro del rey Nabucodonosor fueron arrojados a un horno encendido. Los tres, y un cuarto hombre identificado como el Hijo de Dios, caminaron ilesos entre las llamas. La supervivencia del hombre oscuro **simboliza** una realidad psíquica, una imagen de lo eterno e incorruptible.

> «De repente, el hombre, la niña y yo estamos en una tienda de antigüedades. Está abarrotada de objetos, polvorienta. Hace años que no abre al público».

La tienda de antigüedades es tanto un cambio de escena repentino como una **repetición** del contexto original del sueño: los objetos son viejos, están cubiertos de polvo y han sido olvidados. **Cuando** el ego onírico, el hombre y la bebé escapan, [**entonces**] aparecen en la tienda de antigüedades polvorienta y abarrotada. **Cuando** intentan escapar del conflicto representado en la imagen onírica inicial, [**entonces**] acaban en otra versión de la misma situación. Aunque el conflicto interior de la soñadora no se puede resolver mediante la oposición o la huida, la situación ha evolucionado: los objetos de la tienda de antigüedades son valiosos y están visibles (**explicación**) en lugar de permanecer escondidos bajo el suelo, por lo que, aunque la tienda «no está abierta al público», el material psíquico reprimido es más accesible a la consciencia. El nuevo entorno indica que se está explorando el mismo tema, pero desde una perspectiva más consciente, lo que revela un proceso de desarrollo psicológico.

> «El hombre me dice que la tienda había pertenecido a su padre. La bebé ha crecido, la tengo en brazos y me rodea la cintura con las piernas».

El hombre enuncia una conexión explícita entre su función como **ánimus** y el **complejo paterno**. Quizá nos podríamos preguntar acerca de la naturaleza del padre interior de la soñadora y de la relación que guarda con los temas del sueño. ¿Se relaciona el padre con actitudes o valores antiguos, pero valiosos? Ahora que la bebé está sobre el suelo, ha crecido rápidamente. **Cuando** el ego onírico reclama a su niña interior (¿**sombra**?) y la lleva a la luz de la consciencia, [**entonces**] su desarrollo psicológico se acelera y subraya el **telos** del sueño. La niña que crece a una velocidad sobrenatural es **arquetípica** y la podemos **amplificar** con el mito del dios griego Hermes, que construyó la primera lira y la tocó a las pocas horas de nacer.

> «El hombre me pregunta: "¿Dónde crees que está el hombre oscuro? ¿Nos encontrará?". Mientras me lo pregunta, siento los duros pectorales del hombre oscuro contra mi espalda. Estalla el caos. Fuego y cristales rotos. Algunas partes del techo se derrumban y la lluvia cae sobre nosotros, pero el hombre oscuro nos protege del diluvio».

Si prestamos atención al **diálogo** y a cómo se relaciona con la acción, vemos simetría y **repetición**. El hombre oscuro aparece por primera vez después de que el hombre de la antorcha dijera «No se puede confiar en un hombre cuyo techo se ha quemado». Ahora vuelve a invocarlo al preguntar sobre él. El hombre de la antorcha está conectado al hombre oscuro: lo precede y lo invoca. **Cuando** se menciona al hombre oscuro, [**entonces**] aparece.

El hombre de la antorcha ha estado alineado con el ego onírico y, ahora, el hombre oscuro demuestra que también lo está al proteger al ego onírico y a la chica. De nuevo, se revela un proceso de desarrollo psicológico. La tensión presente al comienzo del sueño avanza hacia la resolución.

Hemos llegado a la **crisis**, al punto culminante de tensión en la **estructura dramática**. La primera escena termina con la apresurada huida del túnel en llamas. Ahora hay caos, fuego y cristales rotos. **Cuando** hay contacto con el hombre oscuro, [**entonces**] las estructuras antiguas se desmoronan. La tienda de antigüedades del padre, la segunda estructura psíquica orientada al **pasado**, no puede sobrevivir.

> «De repente, estamos en el callejón detrás de la tienda. La niña ha vuelto a crecer. Ahora es una adolescente, y me sujeta la mano. El hombre oscuro está a unos metros de nosotras, fundido con la oscuridad. No sé dónde está el otro hombre».

La tercera escena comienza en un entorno nuevo, al aire libre, en un espacio abierto. La sombra/niña arquetípica ha crecido y ahora es una adolescente. Tiene una actitud independiente, aunque mantiene la conexión física con el ego onírico.

Otra manera de interpretar el milagroso crecimiento de la niña es verla como un símbolo del desarrollo psicológico a largo plazo que ha estado ocurriendo durante un periodo de tiempo prolongado. Hay sueños que ofrecen una visión general de nuestro desarrollo psicológico pasado al tiempo que apuntan hacia delante, hacia el futuro; este podría ser uno de esos sueños. Desde este punto de vista, cabría imaginar que el sueño está presentando el desarrollo psicológico de la soñadora a lo largo de aproximadamente los últimos catorce años y comentando el pasado. ¿Qué sucedió hace catorce años? ¿Qué asuntos pendientes podrían seguir abiertos desde esa época?

La figura del ánimus con la antorcha ha desaparecido. Quizá sea porque su función ya se ha integrado. Ha cumplido su cometido al permitir la huida del subsuelo y ya no es necesario.

> «La chica me aprieta la mano: "No necesito que me protejas de él", me dice. Lo miro mientras se acerca y tiende la mano hacia ella. Ella lo mira, sonríe y le da la mano libre, sin soltar la mía. "Él y yo somos lo mismo", me dice. "Somos los perros de la guerra"».

El tema de la protección se **repite**. Prestar atención al **diálogo** revela otra simetría elegante. Al principio del sueño, el hombre oscuro dice «Estoy aquí para protegerla». Más adelante, las protege a ambas durante la destrucción de la tienda de antigüedades. Ahora, la chica dice: «No necesito que me protejas de él».

Estamos ante una **anagnórisis**: la revelación de la verdadera identidad del hombre oscuro y de la relación de la niña con él. Ahora podemos revisar la **actitud del ego onírico** y darnos cuenta de cómo el miedo al hombre oscuro se ha transformado en comprensión y conexión con él y con chica. El sueño tiene una **resolución** clara: el masculino numinoso y oscuro y la niña divina ya no están escondidos en los recovecos de la psique.

El creador de sueños no ceja en su empeño de ampliar nuestra perspectiva y apunta a la paradójica unión entre la chica y el hombre oscuro: son lo mismo y son diferentes. Hay muchas imágenes de la **unión de los opuestos**, y esta es **simbólica**. Jung dijo: «Es un hecho que los símbolos, por naturaleza, pueden unir los opuestos de tal modo que ya no se alejan ni chocan, sino que se complementan mutuamente y dan forma y sentido a la vida».[2] Al igual que un hilo de cobre conductor, la chica conecta el mundo personal del ego onírico con el mundo arquetípico del hombre oscuro tendiendo la mano, en una imagen de plenitud que evoca la conexión con el **Sí-mismo**.

La **última frase** del sueño es un fragmento de **diálogo** clave que resulta tan sorprendente como enigmático. En el *Julio César* de Shakespeare,

Marco Antonio llama a la rebelión tras el asesinato de César: «Grita "¡Devastación!", y suelta a los perros de la guerra».[3] La ferocidad del hombre oscuro salva la vida de la chica y esta, antaño vulnerable, reclama ahora su capacidad de ataque. Se ha logrado una nueva integración: la del amor y la agresividad.

Los sueños nos ofrecen **puntos de vista nuevos**. Reequilibran las balanzas de la psique y ponen orden en nuestro hogar interior. A veces, contradicen nuestra actitud consciente, otras la **complementan** y, en raras ocasiones, la confirman. A pesar de la enemistad inicial entre el hombre de la antorcha y el hombre oscuro, el sueño no contradice la actitud del ego onírico, sino que la complementa y añade lo que faltaba: la relación del ego onírico con el contenido psíquico representado por la joven y el hombre oscuro. Cuando el ego onírico abraza a la bebé, esta crece, y el hombre oscuro se vuelve protector y luego conecta con el ego onírico. El tema de la conexión no contradice la actitud de la soñadora ni la del ego onírico, sino que se suma a la voluntad del ego onírico de **avanzar** hacia el contenido inconsciente.

> *Sabemos que algo desconocido y ajeno a nosotros se nos acerca, del mismo modo que sabemos que no somos nosotros quienes creamos el sueño o la inspiración, que, de algún modo, emergen por sí mismos. Se puede decir que lo que nos sucede de este modo emerge del maná, de un daimon, de un dios o del inconsciente.*
>
> C. G. Jung

Interpretación

La interpretación del sueño es una afirmación que resume nuestra mejor comprensión del mensaje del creador de sueños. Si bien no todos los sueños ofrecen una interpretación sucinta, la exploración reflexiva de los elementos oníricos nos familiariza con las partes que los componen y nos permite construir un todo hipotético congruente. Solo el soñador puede afirmar la exactitud de la interpretación del sueño.

Este sueño extraordinario plasma el desarrollo de la relación entre la soñadora y partes de sí misma en las profundidades de su interior. Muestra un proceso de transformación. El sueño comienza con la bebé envuelta en la mantita y el hombre oscuro juntos, pero alejados de la consciencia. La soñadora había desarrollado su capacidad para protegerse y para la agresividad a lo largo del tiempo, como simboliza en el sueño el crecimiento acelerado de la bebé. Cuando el ego onírico recoge a la bebé del suelo, da el pistoletazo de salida al drama y lleva a todas las figuras oníricas a la superficie de la consciencia. El poder y la agresividad habían adquirido una fuerza arquetípica en el mundo interior, puestos al servicio de la protección y la represión, pero ahora se han vuelto accesibles para el ego y se pueden expresar en el mundo exterior, lo que indica integración psíquica. Algo se ha transformado. Lo que antes estaba disociado, ahora se ha integrado y se puede vivir de forma consciente, lo que permite a la soñadora relacionarse de forma creativa con el centro transpersonal de la personalidad al que Jung llamó *Sí-mismo*.

Este sueño tan potente facilitó la reorientación de la soñadora hacia sí misma y hacia la vida. Quizá tuvo que ver con su proceso de sanación y recuperación de una relación de maltrato traumática. Había podido renovar su relación con un aspecto de sí misma y volvía a estar dispuesta a valorar la posibilidad de mostrarse vulnerable en una relación íntima.

Ahora te toca a ti

Ahora que tienes estas llaves, ¿cuál es la mejor manera de usarlas? Anota tus sueños en un diario nada más despertarte por la mañana. Antes de mirar el móvil o de meterte en la ducha, coge el bolígrafo y el diario de sueños. Escribe el sueño con tantos detalles como puedas recordar. Si tienes poco tiempo, escribe lo suficiente para poder recordar el sueño más adelante. Y, luego, no te olvides de volver y añadir más detalles cuando tengas tiempo. Incluso si después no realizas el trabajo de entender el sueño, el mero hecho de registrarlo hace saber al creador de sueños que estás escuchando. Semanas, meses o incluso años después, quizá te ayude volver al sueño aparentemente anodino que escribiste y te des cuenta de que forma parte de un patrón de sueños que ha documentado tu crecimiento psicológico.

Es posible que recuerdes los sueños muy de vez en cuando. No pasa nada. Cuando tengas un sueño, asegúrate de escribirlo y de trabajar con él usando las llaves. Es muy habitual que la gente descarte los sueños «pequeños», los sueños fragmentarios, que contienen imágenes ordinarias y «aburridas» o cuyo significado parece obvio a primera vista. Ten mucho cuidado con descartar sueños que la consciencia califica de poco importantes. Con frecuencia, estos sueños pequeños y aparentemente triviales ofrecen información reveladora. Valora todos tus sueños.

Si, por el contrario, acostumbras a recordar muchos sueños, es posible que no puedas trabajarlos todos en profundidad. Tampoco pasa nada. Una vez a la semana, dedica tiempo a explorar los más recientes. Elige uno que siga fresco en la mente, uno en el que las imágenes parezcan vivas y conserven la energía. Puedes elegir el sueño que haya suscitado la respuesta emocional más fuerte o el que te haya hecho pensar más. Vuelve al texto del sueño, léelo y deja que las imágenes y las emociones vuelvan a cobrar vida.

Cómo usar las llaves para descifrar el significado de un sueño

Cuando trabajes con un sueño, usa las llaves que te hemos presentado a lo largo del libro. En el apéndice encontrarás una lista con todas ellas. Comienza trabajándolas una a una. Sé metódico y evita la tentación de ir demasiado rápido o de saltarte lo que te parezca obvio. Te será útil anotar las respuestas a cada una de las llaves. Habrá algunas que no sean relevantes para el sueño en cuestión: esas sí que te las puedes saltar. Sin embargo, ten cuidado y no te apresures en descartarlas. Si crees que existe la más mínima posibilidad de que encajen, pruébalas, aunque solo sea un momento. Las revelaciones y la información acostumbran a ser sorprendentes y a surgir de lugares inesperados. Si te ciñes demasiado a lo que ya sabes, te perderás la sabiduría onírica que abre la mente y expande perspectivas.

Es posible que, cuando trabajes un sueño, te hagas rápidamente una idea de lo que significa. Aunque estas interpretaciones rápidas no siempre son erróneas, suelen estar incompletas. Muéstrate escéptico ante la tendencia de la mente consciente a dar por buenas las interpretaciones a la primera. Incluso si la idea inicial del significado del sueño es correcta en su mayor parte, es muy probable que no hayas entendido plenamente todo el mensaje.

Puedes usar las llaves en el orden que prefieras, pero, por lo general, lo mejor es empezar por las asociaciones. Constituyen una base fiable a partir de la cual entender las imágenes oníricas. Escribe todos los elementos significativos del sueño —personas, lugares y cosas— y pregúntate: «¿Cuál es la esencia de esto para mí?». Revisa la llave de las asociaciones y responde al resto de las preguntas para inspirarte. Una vez hayas captado las asociaciones, elige otra llave y pruébala. Variar la llave con la que empiezas te puede ayudar a mantener la flexibilidad de pensamiento. Por lo tanto, te sugerimos que las elijas de manera aleatoria. Es posible que encuentres algunas que te gusten más que otras, pero prueba diferentes llaves de vez en cuando para estimular puntos de vista nuevos. Cada llave es una invitación a pasear por el sueño, y todas acabarán por llevarte al mismo centro de significado, como los distintos senderos de una montaña que convergen en la cima.

Las llaves relativas a la imaginación activa son algo distintas al resto. Su propósito es ayudarte a interactuar con el sueño e integrar su mensaje. Pueden usarse para profundizar en la experiencia onírica, expandir tu comprensión y facilitar una conversación más rica con el creador de sueños. Siempre puedes practicar la imaginación activa, incluso si no has probado ninguna de las otras llaves.

> *Nada caracteriza tanto a los sueños como su capacidad para apropiarse del espacio y crear fuera del tiempo. Entonces, el durmiente conversa con las ovejas, imagina que su balido es habla y comprende su lenguaje. Así de nueva y vasta es la riqueza de temas que se abren para quien tiene el valor de soltar sobre ellos su lenguaje.*
>
> SINESIO DE CIRENE

La idea de usar todas las llaves puede resultar abrumadora, pero no es necesario hacerlo. Con frecuencia, el significado del sueño se revelará tras aplicar solo unas pocas llaves y, con la práctica, cada vez te resultará más fácil. Trabajar sueños usando las llaves es un poco como hacer el crucigrama del domingo: los espacios vacíos pueden intimidar al principio, pero cada definición resuelta te ayuda a completar las demás. Responder a unas pocas llaves expandirá tu pensamiento y permitirá que la interpretación empiece a emerger. Usa las llaves de una en una hasta que el significado se vaya construyendo. Por lo general, no tardarás demasiado. Algunos sueños seguirán siendo misteriosos por mucho que nos esforcemos en entenderlos. En ese caso acepta su misteriosa otredad con la certeza de haberlos abordado con respeto y reflexión.

A veces, no entendemos el significado de un sueño hasta muchos meses o incluso años después. Los sueños que siguen resultando frescos e inmediatos, incluso después de un largo tiempo, acostumbran a contener mensajes importantes que tienen que ver con temas vitales fundamentales. Te sugerimos que revisites estos sueños e intentes trabajarlos nuevamente con las llaves.

Cómo sabemos que hemos entendido el sueño

Jung afirmó con claridad que solo el soñador puede saber si la interpretación de un sueño es correcta. No basta con una aceptación intelectual, es decir, con pensar que uno de los significados propuestos tiene sentido. Es necesario experimentar un acuerdo de manera encarnada. «La mayoría de las personas —escribió Jung— saben cuándo la interpretación encaja. Cuando aparece la sensación de que se ha dado de lleno en el clavo, saben que van por buen camino».[4] Ese encaje se puede sentir como un «¡ajá!» y, en la mayoría de las ocasiones, viene acompañado de un sutil cambio físico en el cuerpo. Hay un momento de «saber» y uno se siente sutilmente distinto.

Si no estás seguro de si una interpretación acaba de encajar o no, pregúntale al cuerpo. Durante unos instantes, céntrate en ti. Te irá bien cerrar los ojos y respirar profundamente un par de veces. Deja que el sueño y la interpretación impregnen tu consciencia corporal. Dirige la atención hacia el interior y nota las sensaciones sutiles, los cambios físicos más leves o las imágenes que aparezcan. Deja que tu cuerpo te dé la respuesta. ¿La interpretación encaja? ¿Casi al completo? ¿Un poco? ¿En absoluto?[5] Si tu cuerpo no está seguro, ten la tranquilidad de que has interactuado tan plenamente como te ha sido posible con el sueño. Es posible que te recompense con imágenes más claras en un sueño posterior. O puede ser que el esfuerzo que has hecho hoy se vea recompensado con una revelación inesperada uno o dos días después.

A veces, el creador de sueños confirma una interpretación correcta con un sueño posterior que retoma el mismo tema y lo desarrolla. Una mujer quedó muy preocupada cuando soñó que mantenía relaciones sexuales con su hija, una adulta joven. Trabajar con ese sueño la llevó a entender que su hija onírica era una figura de sombra positiva, una imagen de cualidades valiosas que estaba empezando a reclamar. La semana siguiente soñó que su hija aparecía como una luchadora fuerte y valiente y, cuando la hija onírica se dio la vuelta para mirar al ego onírico, su rostro era el de la soñadora. El segundo sueño pareció confirmar con contundencia la interpretación del primero.

Del mismo modo, el creador de sueños también nos hace saber que no hemos entendido el mensaje. Un hombre soñó que un arrendajo azul picoteaba a su perro mientras este atacaba a otro. Entendió el sueño como un comentario sobre su tendencia a pelearse con su mujer. Unos días después, volvió a soñar con su perro, que esta vez era atacado por una enorme ave prehistórica. El creador de sueños había subido el volumen con imágenes más intensas para subrayar que no había recibido el mensaje.

Ahora que tienes las llaves necesarias para abrir tus sueños, te animamos a que consultes la lista completa que encontrarás en el apéndice que sigue, a modo de guía y referencia. Hazlas tuyas. Es posible que, a medida que intimes con tu creador de sueños y descubras sus patrones, surjan nuevas preguntas. Toma notas sobre lo que funciona y lo que no. Añade tus propias ideas y reflexiones. Como una receta favorita que, con el tiempo, se mancha y se llena de anotaciones, esperamos que estas llaves se usen y trabajen mucho.

Sabiduría compartida

Cabría pensar que dedicar tanto tiempo y esfuerzo a nuestros sueños personales es una muestra de egocentrismo cuando hay tantos problemas en el mundo. Sin embargo, Jung nos enseñó que el trabajo psicológico individual de cada persona contribuye al avance de la consciencia colectiva, y puede influir directamente en el resultado de acontecimientos mundiales importantes. Si Jung tenía razón, y nosotros creemos que la tenía, el trabajo individual que realizas con tus sueños contribuye al desarrollo de la humanidad.

Durante los años que llevamos trabajando en el pódcast, los tres hemos interpretado cientos de sueños «en el aire», con el convencimiento de que compartir sueños semana a semana con nuestros oyentes es una versión moderna de la práctica tradicional de compartir sueños. En muchas culturas tradicionales, esta práctica es una parte importante de la vida comunitaria. Los yansi de África central comparten sueños para que los ayuden a tomar decisiones importantes para el grupo, y los xavante de Brasil los comparten como parte de los rituales de iniciación de la adolescencia.[6] Cuando compartimos sueños, nos encontramos en el territorio común que es el inconsciente. Esta actividad nos recuerda que todos estamos conectados y transmite la misteriosa sabiduría que reside en el «rizoma» psicológico. ¿Qué variaciones sutiles puede haber experimentado el colectivo psicológico a través de las decenas de miles de personas que participan semanalmente en esta comunión sagrada de sueños cuando escuchan el pódcast?

El significado de los sueños va más allá del ámbito personal. Al trabajar con ellos participamos en la psique global. El psicoanalista Max Zeller visitó a Jung después de la Segunda Guerra Mundial. El mundo era un caos y Zeller dudaba de su vocación. Le explicó este sueño a Jung:

> Se estaba construyendo un templo de dimensiones enormes. Hasta donde podía ver, adelante, atrás, a la derecha y a la izquierda, había un número increíble de personas trabajando sobre pilares gigantescos. Yo también trabajaba en un pilar. El proceso de construcción estaba en sus inicios, pero los cimientos ya estaban asentados. El resto del edificio comenzaba a elevarse y yo, junto con muchos otros, estábamos trabajando en él.

Jung dijo: «Sí, ese es el templo que construimos todos juntos. No conocemos a las personas que trabajan en él, porque lo hacen en la India, en China, en Rusia, en todo el mundo; es una religión nueva».[7] Jung se refería al nuevo desarrollo espiritual colectivo. Este sueño es para todos los que trabajamos en cualquier rincón del mundo para lograr una nueva evolución de la consciencia. Los sueños nos conectan con la naturaleza transpersonal de la existencia y nos recuerdan que todos somos hijos del universo. Cuando trabajas con tus sueños, estás ayudando a construir el templo de la nueva religión.

Un aliado fiel

Desde la infancia, pasando por la adolescencia, la adultez y la madurez, los sueños nos ayudan a anticipar retos y a responder a la llamada de la individuación. Incluso al final de la vida, los sueños nos guían suavemente de regreso a casa. Los trabajadores de centros de cuidados paliativos saben que la muerte acostumbra a venir precedida por sueños de seres queridos ya fallecidos, con imágenes vívidas que reconfortan.[8]

Unas semanas antes de morir, Jung soñó que «veía la "otra Bollingen" bañada en un resplandor de luz, y que una voz le decía que ya estaba terminada y lista para ser habitada. Entonces, muy abajo, vio a una loba que enseñaba a su hijo a bucear y a nadar en un río». Bollingen era la torre de piedra que Jung había construido a orillas del lago de Zúrich como lugar de contemplación y retiro. Barbara Hannah, colaboradora y biógrafa de Jung, señaló que, en la última etapa de su vida, Jung «había soñado con frecuencia con esa "otra Bollingen", en distintas fases de construcción, y siempre hablaba de ella como un lugar ubicado en el inconsciente, en el más allá».[9] El sueño le aseguraba que había un hogar aguardándole en el inescrutable reino más allá de la muerte de su cuerpo físico.

Jung era consciente de que el creador de sueños le había acompañado desde sus primeros años. Se maravillaba ante las extraordinarias revelaciones que su yo infantil había recibido, ya desde los tres o cuatro años. «¿Quién me hablaba entonces?», se preguntó al final de su vida. «¿Quién me hablaba de problemas que estaban mucho más allá de mi conocimiento?».[10] Ese «otro» interior que nos habla en el lenguaje mítico del alma es el creador de sueños. Albergas esta sabiduría misteriosa y ancestral en tu interior. Toca lo eterno y nos conecta, a cada uno de nosotros, con lo infinito. Ahora tienes las llaves de ese reino interior. La aventura de tu vida aguarda al otro lado de la puerta.

APÉNDICE 1

Cómo recordar los sueños

Para acceder a los beneficios que ofrece el trabajo con los sueños es imprescindible poder recordarlos, aunque solo sea en parte. Es posible que ya seas un soñador experimentado, pero incluso si ya recuerdas gran parte de lo que sueñas, en este apéndice encontrarás muchos consejos para mejorar el recuerdo y el registro de tus sueños.

Recordar y registrar los sueños

La mayoría de nosotros recordamos al menos algunos sueños cada semana, pero una tercera parte de la población estadounidense refiere que rara vez o nunca recuerda lo que sueña, según una encuesta realizada en 2021.[1] Una de las preguntas que nos hacen con más frecuencia es qué se puede hacer para recordar lo que soñamos. La investigación nos dice que todos soñamos varias veces todas las noches. Si, por lo general, no recordamos lo que hemos soñado, es posible que nos sintamos abandonados por nuestro creador de sueños, por nuestra alma. Sin embargo, los sueños son como la capa freática: por seca que parezca la superficie, hay fuentes de agua subterráneas. Y, del mismo modo, aunque nos levantemos por la mañana sin el menor recuerdo de lo que hemos soñado, podemos tener la seguridad de que la mente soñadora ha estado activa y ha creado mensajes bellos y elocuentes solo para nosotros. Si perforamos a la profundidad suficiente, los encontraremos.

Incluso si rara vez, o nunca, recuerdas un sueño, hay pasos que puedes seguir para mejorar tu memoria onírica. Dormir lo suficiente y con un sueño de calidad, acostarte con la intención de recordar los sueños y escribir cada mañana todo lo que recuerdes en un diario especial son algunos de los pasos esenciales. Si, una vez aplicados, no son suficientes, no te preocupes. Puedes hacer muchas cosas más. A continuación, encontrarás las mejores técnicas que conocemos.

1. Acuéstate con la intención de recordar los sueños

El creador de sueños es como un perro fiel: permanece junto a nosotros incluso si no le hacemos caso o no lo alimentamos. Vendrá a la puerta, meneando la cola para recibirte cada día cuando vuelvas a casa, incluso si lo tratas con brusquedad. Sin embargo, cuando empieces a darle de comer y a acariciarlo, te devolverá el afecto multiplicado por diez, porque ha estado esperando, pacientemente, a que le prestes atención. Del mismo modo, si atiendes a tu creador de sueños, te responderá con gran generosidad. Está en tu interior, esperándote. A veces, basta con comprometerse a trabajar con los sueños para que el recuerdo de estos mejore. De una manera u otra, tiéndele la mano a tu creador de sueños.

2. Hazte con un diario de sueños

Si aún no tienes uno, compra un diario de sueños. Las libretas de espiral funcionan muy bien porque se quedan abiertas y son fáciles de usar para escribir en la cama, pero cualquier cosa que te funcione estará bien. No importa si compras tu libreta en una papelería sencilla: lo importante es que el acto de elegirla tenga un sentido ritual. Tu diario de sueños es un objeto sagrado. Elige un color que te inspire: el color apela al inconsciente. Quizá prefieras comprar un bello diario con tapas de cuero labrado que te recuerda a un grimorio medieval o una libreta artesanal elaborada con un collage multicolor. No hace falta que te gastes mucho dinero para que tu diario de sueños sea especial. Lo que importa es que le pongas intención.

Valora invertir en un bolígrafo especial. Hay bolígrafos diseñados para escribir en la oscuridad y que tienen un LED en la punta. Así te será más fácil anotar sueños en plena noche sin desvelarte ni despertar a tu pareja al encender la luz.

Hay quien prefiere escribir sus sueños en el ordenador. Aunque puede funcionar, tiene un inconveniente importante. El recuerdo de los sueños tiende a ser muy frágil y se suele disipar a los pocos minutos de despertarnos. Es muy probable que levantarte, encender el portátil y abrir un documento en el procesador de textos diluya los recuerdos. Hay aplicaciones móviles para registrar sueños. Muchas de ellas tienen una función de voz a texto y permiten dictar los sueños. Registrar los sueños digitalmente ofrece la ventaja añadida de que te permite etiquetar las entradas o hacer búsquedas de texto en el diario, de modo que encontrar referencias de imágenes o personas específicas resulta mucho más fácil.

Por otro lado, usar la aplicación significa que lo primero que harás al despertarte por la mañana será coger el móvil. Y eso puede significar también distracciones e intrusiones instantáneas. Además, escribir sobre papel estimula la potente conexión entre la mano y el cerebro. El proceso de registrar los sueños «a la antigua» es más lento, por lo que facilita que surjan recuerdos nuevos a medida que se escribe. Experimenta y encuentra el método de captura de sueños que mejor te funcione.

3. Escribe algo cada mañana

Haz que abrir tu diario de sueños sea lo primero que hagas al despertar. Escribe incluso los fragmentos más pequeños que recuerdes, por vagos o inconexos que sean. A veces, nos despertamos sin recordar apenas nada, pero, cuando empezamos a escribir, emergen más detalles. Si no estás seguro de si la persona con la que has soñado era tu compañero de habitación en la universidad, sigue tu instinto. Incluso un fragmento diminuto puede ser oro interpretativo, y escribir algo hoy suele significar que, mañana, recordaremos más. Por el contrario, descartar un fragmento de sueño como insignificante equivale a decirle al creador de sueños que no apreciamos lo que nos envía. Comprométete a registrar los sueños con regularidad, es muy probable que te des cuenta de que cada vez recuerdas más sueños.

Poner título al sueño mientras escribes también puede ser útil. El título capta la esencia del sueño, realza los elementos principales y facilita encontrar sueños pasados cuando los buscamos.

Si no recuerdas nada, escribe una breve entrada que comience con «No recuerdo ningún sueño». A continuación, escribe lo que percibas acerca de cómo te sientes, ya sea física o emocionalmente hablando.

A veces, algo que alguien nos dice durante la jornada o una canción de la radio nos hace recordar un sueño. Si recuerdas un fragmento de sueño durante una conversación con tu jefe, haz lo posible por anotarlo. Por lo general, basta con unas cuantas palabras clave para inspirar un recuerdo más detallado que transcribir más adelante en la jornada.

Valora la posibilidad de escribir en el diario justo antes de acostarte, para reflexionar acerca del día que termina. ¿Qué te llama la atención o te inquieta? También puedes leer un cuento, una poesía o cualquier otro material que active el nivel mitopoético de la psique. Pídele al creador de sueños que te envíe un sueño y comprométete a registrarlo. El creador de sueños tiende a responder a los esfuerzos conscientes por conectar con él.

Cuanto más escribas tus sueños, más los recordarás. Cuando escribimos lo que soñamos y trabajamos con los sueños, el creador de sueños se anima y se vuelve más comunicativo, porque percibe que hay alguien al otro lado, escuchando y atendiendo. Las personas que trabajan con sus sueños de forma habitual mantienen una conversación continuada con su creador de sueños. Los sueños se vuelven más abundantes, más fáciles de recordar y, con frecuencia, también más sencillos de comprender. Registrar los sueños y trabajar con las imágenes oníricas nos expande y nos revitaliza. Nos permite explorar contenido que nos ayuda a desentrañar el mensaje peculiar de un sueño, a tomar conciencia de un asunto de nuestra vida que quizá hayamos pasado por alto y experimentar de forma consciente eventos oníricos que conmueven al alma.

4. Dibuja tus sueños

Aunque no se te dé bien dibujar, intenta hacer un boceto de tus sueños cada mañana al despertar. Un simple esbozo puede activar la memoria visual y estimular un recuerdo más detallado.

5. Cuida del templo del sueño

El recuerdo de los sueños merma cuando no dormimos bien o no descansamos lo suficiente. Prioriza tanto la cantidad como la calidad del sueño. Acuéstate y despiértate aproximadamente a la misma hora cada día. Asegúrate de que el dormitorio esté fresco, a oscuras y en silencio. Evita las actividades emocionalmente estimulantes antes de acostarte. Para muchos de nosotros, eso significa, por ejemplo, no mirar el correo electrónico después de cenar. Empieza a bajar las revoluciones aproximadamente una hora antes de acostarte: apaga las pantallas y crea un ritual de sueño sereno. La cafeína y el alcohol pueden afectar negativamente a la calidad del sueño, al igual que el consumo habitual de cannabis, así que valora la posibilidad de reducir el consumo de estas sustancias si crees que pueden estar interfiriendo con la calidad de tu sueño.

6. Intenta despertarte sin despertador algunos días

Es posible que no haya peor enemigo que el despertador para el recuerdo de los sueños. Aunque despertarnos en el momento justo a veces da lugar a recuerdos oníricos vívidos, la mayoría de los despertadores no prestan atención a nuestros ciclos de sueño. En la medida de lo posible, intenta despertarte sin despertador al menos una o dos veces a la semana. Los despertadores progresivos que iluminan gradualmente el dormitorio o que usan otros métodos para despertar poco a poco al durmiente también pueden ser útiles. Hay aplicaciones móviles para despertadores progresivos.

7. Bebe agua antes de acostarte

Al parecer, los despertares nocturnos mejoran el recuerdo de los sueños. Beber un poco más de agua antes de acostarnos motivará despertares naturales durante la noche, lo que quizá nos ayude a recordar lo soñado.

8. Valora la posibilidad de usar suplementos

Algunos estudios sugieren que la vitamina B6 puede mejorar la memoria onírica.[2] La galantamina también ha demostrado su utilidad para promover el recuerdo de los sueños.[3]

9. Prueba con la meditación y la hipnosis

Hay pruebas de que meditar con regularidad mejora el recuerdo de los sueños. Algunas personas informan de buenos resultados escuchando sesiones de hipnosis orientadas a estimular la memoria onírica, muchas de las cuales están disponibles gratuitamente en línea.

10. Prueba con una afirmación

Durante la jornada, repítete periódicamente una afirmación como: «Recuerdo mis sueños con facilidad».

11. Visualízate recordando lo que sueñas

Cierra los ojos e imagina que te despiertas recordando vívidamente un sueño. Permítete experimentar lo que sentirías. Imagínate cogiendo el diario de sueños y escribiendo lo que has soñado. Hacer esta visualización cada noche antes de dormir puede ayudar a mejorar el recuerdo de los sueños.

12. Habla con tu creador de sueños

Escríbele una carta a tu creador de sueños. Hazle saber que te comprometes a prestar atención a tus sueños a diario y a registrar todos los sueños que recibas. Con reverencia, hazle saber que agradecerás todos los sueños que tenga a bien enviarte y que los valorarás todos.

También puedes mantener conversaciones con tu creador de sueños antes de acostarte. Por ejemplo, puedes decir algo como: «Por favor, envíame un sueño esta noche. Me gustaría recordarlo por la mañana».

13. Presta atención a cómo te despiertas

Permanecer unos minutos en la cama con los ojos cerrados te puede ayudar a recuperar un sueño. Intenta adoptar la misma posición en la que estabas cuando te has despertado; a veces, los estímulos somáticos facilitan que un sueño vuelva a ascender a la superficie. Otra técnica consiste en cerrar los ojos al despertar y visualizar el Sol ascendiendo al amanecer. Esta imagen arquetípica de la transición a la consciencia nos puede ayudar a encontrar el hilo de los sueños nocturnos.

14. Échate una siesta

Los sueños vívidos son un fenómeno habitual en las siestas. Si no tienes costumbre de dormir la siesta, intentarlo podría valer la pena.

15. Programa despertares nocturnos

Los estudios de laboratorio han demostrado que recordar los sueños suele ser más fácil cuando nos despertamos durante la fase REM del sueño. Si realmente tienes dificultades para recordar los sueños, prueba con este experimento. Programa una alarma para que te despierte cada una o dos horas. Es probable que, durante esos breves despertares, recuerdes algún sueño. Anota aunque solo sean un par de palabras antes de volver a dormirte, para estimular la memoria por la mañana.

16. Prueba el protocolo de despertarse y volver a la cama

Los investigadores del sueño lúcido han descubierto que el protocolo «despertarse y volver a la cama» (WBTB, por sus siglas en inglés) es efectivo para promover sueños lúcidos. El protocolo consiste en despertarse al cabo de unas seis horas de sueño, permanecer despierto durante un breve periodo de tiempo mientras se revisan sueños recordados con anterioridad, y volver a la cama. Durante la adolescencia, Lisa descubrió por casualidad que el WBTB la ayudaba a tener sueños vívidos. Se despertaba al amanecer para dar una vuelta en bicicleta antes de que hubiera demasiado tráfico y luego se volvía a acostar. Estos periodos de sueño solían estar repletos de sueños vívidos que recordaba con facilidad.

Tómate en serio tu búsqueda de sueños, pero tampoco lo conviertas en un trabajo pesado. El inconsciente responde a la actitud de invitación y curiosidad. Con un poco de atención y algo de esfuerzo, descubrirás que la fuente de los sueños empieza a manar con más libertad.

APÉNDICE 2

El manojo de llaves: Las 69 llaves

Capítulo 1. ¿Por qué trabajar con los sueños? Alcanzar la plenitud

Comprométete con tus sueños

- Si aún no tienes un método para registrar tus sueños, piensa en uno que te funcione. Compra un diario de sueños, descarga una aplicación o crea cualquier otro lugar especial en el que anotar tus sueños cada mañana.
- Si te cuesta recordar lo que sueñas, visita el apéndice al final del libro y experimenta con distintas sugerencias.
- Escribe en el diario de sueños en cuanto te despiertes, antes de hacer cualquier otra cosa. Pon título al sueño y escríbelo en presente de indicativo.

SUGERENCIA PARA EL DIARIO

Escribe una carta a tu creador de sueños para manifestarle tu agradecimiento por la guía que te ofrece. Hazle saber que quieres escuchar su sabiduría y que prestarás atención a los regalos que te envíe.

Capítulo 2. Conocer al creador de sueños: Hacerse amigo del guía interior

El creador de sueños es el compañero interior

El creador de sueños nos ofrece puntos de vista nuevos en relación con nuestra vida y señala lo que quizá no hayamos visto o estemos evitando. Cuando reflexiones acerca de tu sueño, imagina que te lo ha enviado un guía interior que quiere ayudarte.

Cambia a una perspectiva simbólica

Presta atención a la tendencia a «descodificar» sueños como si fueran cifrados de sustitución. En lugar de esto, responde a las preguntas siguientes:

- ¿Cuál es tu experiencia sensorial del sueño? ¿Qué hueles, oyes, ves o sientes en el mundo onírico? ¿Cómo experimentas el sueño en tu cuerpo? ¿De qué maneras podría el sueño estar mostrando tu situación actual en términos simbólicos?
- Imagina que tu sueño es una película. ¿Puedes identificar los temas simbólicos clave?
- ¿Contiene tu sueño símbolos relativamente fijos, como un árbol, el océano, una cueva o el fuego?
- ¿Contiene tu sueño alguna imagen que se podría beneficiar de la consulta de un diccionario de símbolos?

Los sueños contradicen, complementan o confirman la actitud del consciente

Por lo general, los sueños nos revelan algo que aún desconocemos. Imagina que el sueño es como un correo electrónico del creador de sueños acerca de una situación vital concreta. Luego, plantéate las siguientes preguntas:

- ¿Qué información nueva te está ofreciendo el creador de sueños?
- ¿Te da la impresión de que el creador de sueños expresa una oposición fuerte a la actitud consciente?
- ¿Añade un punto de vista nuevo que quizá has pasado por alto o descartado?

- ¿Te da la impresión de que te anima o te apoya?
- Aplica el sueño a tu vida reflexionando acerca de qué actitud consciente corrige, contradice o confirma. ¿Por qué crees que te lo ha enviado ahora?

Es probable que el ego onírico se equivoque

Aunque al reflexionar sobre nuestros sueños tendemos a alinearnos con la perspectiva del ego onírico, lo más frecuente es que las suposiciones, emociones y actitudes de este sean erróneas. Es buena idea partir de esta premisa con todos los sueños. Reflexiona acerca de las preguntas siguientes:

- ¿Y si el ego onírico estuviera equivocado?
- ¿Y si los elementos oníricos que parecen malos o desafiantes trajeran algo valioso?
- ¿Y si asumieras que todo lo que le parece «mal» a tu ego onírico te puede ser útil de alguna manera?

SUGERENCIA PARA EL DIARIO

Imagina que eres el elemento del sueño que se opone a tu ego onírico (por ejemplo, los moteros o los relojeros). ¿Cómo ves la situación desde esa perspectiva? ¿Qué tienes que decir?

Los sueños suelen aludir al mundo interior

Determinar si un sueño se refiere al mundo exterior o al interior nos ayuda a orientar su significado. Reflexionar acerca de las preguntas que siguen te ayudará a decidir cuál es el caso.

- ¿Aparecen en el sueño personas desconocidas o que solo ocupan un lugar periférico en tu vida?
- ¿Aparecen personas a las que conoces muy bien pero que se muestran de un modo muy distinto? (Quizá sean más mayores o más jóvenes, se comporten de un modo peculiar o tengan características desconocidas).

Si has respondido afirmativamente a alguna de estas preguntas, es muy probable que el sueño aluda al mundo interior. En este caso, asume que todos los elementos oníricos son imágenes de aspectos de tu propia psique.

Sin embargo,

- ¿Aparece un amigo cercano, un compañero de trabajo o un miembro de tu familia con quien te relaciones a diario?
- De ser así, ¿se comporta de un modo realista?

Las personas con quienes mantienes relaciones próximas y que aparecen representadas de un modo realista en el sueño pueden señalar dinámicas relacionales del mundo exterior de las que no eres consciente.

Reflexiona sobre cómo podrían relacionarse las imágenes oníricas con tus preocupaciones actuales

¿El sueño guarda relación con tus preocupaciones conscientes? De no ser así, considera las preguntas siguientes:

- ¿Por qué has tenido este sueño justo ahora?
- ¿Qué ha estado ocupando tus pensamientos durante los últimos dos días?
- ¿Qué preguntas sin respuesta te has estado haciendo, quizá justo al otro lado del umbral de la consciencia?
- ¿Ha sucedido algo que te inquietara durante los dos días anteriores al sueño?
- ¿Es posible que el sueño aborde alguna de estas preocupaciones?

Capítulo 3. Imágenes oníricas: Asociación, explicación y amplificación

Empieza a trabajar el sueño explorando las asociaciones personales con los elementos clave

Las asociaciones personales son tan importantes que las deberías recoger en todos los sueños. Son especialmente cruciales cuando se trata de elementos oníricos que tienen una importancia concreta en tu vida.

- Comienza por hacer una lista de las personas, los lugares y las cosas que han aparecido en el sueño. A continuación, anota los recuerdos, actitudes y experiencias que asocias a cada uno.
- ¿Cuál es la esencia de esa persona o cosa?
- ¿Cuál es tu emoción principal respecto a esa persona o cosa?
- ¿Hay un recuerdo decisivo que tengas en relación con este elemento onírico?
- Si buscas asociaciones con un amigo o conocido, pregúntate: ¿en qué me parezco a esta persona? ¿Y en qué me diferencio?
- Si en tu sueño aparece una persona desconocida, ¿puedes identificar algún detalle que pueda suscitar una asociación? ¿Qué sugiere tu imaginación sobre ella?
- Si en tu sueño aparece un artista, actor o músico, ¿cuál de sus obras te viene a la mente?
- Trata los restos diurnos que aparezcan en tus sueños como cualquier otro material. ¿Qué asociaciones surgen en relación con estos eventos recientes?

Una vez hayas recogido las asociaciones, intenta aplicarlas valiéndote de las preguntas siguientes:

- ¿Qué parte de ti es así?
- ¿Dónde se manifiesta esta dinámica en estos momentos?
- ¿De qué maneras te podrías estar comportando así?

Explica un elemento onírico usando una definición común

Describir qué es y qué hace un elemento onírico puede revelar la intención metafórica del creador de sueños. Piensa en las preguntas siguientes:

- ¿Quién es esta persona o qué es este objeto? Descríbelo como si se lo estuvieras explicando a un extraterrestre.
- ¿Cuál es la función de ese objeto o persona? ¿Qué función desempeña esa persona? ¿Para qué sirve ese objeto?
- ¿Te ayuda la etimología a ahondar en el significado de la palabra?
- ¿Detectas juegos de palabras, dobles sentidos o polisemias?

- ¿De qué maneras contribuyen esas capas de significado adicional a la comprensión simbólica de la persona o del objeto?
- ¿Por qué ha escogido el creador de sueños a esta persona u objeto concretos? ¿Cómo se relaciona con algo que esté pasando en tu vida ahora?

Amplifica imágenes arquetípicas usando imágenes universales

La amplificación arquetípica nos permite encontrar resonancias entre nuestros sueños y las imágenes universales y primordiales. Aunque no debería anteponerse a las asociaciones personales, puede ser especialmente relevante cuando no existen conexiones o recuerdos relacionados con el contenido del sueño. Para usar la llave de la amplificación arquetípica, reflexiona acerca de las preguntas siguientes:

- ¿El sueño está impregnado de emoción abrumadora y de numinosidad? Si es así, considera si se trata de un sueño grande, nacido del reino de los arquetipos.
- ¿El sueño contiene elementos mágicos, cosas que no pueden suceder en la vida real? En este caso, es probable que se trate de imágenes arquetípicas. Consulta un diccionario de símbolos o internet para saber más.
- ¿El sueño te recuerda o te hace pensar en un mito o cuento de hadas? Familiarizarte con las narrativas de este tipo te puede ser útil.
- ¿Cuál es la raíz mítica de los elementos «ordinarios»? ¿De qué manera comprender esta raíz puede ampliar el significado del sueño?

Capítulo 4. El cuestionable ego onírico: Encuentros en el mundo interior

Aplica la prueba de la vida real

Aplicar la prueba de la vida real a los sueños puede ser muy útil. Responde a las preguntas siguientes:

- ¿Y si esto sucediera en la vida real?
- ¿Qué haría? ¿Cómo me sentiría?

- ¿Qué sabría que no sé ahora?
- ¿Cómo cambiaría mi vida si esto sucediera de verdad?

Presta atención a posibles dificultades con la persona

Los sueños pueden revelar dificultades relacionadas con la persona: las máscaras que nos ponemos en el mundo exterior.

- ¿Revela el sueño algún problema con la persona? ¿Podría ser que tu persona sea demasiado rígida? ¿O que no esté a la altura de una tarea social?
- ¿Te sientes fuera de lugar o careces de la preparación suficiente en el contexto onírico? ¿Alude el sueño a una situación de la vida real?
- Si el ego onírico lleva alguna prenda de ropa, ¿cómo se relaciona esta con tus roles sociales?
- En los sueños en los que apareces desnudo o con ropa insuficiente o inapropiada, ¿apunta el sueño a una situación exterior en la que no sabes cómo estar o en la que te estás exponiendo demasiado porque careces de una «máscara» social adecuada?
- ¿Te muestra el sueño una persona muy inauténtica o inflexible?

Busca imágenes de complejos

- ¿Aparece en el sueño alguna imagen que puedas relacionar con un área de tu vida que te plantee dificultades? Podría ser que el sueño aluda a un complejo conocido.
- ¿Cómo se comporta el ego onírico? ¿Cómo se relaciona con la dificultad familiar?
- ¿Qué te dice el sueño acerca de la relación entre el ego onírico y el complejo?
- Cuando en el sueño aparezcan progenitores, piensa en la posibilidad de que sean imágenes de un complejo parental y formen parte de tu «sistema operativo».
- ¿Cómo es la relación entre tu ego onírico y el progenitor del sueño?
- ¿En qué se parece o se diferencia de la relación con tus padres en la vida real?

- ¿Ilustra el sueño cómo podría tu «sistema operativo» estar influyendo en tu vida exterior?
- ¿Muestra la imagen la evolución del complejo? ¿Cómo ha cambiado respecto a sueños anteriores?

Toma nota de lo que el sueño dice acerca de las relaciones en el mundo interior

- ¿Cuál es la actitud inicial del ego onírico? ¿Qué sabe o da por supuesto? ¿Hay pruebas en el sueño que sustenten esa suposición?
- ¿Qué o quién se opone a la postura del ego onírico? ¿Qué valores o actitudes podría estar representando esa parte que se opone a él?
- ¿Cómo se relaciona el ego onírico con el resto de los elementos del sueño? ¿Se acerca, se aleja o se enfrenta?
- ¿Qué dice la conducta de tu ego onírico acerca de cómo abordas los conflictos internos?
- ¿Es posible que el creador de sueños esté revelando una tendencia a evitar conflictos?

SUGERENCIA PARA EL DIARIO

¿Qué elemento del sueño se opone, cuestiona o asusta a tu ego onírico? ¿Qué crees que quiere? ¿Qué asume tu ego onírico acerca de este elemento?

Busca imágenes de defensas psicológicas: las maneras en que acostumbras a gestionar la ansiedad que produce el conflicto interno

- ¿Te ofrece el sueño alguna imagen de tus defensas? ¿Cómo las evalúa el creador de sueños?
- ¿Ofrece el sueño alguna indicación de que tus defensas te estén causando problemas? ¿Son demasiado rígidas o te impiden acceder a la creatividad, la vitalidad o la intimidad?

Capítulo 5. Emociones: La paleta del creador de sueños

Fíjate en las transferencias de emoción

- ¿Se producen cambios emocionales súbitos durante el sueño? De ser así, pregúntate de dónde provienen. ¿Han surgido de otro elemento onírico?
- ¿Algún elemento no egoico expresa una emoción intensa en el sueño? Piensa en la posibilidad de que esté transfiriendo esas emociones para desarrollar tu rango de emociones conscientes.
- ¿La emoción intensa del sueño se corresponde con emociones de las que quizá no eres consciente o que has estado reprimiendo? ¿Hace el sueño que esas emociones estén más disponibles para la consciencia?
- ¿Dónde están presentes estas emociones en tu vida actualmente? ¿Dónde han estado antes?

Por lo general, se puede confiar en las emociones positivas en los sueños

- ¿Tu ego onírico se siente bien respecto a algo? Por lo general, podemos confiar en esa emoción, a no ser que haya algo que apunte a lo contrario.
- ¿Te da la sensación de que el creador de sueños te está animando? ¿O quizá te está ofreciendo ánimos en un momento complicado?
- ¿Ayudan las emociones positivas del sueño a esclarecer una imagen ambivalente?
- ¿Hay algo que indique que esas emociones positivas son muy incongruentes con lo que sucede en el sueño? Podría ser una advertencia de que la consciencia está peligrosamente desconectada de un posible riesgo.

La pena y el dolor pueden abrir el corazón

Los sueños tristes o dolorosos acostumbran a ser una invitación a sentir esas emociones con mayor profundidad y a integrarlas en la consciencia.

- Observa si el sueño te ha dado acceso a tu tristeza. Quizá ahora puedas derramar lágrimas que antes no habías podido encontrar.
- Si el sueño muestra una situación triste pero tu reacción es neutra, no pasa nada. De momento, basta con que reconozcas la emoción que aparece en el sueño. Este te invita a acercarte a ella, pero a veces se necesita tiempo.
- Los sueños que hacen que la pena ascienda a la superficie te pueden ayudar a desarrollar autocompasión.

SUGERENCIA PARA EL DIARIO

¿Qué parte del sueño evoca tristeza en ti? Escribe acerca de esa parte con detalle y centrándote en las emociones. Si en el sueño aparece un animal, un niño u otro ser herido que está triste, ¿qué le querrías decir a esa parte de ti? Si pudiera hablar, ¿qué crees que te diría?

La ira puede ser adecuada y productiva o una señal de que estamos yendo en contra de nuestro propio crecimiento

Un ego onírico enfurecido puede revelar lo que el creador de sueños piensa acerca de nuestra actitud. Si tu ego onírico está enfadado, reflexiona acerca de las preguntas siguientes:

- ¿Con quién está enfadado tu ego onírico?
- ¿Por qué está enfadado tu ego onírico?
- ¿Es posible que la ira del ego onírico represente una actitud defensiva hacia un aspecto inconsciente de ti mismo?
- ¿La ira del ego onírico contribuye a resolver la crisis que aparece en el sueño o la situación acaba en tablas?

El asco en los sueños puede señalar sensaciones de vergüenza y desprecio por uno mismo o expresar una repugnancia necesaria

Un ego onírico asqueado puede ser el modo en que el creador de sueños nos muestra la vergüenza y el desprecio que sentimos por nosotros mismos.

- ¿Qué o quién asquea a tu ego onírico?

- ¿Puede ser que se trate de un aspecto de ti mismo que desprecias y rechazas y que anhela que lo aceptes y lo integres?
- ¿El sueño tiene una resolución clara?
- De ser así, ¿el asco ha ayudado al ego onírico a avanzar en una dirección positiva?

El miedo en los sueños suele reflejar una actitud errónea del ego

Cuando el ego onírico tiene miedo, es probable que el creador de sueños esté representando tu relación con un aspecto de ti mismo que te parece prohibido y, por lo tanto, peligroso.

- ¿Cómo es la relación entre el ego onírico y el elemento temible del sueño?
- Si un elemento onírico te asusta, es probable que te hayas encontrado con un aspecto del inconsciente al que temes porque cuestiona el *statu quo* psíquico. ¿Qué elemento inconsciente podría querer comunicarse contigo?
- ¿Tiene el sueño una resolución clara? De ser así, ¿te orienta respecto a cómo relacionarte con las imágenes que te asustan?
- Es posible que el creador de sueños use la intensidad de las pesadillas para llamar tu atención. ¿De qué manera te podría ser útil la pesadilla?

Capítulo 6. El teatro onírico: Estructura y dinámicas

Presta atención al contexto y a la situación inicial

Fíjate en el contexto y en la situación inicial del sueño, que normalmente aparecen en la primera o segunda frase del texto onírico. Es muy probable que te ofrezcan pistas importantes en relación con la «intención» del sueño. Los escenarios oníricos ofrecen un esbozo inmediato del paisaje psicológico y permiten vislumbrar la situación interior. Reflexiona sobre las preguntas siguientes:

- ¿Apunta el contexto del sueño a un ámbito que indique a qué faceta de tu vida se está refiriendo? (Por ejemplo, si el sueño ocurre en el despacho, es probable que tenga que ver con el trabajo).

- ¿Tienes asociaciones personales con el contexto onírico?
- ¿Puedes recurrir a la explicación o a la amplificación arquetípica para ahondar en el significado del contexto?
- ¿Qué otros actores están presentes en la situación inicial? ¿Hay un equilibrio entre hombres y mujeres? ¿Qué está sucediendo?

Toma nota de la acción principal en el sueño

La acción es el suceso principal del arco dramático del sueño.

- ¿Qué se revela?
- ¿Qué relación guarda con lo que ha sucedido antes y con lo que vendrá después?
- ¿Tiene lugar en un escenario distinto? ¿En qué se diferencia del primero? ¿En qué se le parece? ¿Alude a otra parte de la psique o a otra situación?

Identifica la crisis del sueño

- ¿Cuál es el punto álgido de la acción?
- ¿Dónde pone el énfasis el creador de sueños?
- ¿Qué parece estar en juego?
- ¿Qué cambio ha ocurrido o tendrá que ocurrir?

Presta atención a la resolución del sueño… o a la ausencia de esta

- ¿Queda resuelta la situación del sueño?
- De ser así, ¿qué cambios en la actitud del ego sugiere la resolución del sueño?
- ¿En qué difiere la situación final de la inicial?
- ¿Cuál es la última frase del texto onírico y de qué manera responde a la pregunta formulada por el creador de sueños?
- ¿Cuál es la última imagen? ¿Qué tono emocional evoca? ¿Qué relación guarda con el tema principal que explora el sueño?
- De no haber resolución, ¿qué preguntas quedan sin respuesta? ¿Qué queda pendiente?

Pregúntate qué papel se te ha asignado

- ¿Qué papel ha interpretado tu ego onírico? Algunas posibilidades son, por ejemplo, héroe, víctima, líder, seguidor, mediador, observador, embaucador, amante...
- ¿Se corresponde el papel que desempeñas en el sueño con alguno de los que ocupas en la vida consciente?
- ¿Indica el sueño la probabilidad de que este rol sea problemático?

SUGERENCIA PARA EL DIARIO

¿Qué papel desempeñas en el sueño? ¿En qué ámbitos de tu vida consciente ocupas este mismo papel? ¿Te funciona este papel en el sueño? ¿Y en la vida exterior? ¿En qué aspectos no te resulta adecuado?

Aplica la construcción «Cuando/entonces»

En los sueños, la secuencia acostumbra a implicar una relación de causalidad.

- Cuando en un sueño sucede algo, es útil preguntarse «¿Qué ocurrió justo antes que podría haber causado lo que sucede ahora?».
- Si hay cambios de escena súbitos, asume que lo que sea que haya ocurrido antes del cambio es la causa de este. Una cosa lleva a la siguiente. Aplica la lógica del «cuando/entonces» y fíjate en si esto amplía tu comprensión.

Busca la repetición

Fíjate en las figuras y situaciones que se repiten en los sueños.

- Busca palabras, imágenes, temas, figuras, colores, u otros elementos que aparezcan más de una vez.
- ¿Qué intenta destacar el creador de sueños?
- ¿Qué elementos aparentemente dispares podrían estar relacionados?

Pregúntate si el sueño es hiperbólico o humorístico

- ¿El sueño contiene imágenes muy cargadas?
- ¿Está usando el creador de sueños la hipérbole para enfatizar su mensaje?
- ¿Tiene el creador de sueños un tono humorístico? ¡Ojalá hayas captado el mensaje entre carcajadas!

Fíjate en si el sueño presenta un momento de descubrimiento clave, o anagnórisis

- ¿El ego onírico hace algún descubrimiento crucial que lo lleva de la ignorancia al conocimiento?
- ¿Facilita este descubrimiento que el ego onírico pase de la inacción o la reacción a la acción o respuesta?
- ¿Cómo cambia este conocimiento al ego onírico? ¿Cuál es su tono emocional?
- ¿Qué relación guarda el descubrimiento con una nueva consciencia en tu vida exterior?
- ¿Qué nuevo conocimiento podría estar aflorando a la consciencia?

Presta atención a los diálogos, ya sean del ego onírico o de elementos no egoicos

- Las palabras pronunciadas por figuras oníricas distintas al ego pueden ser el modo en que el creador de sueños enfatiza su mensaje.
- Las palabras del ego onírico nos pueden ofrecer una imagen clara de cómo entiende el creador de sueños la actitud del ego.

Fíjate en si hay opuestos

Los opuestos pueden revelar tensiones dinámicas y posibles bloqueos en la psique, así como una resolución creativa a una tensión.

- ¿Cuáles son los opuestos en el sueño?
- ¿Cómo se relacionan entre ellos?
- ¿Qué relación mantiene el ego onírico con los aspectos de la polaridad? ¿De amistad, de miedo u otra actitud?

- ¿En qué facetas de tu vida hay polaridades como estas en este momento?

¿Está el sueño organizado como un díptico o un tríptico?

- ¿Tiene el sueño dos o tres escenas aparentemente inconexas? Reflexiona sobre la posibilidad de que aborden el mismo tema desde puntos de vista diferentes.
- ¿Qué tienen en común las distintas escenas del sueño? Encontrar el tema común te puede ayudar a «triangular» información y descubrir el mensaje del creador de sueños.
- ¿Qué sucede si asumes que hay múltiples versiones de un mismo tema?
- ¿En qué partes de tu vida tiene vigencia este tema ahora?

¿Está el sueño organizado como una canción, con verso, coro y puente?

- ¿El sueño tiene muchas escenas? Toma nota de los elementos comunes en distintas escenas e intenta trazar un mapa de su estructura. El creador de sueños puede enviar su mensaje de un modo similar al desarrollo de una idea musical a lo largo de una canción.
- ¿Comparten un tema las distintas escenas? ¿Cómo se relacionan entre sí?
- ¿Podría haber una relación causal entre las escenas?
- ¿Cómo se vinculan los temas del sueño con tu vida actual?

Lee el tono emocional de los sueños de reacción en cadena

- ¿El sueño está cargado de imágenes caóticas y confusas?
- Toma nota del tono emocional del sueño. ¿Te estás enfrentando a una experiencia emocional parecida durante la vigilia?

Capítulo 7. Tiempo y telos: Pasado, presente y futuro

Explora las imágenes del pasado en tus sueños

Si en el sueño aparecen imágenes del pasado, intenta aplicar las preguntas siguientes:

- ¿Qué sucedía en tu vida en la época que aparece en el sueño?
- ¿Hay temas similares en tu vida en este momento?
- ¿Te estás comportando ahora de un modo que fue adecuado en el pasado y que ahora ya no lo es?
- ¿Hay asuntos pendientes de ese momento de tu vida?
- Si has soñado con un bebé, ¿qué sucedía en tu vida hace nueve meses?
- Si has soñado con un niño, ¿qué sucesos importantes ocurrieron en tu vida cuando tenías esa edad? ¿Qué pasó hace tantos años?

SUGERENCIA PARA EL DIARIO

Escribe acerca de la época que aparece en el sueño. ¿Cómo eras? ¿Cómo era tu vida? ¿De qué maneras eras distinto? ¿De qué maneras sigues igual?

Toma nota de las imágenes del presente

La mayoría de los sueños son una instantánea de la realidad psíquica actual.

- ¿Subraya el sueño algo que esté sucediendo en tu vida en este momento? ¿A qué quiere que prestes atención?
- ¿En qué se parece la situación onírica a alguna situación vital actual?
- ¿Cuál es la actitud del creador de sueños en relación con la situación del sueño? ¿Qué ajustes te pide que hagas?

Ten presente la función prospectiva de los sueños

Los sueños pueden mostrar probabilidades futuras, como las predicciones meteorológicas. Si te parece que un sueño alude al futuro, responde a las preguntas siguientes:

- ¿Qué dice el sueño acerca de lo que es probable que suceda a continuación?
- ¿Qué advertencia puede contener este sueño? ¿De qué maneras podría presagiar un acontecimiento positivo?

- ¿Qué tono emocional tiene la función prospectiva del sueño?
- ¿Ofrece el sueño consuelo o seguridad durante un periodo complicado?

Busca una revisión general de temas vitales esenciales

Los sueños que hacen referencia al pasado, presente y futuro pueden ofrecer una visión general de nuestro estado psicológico.

- ¿Alude el sueño al origen de tu situación actual, a lo que sucede ahora y a lo que te aguarda en el futuro?
- ¿Qué quiere el creador de sueños que sepas acerca de dónde vienes y a dónde te diriges?
- ¿Ilustra el sueño temas vitales de larga duración?

Pregúntate dónde está el telos en el sueño, sobre todo si no sabes cómo avanzar

Lo inesperado y lo nuevo pueden contener el mensaje principal del sueño.

- ¿Dónde está la imagen sorprendente del sueño, la que te ha detenido en seco?
- ¿Cómo responde el ego onírico a esa novedad? ¿Hay indicios de una actitud defensiva?
- ¿Puedes abrirte a la novedad desconcertante del elemento que contiene el telos?
- ¿Hacia qué aspecto de tu vida podría estar apuntando ese elemento novedoso?

Capítulo 8. La sombra: El exilio interior

Los aspectos de ti mismo que quizá te incomoda reconocer pueden aparecer como una figura de tu mismo sexo

- ¿Aparece en tu sueño una figura de tu mismo sexo? Piensa en esta persona como en la representante de las cualidades de tu sombra que has intentado reprimir o negar.
- ¿Qué dice el sueño acerca de esas cualidades? ¿Tienen éxito en algún sentido?

- ¿Aparece en tu sueño una persona de tu vida consciente que te caiga mal o que te irrite? ¿De qué maneras has rechazado o reprimido en ti las cualidades que más te molestan de esa persona? ¿Qué cualidades necesitas reclamar e integrar?
- ¿Qué te dice el sueño acerca de tu tendencia a rechazar o negar estas partes de ti mismo?
- ¿Dónde o cómo encuentras este elemento de sombra en tu vida actual?

Los amigos y los hermanos acostumbran a representar cualidades de las que renegamos

Si en el sueño aparece un amigo o un hermano del mismo sexo que tú, piensa de qué maneras esta persona podría estar sosteniendo tu sombra.

- ¿Qué aspectos de esta persona despiertan emociones en ti? ¿Se trata de una actitud o de un valor que has desterrado?
- ¿Sientes celos de esta persona en tu vida consciente? ¿De qué sientes celos exactamente? Esto podría apuntar a un potencial no vivido que aún no has integrado en ti mismo.
- ¿Qué aspecto no desarrollado de ti mismo representa esa persona en el sueño?
- ¿Qué temas de tu vida actual simboliza este amigo o familiar?

Busca el potencial positivo de la sombra

La sombra está llena de potencial que, de hacerse consciente, se puede poner al servicio de un propósito positivo.

- ¿De qué maneras te muestran las figuras de sombra del sueño rasgos, actitudes y capacidades con las que podrías conectar y desarrollar?
- ¿Cómo se resiste el ego onírico ante este rasgo? ¿Cómo lo combate?
- ¿Cómo podría ser un guía o un aliado la figura de sombra del sueño?
- ¿Qué parte de ti te invita a explorar el creador de sueños?

SUGERENCIA PARA EL DIARIO

¿Qué puedes aprender de la figura de sombra, por oscura, repelente o peligrosa que te parezca? Explora la figura de sombra de tu sueño y descubre a qué potenciales ocultos apunta.

Busca imágenes negadoras de vida en el sueño

La sombra arquetípica aparece en los sueños como cualquier ataque contra la fuerza vital. Se trata de sueños que pueden llegar a ser aterradores, casi como pesadillas. Si tienes uno de estos sueños, responde a las preguntas siguientes:

- ¿De qué manera podría el sueño representar una energía interior que ataca a tu fuerza vital?
- ¿En qué facetas de tu vida se manifiesta esta energía contraria a la vida?
- ¿Te sugiere el sueño alguna manera de afrontar esta fuerza?

Reflexiona acerca de si el creador de sueños te señala aspectos en los que actúa la sombra

- ¿Actúa el ego onírico de un modo desagradable, repelente o poco habitual?
- ¿De qué manera te has comportado de un modo similar en la vida cotidiana, sin ser consciente de ello?
- ¿Es posible que el creador de sueños te haya puesto frente a un espejo? ¿Qué parte de tu sombra te está mostrando?

Aborda con curiosidad las imágenes oníricas que puedan revelar la sombra primordial

- ¿Contiene el sueño imágenes de putrefacción, defecación u otro contenido que inspire asco, miedo o vergüenza? Es posible que este contenido sea la sombra, pidiendo comprensión y aceptación.
- ¿Qué te está haciendo saber el creador de sueños acerca de cómo tratas a esa parte de ti?
- ¿Te sugiere el creador de sueños cómo entablar amistad con esa parte de ti?

Capítulo 9. Ánima y ánimus: Las posibilidades no materializadas

Explora la posibilidad de que las figuras oníricas del sexo opuesto sean imágenes del ánima/ánimus

El ánima/ánimus es la imagen personificada de tu potencial no vivido. Es cautivador y a menudo aparece en los sueños como una figura del sexo opuesto.

Reflexiona sobre la función positiva del ánimus en tu sueño

Si eres una mujer y en tu sueño aparece un hombre con connotaciones positivas, responde a las preguntas siguientes:

- ¿Qué función desempeña? ¿Te ayuda? ¿Te acompaña? ¿Es un maestro?
- ¿Qué medicina te ofrece?
- ¿Qué cualidades interiores podría estar representando? ¿Qué te invita a integrar?
- ¿Los temas que aparecen en el sueño guardan alguna relación con lo que sucede ahora en tu vida? ¿El ánimus ha venido para ayudarte a afrontar una dificultad exterior? ¿Para comprometerse con tu creatividad y celebrarla? ¿Para ahondar en tu espiritualidad?
- ¿Cómo responde el ego onírico al ánimus? ¿Refleja apertura a lo que el ánimus ofrece?

Las figuras del sexo opuesto oscuras, peligrosas o amenazadoras pueden ser imágenes del ánimus. Observa cómo aparecen y cómo te relacionas con ellas

- ¿Es la figura completamente negativa? ¿Es realmente peligrosa o dañina? ¿O es solo una suposición del ego onírico?
- Si ataca, ¿se corresponde su conducta con tu tendencia a atacarte? Por ejemplo, ¿te recuerda ese ataque a tu diálogo interior?
- ¿Cómo responde el ego onírico a ese contenido negativo?
- ¿Es el ánimus negativo una figura paradójica? ¿Te pide que crezcas incluso mientras te ataca?

- ¿De qué maneras podría estar pidiendo ser transformado mediante una confrontación con la consciencia?

Busca una invitación del ánimus a conectar más profundamente con tu sombra

- Si en el sueño aparecen tanto el ánimus como la sombra, ¿qué relación mantienen entre ellos?
- ¿Cómo se relaciona el ego onírico con cada una de estas figuras?
- ¿Anima el ánimus al ego onírico a reconocer cualidades de la sombra?
- ¿Qué te dice la relación entre el ánimus y la sombra sobre tu vida actual?

SUGERENCIA PARA EL DIARIO

Fíjate en las cualidades de la figura de sombra. ¿Qué te resulta más irritante o desagradable de esta figura onírica? ¿Cómo te invita el ánimus a reconectar con esas cualidades o a reclamarlas para ti?

Fíjate en cómo aparece el ánima positiva en tu sueño

Si eres un hombre y en tu sueño aparece una mujer ocupando un papel positivo, es posible que se trate de una imagen de ánima positiva.

- ¿Qué función desempeña en el sueño? Guía benévola, cuidadora, pareja sexual...
- ¿Qué medicina te ofrece?
- ¿Qué cualidades te invita a integrar?
- ¿Cómo se relaciona tu ego onírico con ella? Se cierra, se resiste, está fascinado...
- ¿Cómo se relacionan los temas del sueño con lo que está sucediendo ahora en tu vida?
- ¿El ánima te invita a la expansión, por ejemplo a una emoción, espiritualidad o fuerza vital más amplias?
- ¿Refleja el sueño apertura hacia el ofrecimiento del ánima?

Si el ánima aparece en su aspecto negativo, presta atención al papel que desempeña

- ¿Cómo trata la figura del ánima al ego onírico? ¿Es así como te tratas a ti mismo a veces?
- ¿Necesitas enfrentarte a tu crítico interior?
- ¿Qué le pide la figura del ánima a tu ego onírico?
- ¿Qué se pide al ego onírico que haga, cambie o sacrifique? ¿Cómo se podría corresponder esto con la vida exterior? Por ejemplo, ¿qué actitud desfasada ha de morir?

Fíjate en cómo el ánima alienta la conexión con la sombra

Cuando el ánima y la sombra aparezcan en un mismo sueño, fíjate en la relación que mantienen entre sí.

- ¿Qué relación hay entre las figuras del ánima y de la sombra en el sueño?
- ¿Cómo se relaciona el ego onírico con cada una de ellas?
- ¿De qué maneras podría estar el ánima invitando a una relación con la sombra?
- ¿Qué relación guarda la dinámica onírica con tu vida ahora?

SUGERENCIA PARA EL DIARIO

¿Cuáles son las características principales de la imagen de la sombra en el sueño? ¿Qué te irrita o te desagrada de esta figura onírica? ¿De qué maneras te invita el ánima a conectar?

Las imágenes de unión reflejan desarrollos clave en el mundo interior

Las imágenes de la unión de opuestos en los sueños son un reflejo de un proceso de integración profunda.

- ¿En tu sueño hay una unión con un amante o una boda?
- ¿Muestra el sueño una unión con una figura de ánimus o de ánima? ¿Evoca esta unión una culminación psicológica?
- En los sueños, las relaciones sexuales pueden simbolizar la unión y la integración psicoespirituales.

Capítulo 10. El Sí-mismo: El centro guía

El Sí-mismo puede aparecer como un terapeuta, un médico o un sanador

- ¿En tu sueño aparecen un médico, un terapeuta o un sanador de otro tipo? Es posible que la figura onírica sea una imagen de la función sanadora del Sí-mismo.
- ¿Cómo te ayuda esta figura a orientarte hacia la salud y el crecimiento futuros?
- ¿Con qué situación de tu vida se vincula que el Sí-mismo aparezca así en tu sueño?

El Sí-mismo puede aparecer en los sueños con forma de niño

- ¿En tu sueño aparece un niño o un bebé?
- ¿Tiene esta imagen una valencia emocional potente? ¿Podría tener importancia transpersonal?
- ¿Hay algo en el sueño que indique que el niño es un símbolo de la unión de opuestos o del impulso hacia la plenitud y el crecimiento?

El Sí-mismo puede aparecer como compañero o guía del alma

- ¿Aparece en tu sueño un maestro, un compañero sabio o un guía del alma?
- ¿En el sueño aparece la imagen de un anciano o anciana sabios, incluso si su aspecto es sorprendente?
- ¿De qué manera podría este sueño estar ofreciéndote aliento desde tu centro guía?

SUGERENCIA PARA EL DIARIO

¿Cuál es la perspectiva del ego onírico? ¿Y la del guía del alma? ¿En qué se diferencian y en qué se parecen?

El Sí-mismo puede aparecer como un animal mágico

Los animales que aparecen en los sueños y transmiten una sensación numinosa pueden ser imágenes del Sí-mismo.

- ¿El animal de tu sueño inspira asombro?
- ¿Tiene habilidades sobrenaturales o se comporta de un modo inusual?
- ¿Por qué crees que el creador de sueños te ha enviado esta imagen en este momento de tu vida?

El Sí-mismo puede aparecer en sueños como una referencia a imágenes religiosas

- ¿Ha usado el creador de sueños imágenes religiosas para comunicar el poder transpersonal del Sí-mismo?
- ¿Te ha traído el sueño sentimientos de reverencia, asombro y consuelo duradero?

El Sí-mismo puede aparecer en sueños bajo una forma oscura y aterradora

El Sí-mismo puede parecer implacable y destructor en sueños que resultan perturbadores o aterradores.

- ¿Cómo desafía la imagen del Sí-mismo la actitud de tu ego?
- ¿Aborda el sueño alguna actitud, callejón sin salida o dilema de tu vida consciente?
- ¿Te pide el sueño rendir reverencia o reconocimiento hacia el centro transpersonal de la psique?
- ¿De qué manera intenta el sueño corregir un desequilibrio psíquico?

El Sí-mismo puede manifestarse en sueños con imágenes del centro o de la plenitud

- Las imágenes de plenitud pueden sugerir la presencia del Sí-mismo en el sueño.
- ¿Contiene tu sueño círculos, esferas, anillos, árboles, huevos, oro, ciudades u otras imágenes similares? Estas pueden simbolizar al Sí-mismo.

- ¿Tiene tu sueño una profunda carga emocional? Las imágenes del Sí-mismo suelen ser numinosas.
- ¿Hay en tu sueño una imagen que te brinde aliento o apoyo en este momento de tu vida?
- ¿Por qué podría estar apareciendo la imagen en este momento?

Capítulo 11. Imaginación activa: Seguir soñando el sueño

Relaciónate con tus sueños en tu vida consciente mediante la técnica de la imaginación activa

Sigue los pasos siguientes para practicar la imaginación activa:

- Busca un momento y un lugar donde nadie te moleste. Apaga el móvil, cierra la puerta o ve a un lugar donde no puedan interrumpirte. Necesitarás media hora como mínimo.
- Haz un pequeño ritual. Te ayudará a separar el tiempo que dediques a la imaginación activa del resto de la jornada. También es un indicador de actitud receptiva. Por ejemplo, puedes encender una vela, sostener un objeto especial, sentarte en un lugar específico o escuchar un canto para invocar al inconsciente.
- Céntrate. Puedes cerrar los ojos y respirar profundamente un par o tres de veces. O puedes suavizar la mirada mientras observas una imagen concreta o hacer una visualización, como bajar a las profundidades en unas escaleras mecánicas, mientras ralentizas la respiración y diriges la atención hacia tu interior.
- Piensa en el sueño o en la imagen que desees explorar y mantén esa imagen en la mente hasta que se empiece a transformar por sí sola.
- Dirige las preguntas o los comentarios al personaje que aparezca en el sueño. «¿Qué has venido a enseñarme?» es una buena pregunta general.
- Atiende a la respuesta. Solo has de recibir lo que sea que surja. No hay necesidad de lógica, dudas u objeciones... ¡ya lo harás después! Sigue dialogando hasta que sientas que la conversación ha llegado a su fin.
- Registra tu experiencia y tus reflexiones en tu diario de sueños.

Pinta, dibuja o esculpe tu sueño

- Usa los materiales que tengas a mano y crea una representación artística de tu sueño.
- Date permiso para jugar. Disfruta del proceso.
- No te preocupes por el mérito artístico de tu creación. Con esta acción, estás forjando una conexión profunda con el inconsciente.

Encarna tu sueño

- Usa el movimiento y la gestualidad para encarnar tu sueño. Muévete como en el sueño, incluso exagerando algunos gestos.
- Fíjate en las sensaciones sutiles o en las emociones que emerjan.
- Luego, escribe en tu diario acerca de la experiencia.

Explora la posibilidad de llevar a cabo un ritual para honrar el sueño

- ¿Te invita el sueño a emprender alguna acción? ¿Qué puedes hacer con este sueño?
- ¿Cómo puedes honrar el sueño?
- ¿Hay algún gesto simbólico que puedas llevar a cabo en tu vida exterior?

Experimenta el sueño desde la perspectiva de una figura onírica no egoica

- Relájate. Cierra los ojos y respira profundamente un par o tres de veces. Recuerda un sueño reciente en el que haya aparecido un personaje con el que te gustaría conectar.
- Vuelve a entrar en el sueño como si se tratara de una película que puedes empezar desde el principio. Esta vez, en lugar de ser «tú», experimenta la acción como si fueras el otro personaje. Habita esa perspectiva tan plenamente como te sea posible.
- Fíjate en qué sientes al ser la otra persona (o animal). ¿Qué ves? ¿Qué llevas puesto? ¿Qué sientes? ¿Qué piensas? ¿Cómo experimentas tus interacciones con el ego onírico?

- Una vez hayas terminado, escribe la «versión de la historia» de este personaje y tus reflexiones al respecto.

Usa la técnica de las dos sillas

- Coloca dos sillas frente a frente.
- Siéntate en la silla del «yo» y dirige un pensamiento, emoción o pregunta a la figura onírica. Usa la gestualidad o cualquier otra forma de expresión física, si lo deseas.
- Pasa a la silla del personaje del sueño y habla desde su perspectiva. Permítete decir lo que sea que surja y, si procede, usa los gestos que aparezcan espontáneamente.
- Muévete de una silla a la otra y permite que esas dos partes de ti dialoguen con honestidad. El movimiento físico ayuda a diferenciar entre los personajes oníricos, y el lenguaje corporal realza sus puntos de vista, que plasman el conflicto interior del soñador. Conduce a un «saber» sentido, a medida que la voz, la emoción y el cuerpo emerjan más plenamente a la consciencia.

Entra en el reino de la imaginación mediante la escritura

A continuación tienes varias maneras de usar la escritura como puerta al mundo de la imaginación:

- Con la mano dominante, escribe preguntas o reacciones dirigidas a una figura onírica no egoica. Luego cambia a la mano no dominante y espera a que llegue la respuesta.
- Dibuja una línea vertical en el centro de una hoja de papel. Usa una mitad para el ego, o el «yo» del diálogo, y la otra para la voz de la figura onírica.
- Lee el diálogo en voz alta, para incluir a la voz y al cuerpo.
- Escribe tan rápidamente como te sea posible sin permitir que la mano se detenga, incluso si escribes sinsentidos o «no sé qué escribir». La conexión ojo-mano-cerebro es muy potente, puedes tener la seguridad de que aparecerá algo.

Consulta a tu imaginación para descubrir qué sucede antes o después de una imagen onírica concreta

Si el sueño comienza con una imagen desconcertante o tiene un final abierto, valora la posibilidad de usar precuelas o secuelas para explorar qué podría haber sucedido antes o qué podría suceder a continuación.

- ¿Cómo ha surgido la situación inicial?
- ¿Qué ha sucedido justo antes de que el telón onírico se haya levantado y haya mostrado la escena inicial?
- Si el final queda abierto, ¿qué te dice tu imaginación acerca de lo que sucederá a continuación?

SUGERENCIA PARA EL DIARIO

Escribe una breve historia biográfica acerca de lo que ha sucedido en la vida de la figura onírica antes de su aparición en tu sueño, o bien acerca de lo que le ha sucedido desde entonces.

RECURSOS

Libros sobre los sueños y el soñar

Boa, F., *The Way of the Dream: Conversation on Jungian Dream Interpretation with Marie-Louise von Franz*, Boston, Shambhala, 1994 (trad. cast., *El camino de los sueños: Conversaciones con Marie-Louise von Franz*, Buenos Aires, Cuatro Vientos Editorial, 2017).

Bosnak, R., *A Little Course in Dreams*, Boston, Shambhala, 1998 (trad. cast., *La práctica del soñar*, Barcelona, Obelisco, 1996).

Bulkeley, K., *An Introduction to the Psychology of Dreaming*, Santa Bárbara, CA, Praeger, 2017.

Gendlin, E. T., *Let Your Body Interpret Your Dreams*. Wilmette, IL: Chiron Publications, 2004 (trad. cast., *Deja que tu cuerpo interprete tus sueños*, Bilbao, Desclée de Brouwer Editorial, 2001).

Hall, J. A., *Jungian Dream Interpretation: A Handbook of Theory and Practice*, Toronto, Inner City Books, 1983 (trad. cast., *Interpretación junguiana de los sueños. Manual de teoría y práctica*, Barcelona, Obelisco, 2020).

Johnson, R. A., *Inner Work: Using Dreams and Active Imagination for Personal Growth*, San Francisco, Harper & Row, 1989 (trad. cast., *WE: Cómo usar los sueños y la imaginación activa para el crecimiento personal*, Cardedeu, Escola de vida, 2016).

Jung, C. G., *Dreams* (trad. de R. F. C. Hull), Princeton, NJ, Princeton University Press, 2010.

Klerk, M., *Dream Guidance: Connecting to the Soul Through Dream Incubation*, Nueva York, Hay House, 2022.

Shields, L. E., *Dreamwork Around the World and Across Time: An Anthology*, Nevada City, CA, Blue Dolphin, 2008.

Taylor, J., *The Wisdom of Your Dreams: Using Dreams to Tap Into Your Unconscious and Transform Your Life*, Nueva York, Jeremy P. Tarcher, 2009.

Whitmont, E. C. y Brinton Perera, S., *Dreams, a Portal to the Source*, Londres, Routledge, 1991.

Diccionarios de símbolos

Biedermann, H., *Dictionary of Symbolism: Cultural Icons and the Meanings Behind Them*, Nueva York, Meridan Books, 1994 (trad. cast., *Diccionario de símbolos*, Barcelona, Paidós, 1993).

Chevalier, J., Gheerbrant, A. y Buchanan-Brown, J., *A Dictionary of Symbols,* Nueva York, Penguin, 1997 (trad. cast., *Diccionario de los símbolos*, Herder Editorial, 2000).

Cirlot, J. E., *A Dictionary of Symbols*, Nueva York, New York Review of Books, 2020 (trad. cast., *Diccionario de símbolos*, Madrid, Siruela, 2025).

Cooper, J. C., *An Illustrated Encyclopaedia of Traditional Symbols*, Nueva York, Thames and Hudson, 1987.

De Vries, Ad., *Dictionary of Symbols and Imagery*, Ámsterdam, North-Holland, 1974.

Ronnberg, A. y Martin, K. (comps.), *The Book of Symbols: Reflections on Archetypal Images*, Colonia, Alemania, Taschen, 2010.

Sitios web

Archive for Research in Archetypal Symbolism, <aras.org/>.
El ARAS es un rico depósito de imágenes al que se puede acceder con una membresía.

Dream School, <thisjungianlife.com/enrollpage/>.
Dream School es nuestro curso en línea de doce meses de duración que te enseña a trabajar con tus sueños.

This Jungian Life, <thisjungianlife.com/>.
Nuestro pódcast semanal presenta una amplia variedad de temas junguianos y siempre incluye el comentario del sueño de un oyente. En nuestro sitio web también puedes presentar tu sueño para una posible interpretación en el pódcast.

Aplicaciones

Elsewhere Dream Journaling App
Un espacio privado y seguro en el que registrar los sueños, seguirlos en el tiempo y reflexionar acerca de los patrones de significado que van apareciendo.

Temenos Dream App
Una herramienta para el análisis de sueños y una red social para soñadores.

NOTAS

Introducción: La llamada de la aventura

1. Boa, F., *The Way of the Dream: Conversation on Jungian Dream Interpretation with Marie-Louise von Franz*, Boston, Shambhala, 1994, págs. 11-12 (trad. cast., *El camino de los sueños: Conversaciones con Marie-Louise von Franz*, Buenos Aires, Cuatro Vientos Editorial, 2017).

2. Jung, C. G., «C. G. Jung Speaking: Interviews and Encounters», en McGuire, W. y Hull, R. F. C., *Bollingen Series*, Princeton, NJ, Princeton University Press, 1987, pág. 231.

3. Jung, C. G., *Man & His Symbols*, Garden City, NY, Doubleday, 1964, pág. 160 (trad. cast., *El hombre y sus símbolos*, Barcelona, Paidós, 2025).

4. Stein, M., *Jung's Map of the Soul: An Introduction*, Chicago, Open Court, 1998, pág. 11 (trad. cast., *El mapa del alma según Jung*, Barcelona, Luciérnaga, 2004).

5. Wilke, C., «Do Spiders Dream? What about Cuttlefish? Bearded Dragons?», en *Knowable Magazine*, 30 de agosto de 2023, <knowablemagazine.org/content/article/living-world/2023/do-animals-dream>.

Capítulo 1. ¿Por qué trabajar con los sueños? Alcanzar la plenitud

1. Jung, C. G. y Jaffé, A., *Memories, Dreams, Reflections*, Nueva York, Vintage Books, 1989, pág. 418 (trad. cast., *Recuerdos, sueños, pensamientos*, Barcelona, Seix Barral, 2021).

2. Jung, C. G., «C. G. Jung Speaking: Interviews and Encounters», en McGuire, W. y Hull, R. F. C, *Bollingen Series*, Princeton, NJ, Princeton University Press, 1987, pág. 359.

3. Jung, C. G. y Jaffé, A., *Memories, Dreams, Reflections*, Nueva York, Vintage Books, 1989, pág. 183 (trad. cast., *Recuerdos, sueños, pensamientos*, Barcelona, Seix Barral, 2021).

4. Jung, C. G., *Man & His Symbols*, Garden City, NY, Doubleday, 1964, pág. 24 (trad. cast., *El hombre y sus símbolos*, Barcelona, Paidós, 2025).

5. Jung, C. G., *The Collected Works of C. G. Jung*, vol. 8, *The Structure and Dynamics of the Psyche* (trad. de R. F. C. Hull), Princeton, NJ, Princeton University Press, 1975, pág. 50.

6. Bregman, J., *Synesius of Cyrene, Philosopher- Bishop*, Berkeley, University of California Press, 1982, págs. 60-61.

7. Jung, C. G., «3 June 1936», en *Nietzsche's Zarathustra: Notes of the Seminar Given in 1934-1939*, vol. 2, Princeton, NJ, Princeton University Press, 1988, pág. 977.

8. Taylor, J., *The Wisdom of Your Dreams: Using Dreams to Tap Into Your Unconscious and Transform Your Life*, Nueva York, Jeremy P. Tarcher, 2009.

9. Whitmont, E. C. y Brinton Perera, S., *Dreams, a Portal to the Source*, Londres, Routledge, 1991.

10. Bulkeley, K., *Dreaming in the World's Religions: A Comparative History*, Nueva York, New York University Press, 2008.

Capítulo 2. Conocer al creador de sueños: Hacerse amigo del guía interior

1. Jung, C. G., *The Collected Works of C. G. Jung*, vol. 17, *The Development of Personality* (trad. de R. F. C. Hull), Princeton, NJ, Princeton University Press, 1981, pág. 189.

2. Jung, C. G., *The Red Book*: Liber Novus, Nueva York, W. W. Norton, 2009, pág. 310 (trad. cast., *El libro rojo*, Madrid, El hilo de Ariadna, 2023).

3. Hollis, J., *The Archetypal Imagination*, College Station, TX, Texas A&M University Press, 2002, pág. 119.

4. Jung, C. G., *The Collected Works of C. G. Jung*, vol. 8, *The Structure and Dynamics of the Psyche* (trad. de R. F. C. Hull), Princeton, NJ, Princeton University Press, 1981, pág. 644.

5. Jung, C. G., *The Collected Works of C. G. Jung*, vol. 16, *The Practice of Psychotherapy* (trad. de R. F. C. Hull), Princeton, NJ, Princeton University Press, 1981, pág. 341.

6. Taylor, J., *The Wisdom of Your Dreams: Using Dreams to Tap Into Your Unconscious and Transform Your Life*, Nueva York, Jeremy P. Tarcher, 2009, pág. 66.

7. Berry, P., *Echo's Subtle Body: Contributions to an Archetypal Psychology*, Dallas, TX, Spring Publications, 1982.

8. Jung, C. G., *Visions: Notes of the Seminar Given in 1930-1934*, comp. Claire Douglas, Princeton, NJ, Princeton University Press, 1997, pág. 406.

9. Jung, C. G., *The Collected Works of C. G. Jung*, vol. 10, *Civilization in Transition* (trad. de R. F. C. Hull), Princeton, NJ, Princeton University Press, 1981.

Capítulo 3. Imágenes oníricas: Asociación, explicación y amplificación

1. Jung, C. G., *The Collected Works of C. G. Jung*, vol. 8, *The Structure and Dynamics of the Psyche* (trad. de R. F. C. Hull), Princeton, NJ, Princeton University Press, 1975, pág. 533.

2. Jung, C. G., *The Collected Works of C. G. Jung*, vol. 8, *The Structure and Dynamics of the Psyche* (trad. de R. F. C. Hull), Princeton, NJ, Princeton University Press, 1975, pág. 539.

3. Delaney, D., *Living Your Dreams*, San Francisco, Harper & Row, 1981.

4. Jung, C. G., *The Collected Works of C. G. Jung*, vol. 5, *Symbols of Transformation* (trad. de R. F. C. Hull), Princeton, NJ, Princeton University Press, 1975, pág. xxv.

5. Jung, C. G., *Letters*, vol. 2, comps. Adler, G. y Hulen, J., Abingdon, Routledge, 1976, pág. 57.

6. Job 41:10–11, RVR.

Capítulo 4. El cuestionable ego onírico: Encuentros en el mundo interior

1. Adams, M. V., *The Mythological Unconscious*, Putnam, CT, Spring Publications, 2010, pág. 241.

2. Jung, C. G., *The Collected Works of C. G. Jung*, vol. 10, *Civilization in Transition* (trad. de R. F. C. Hull), Princeton, NJ, Princeton University Press, 1981, pág. 673.

3. Beradt, C., *The Third Reich of Dreams*, Chicago, Quadrangle Books, 1968, pág. 63.

Capítulo 5. Emociones: La paleta del creador de sueños

1. Rock, A., *The Mind at Night: The New Science of How and Why We Dream*, Nueva York, Basic Books, 2005.
2. Jung, C. G., *The Collected Works of C. G. Jung*, vol. 13, *Alchemical Studies* (trad. de R. F. C. Hull), Princeton, NJ, Princeton University Press, 1981, pág. 464.
3. [Au: Please supply]
4. McGilchrist, I., «A Well-Aligned Mind: How to Be Alive», en *This Jungian Life*, 18 de noviembre de 2021, <thisjungianlife.com /episode-189-a-well-aligned-mind-how-to-be-alive/>.

Capítulo 6. El teatro onírico: Estructura y dinámicas

1. Bair, D., *Jung: A Biography*, Nueva York, Little, Brown, 2003, pág. 297.
2. Boa, F., *The Way of the Dream: Conversation on Jungian Dream Interpretation with Marie-Louise von Franz*, Boston, Shambhala, 1994 (trad. cast., *El camino de los sueños: Conversaciones con Marie-Louise von Franz*, Buenos Aires, Cuatro Vientos Editorial, 2017).
3. Whitmont, E. C. y Brinton Perera, S., *Dreams, a Portal to the Source*, Londres, Routledge, 1991, pág. 73.
4. Boa, F., *The Way of the Dream: Conversation on Jungian Dream Interpretation with Marie-Louise von Franz*, Boston, Shambhala, 1994 (trad. cast., *El camino de los sueños: Conversaciones con Marie-Louise von Franz*, Buenos Aires, Cuatro Vientos Editorial, 2017).
5. Adams, M. V., *The Mythological Unconscious*, Putnam, CT, Spring Publications, 2010.
6. Whitmont, E. C. y Brinton Perera, S., *Dreams, a Portal to the Source*, Londres, Routledge, 1991.
7. Berry, P., *Echo's Subtle Body: Contributions to an Archetypal Psychology*, Dallas, TX, Spring Publications, 1982.
8. Boa, F., *The Way of the Dream: Conversation on Jungian Dream Interpretation with Marie-Louise von Franz*, Boston, Shambhala, 1994 (trad. cast., *El camino de los sueños: Conversaciones con Marie-Louise von Franz*, Buenos Aires, Cuatro Vientos Editorial, 2017), pág. 14.
9. *Merriam-Webster*, s. v. «anagnorisis», 20 marzo 2024, <merriam-webster.com/dictionary/anagnorisis>.
10. Mateo 13:46 RVR.
11. Vedfelt, O., *A Guide to the World of Dreams: An Integrative Approach to Dreamwork*, Abingdon, Routledge, 2017, pág. 91.

Capítulo 7. Tiempo y telos: Pasado, presente y futuro

1. Jung, C. G., *Children's Dreams: Notes from the Seminar Given in 1936-1940*, Princeton, NJ, Princeton University Press, pág. 360.
2. Jung, C. G., *The Collected Works of C. G. Jung*, vol. 16, *The Practice of Psychotherapy* (trad. de R. F. C. Hull), Princeton, NJ, Princeton University Press, 1981, pág. 297.
3. Jung, C. G., *The Collected Works of C. G. Jung*, vol. 16, *The Practice of Psychotherapy* (trad. de R. F. C. Hull), Princeton, NJ, Princeton University Press, 1981, pág. 298.
4. Jung, C. G., *The Collected Works of C. G. Jung*, vol. 8, *The Structure and Dynamics of the Psyche* (trad. de R. F. C. Hull), Princeton, NJ, Princeton University Press, 1975, pág. 493.
5. Jung, C. G., *The Collected Works of C. G. Jung*, vol. 16, *The Practice of Psychotherapy* (trad. de R. F. C. Hull), Princeton, NJ, Princeton University Press, 1981, pág. 299.
6. Jung, C. G., *The Collected Works of C. G. Jung*, vol. 8, *The Structure and Dynamics of the Psyche* (trad. de R. F. C. Hull), Princeton, NJ, Princeton University Press, 1975, para. 494.
7. Knight, S., «The Psychiatrist Who Believed People Could Tell the Future», en *New Yorker*, 25 febrero 2019.
8. Jung, C. G. y Jaffé, A., *Memories, Dreams, Reflections*, Nueva York, Vintage Books, 1989, pág. 368 (trad. cast., *Recuerdos, sueños, pensamientos*, Barcelona, Seix Barral, 2021).
9. Jung, C. G., *C. G. Jung Letters*, vol. 1 (trad. de R. F. C. Hull), Adler, G. y Jaffé, A., Princeton, NJ, Princeton University Press, 1973, págs. 460-461.
10. Berry, P., *Echo's Subtle Body: Contributions to an Archetypal Psychology*, Dallas, TX, Spring Publications, 1982.
11. Jung, C. G., *The Collected Works of C. G. Jung*, vol. 18, *The Symbolic Life* (trad. de R. F. C. Hull), Princeton, NJ, Princeton University Press, 1975, pág. 684.

Capítulo 8. La sombra: El exilio interior

1. Jung, C. G., *Dream Analysis: Part I, Notes of the Seminar Given in 1928-1930*, Londres, Routledge, 1995, pág. 53.
2. Jung, C. G., *The Collected Works of C. G. Jung*, vol. 11, *Psychology and Religion: West and East* (trad. de R. F. C. Hull), Princeton, NJ, Princeton University Press, 1975, pág. 131.

3. Boa, F., *The Way of the Dream: Conversation on Jungian Dream Interpretation with Marie-Louise von Franz*, Boston, Shambhala, 1994 (trad. cast., *El camino de los sueños: Conversaciones con Marie-Louise von Franz*, Buenos Aires, Cuatro Vientos Editorial, 2017), págs. 172-173.

4. La analista junguiana C. Toni Frey-Wehrlin atribuyó este comentario a Jung.

5. Jung, C. G., *The Collected Works of C. G. Jung*, vol. 12, *Psychology and Alchemy* (trad. de R. F. C. Hull), Princeton, NJ, Princeton University Press, 1975, pág. 38.

6. Jung, C. G., *The Collected Works of C. G. Jung*, vol. 7, *Two Essays in Analytical Psychology* (trad. de R. F. C. Hull), Princeton, NJ, Princeton University Press, 1975, pág. 285.

7. Jung, C. G., *The Collected Works of C. G. Jung*, vol. 7, *Two Essays in Analytical Psychology* (trad. de R. F. C. Hull), Princeton, NJ, Princeton University Press, 1975, pág. 286.

8. Jung, C. G., *The Collected Works of C. G. Jung*, vol. 5, *Symbols of Transformation* (trad. de R. F. C. Hull), Princeton, NJ, Princeton University Press, 1975, pág. 276.

9. Jung, C. G., *The Collected Works of C. G. Jung*, vol. 9, pt. 1, *The Archetypes and the Collective Unconscious* (trad. de R. F. C. Hull), Princeton, NJ, Princeton University Press, 1975, pág. 392.

10. Jung, C. G., *The Collected Works of C. G. Jung*, vol. 11, *Psychology and Religion: West and East* (trad. de R. F. C. Hull), Princeton, NJ, Princeton University Press, 1975, pág. 140.

Capítulo 9. Ánima y ánimus: Las posibilidades no materializadas

1. Stein, M., *Jung's Map of the Soul: An Introduction*, Chicago, Open Court, 1998, pág. 137 (trad. cast., *El mapa del alma según Jung*, Barcelona, Luciérnaga, 2004).

2. Boa, F., *The Way of the Dream: Conversation on Jungian Dream Interpretation with Marie-Louise von Franz*, Boston, Shambhala, 1994 (trad. cast., *El camino de los sueños: Conversaciones con Marie-Louise von Franz*, Buenos Aires, Cuatro Vientos Editorial, 2017), pág. 144.

3. Boa, F., *The Way of the Dream: Conversation on Jungian Dream Interpretation with Marie-Louise von Franz*, Boston, Shambhala, 1994 (trad. cast., *El camino de los sueños: Conversaciones con Marie-Louise von Franz*, Buenos Aires, Cuatro Vientos Editorial, 2017), pág. 144.

4. Boa, F., *The Way of the Dream: Conversation on Jungian Dream Interpretation with Marie-Louise von Franz*, Boston, Shambhala, 1994 (trad. cast., *El ca-*

mino de los sueños: Conversaciones con Marie-Louise von Franz, Buenos Aires, Cuatro Vientos Editorial, 2017), pág. 175.

5. Boa, F., *The Way of the Dream: Conversation on Jungian Dream Interpretation with Marie-Louise von Franz*, Boston, Shambhala, 1994 (trad. cast., *El camino de los sueños: Conversaciones con Marie-Louise von Franz*, Buenos Aires, Cuatro Vientos Editorial, 2017), pág. 144.

6. Von Franz, M.-L., *Archetypal Dimensions of the Psyche*, Boston, Shambhala, 1999, pág. 282.

7. Boa, F., *The Way of the Dream: Conversation on Jungian Dream Interpretation with Marie-Louise von Franz*, Boston, Shambhala, 1994 (trad. cast., *El camino de los sueños: Conversaciones con Marie-Louise von Franz*, Buenos Aires, Cuatro Vientos Editorial, 2017), pág. 119.

Capítulo 10. El Sí-mismo: El centro guía

1. Jung, C. G. y Jaffé, A., *Memories, Dreams, Reflections*, Nueva York, Vintage Books, 1989, pág. 233 (trad. cast., *Recuerdos, sueños, pensamientos*, Barcelona, Seix Barral, 2021).

2. Jung, C. G., *The Collected Works of C. G. Jung*, vol. 7, *Two Essays in Analytical Psychology* (trad. de R. F. C. Hull), Princeton, NJ, Princeton University Press, 1975, pág. 399.

3. Jung, C. G. y Jaffé, A., *Memories, Dreams, Reflections*, Nueva York, Vintage Books, 1989, pág. 236 (trad. cast., *Recuerdos, sueños, pensamientos*, Barcelona, Seix Barral, 2021).

4. Black Elk, *The Sacred Pipe, Black Elk's Account of the Seven Rites of the Oglala Sioux*, Brown, J. E. (comp.), Norman, University of Oklahoma Press, 2012, pág. 142.

5. Jung, C. G., *The Collected Works of C. G. Jung*, vol. 14, *Mysterium Coniuntionis* (trad. de R. F. C. Hull), Princeton, NJ, Princeton University Press, 1975, pág. 778

6. Boa, F., *The Way of the Dream: Conversation on Jungian Dream Interpretation with Marie-Louise von Franz*, Boston, Shambhala, 1994 (trad. cast., *El camino de los sueños: Conversaciones con Marie-Louise von Franz*, Buenos Aires, Cuatro Vientos Editorial, 2017), pág. 27.

7. Jung, C. G., *C. G. Jung Letters*, vol. 1 (trad. de R. F. C. Hull), Adler, G. y Jaffé, A., Princeton, NJ, Princeton University Press, 1973, pág. 377.

8. Jung, C. G., *The Collected Works of C. G. Jung*, vol. 11, *Psychology and Religion: West and East* (trad. de R. F. C. Hull), Princeton, NJ, Princeton University Press, 1975, pág. 230.

9. Jung, C. G., *The Collected Works of C. G. Jung*, vol. 7, *Two Essays in Analytical Psychology* (trad. de R. F. C. Hull), Princeton, NJ, Princeton University Press, 1975, pág. 211.

10. Jung, C. G., *The Collected Works of C. G. Jung*, vol. 7, *Two Essays in Analytical Psychology* (trad. de R. F. C. Hull), Princeton, NJ, Princeton University Press, 1975, pág. 217.

11. Jung, C. G., *The Collected Works of C. G. Jung*, vol. 9, pt. 1, The Archetypes and the Collective Unconscious, trans. R. F. C. Hull (Princeton, NJ: Princeton University Press, 1990), pág. 289.

12. Leonard Bernstein, *The Unanswered Question: Six Talks at Harvard*, The Charles Eliot Norton Lectures (Cambridge, MA: Harvard University Press, 1981), pág. 140.

13. C. G. Jung, Children's Dreams: Notes from the Seminar Given in 1936-1940 (Princeton, NJ: Princeton University Press), pág. 136.

14. Jung, C. G. y Jaffé, A., *Memories, Dreams, Reflections*, Nueva York, Vintage Books, 1989, pág. 28 (trad. cast., *Recuerdos, sueños, pensamientos*, Barcelona, Seix Barral, 2021).

15. Boa, F., *The Way of the Dream: Conversation on Jungian Dream Interpretation with Marie-Louise von Franz*, Boston, Shambhala, 1994 (trad. cast., *El camino de los sueños: Conversaciones con Marie-Louise von Franz*, Buenos Aires, Cuatro Vientos Editorial, 2017), pág. 2.

16. Joseph Campbell, with Bill Moyers, *The Power of Myth* (Nueva York, Anchor Books, 1991), 279.

17. Jung, C. G. y Jaffé, A., *Memories, Dreams, Reflections*, Nueva York, Vintage Books, 1989, pág. 234-235 (trad. cast., *Recuerdos, sueños, pensamientos*, Barcelona, Seix Barral, 2021).

18. Jung, C. G. y Jaffé, A., *Memories, Dreams, Reflections*, Nueva York, Vintage Books, 1989, pág. 235 (trad. cast., *Recuerdos, sueños, pensamientos*, Barcelona, Seix Barral, 2021).

19. Jung, C. G. y Jaffé, A., *Memories, Dreams, Reflections*, Nueva York, Vintage Books, 1989, pág. 380 (trad. cast., *Recuerdos, sueños, pensamientos*, Barcelona, Seix Barral, 2021).

Capítulo 11. Imaginación activa: Seguir soñando el sueño

1. Jung, C. G., *The Collected Works of C. G. Jung*, vol. 14, *Mysterium Coniuntionis* (trad. de R. F. C. Hull), Princeton, NJ, Princeton University Press, 1975, para. 706.

2. C. G. Jung, *C. G. Jung Letters*, vol. 1, trans. R. F. C. Hull, ed. Gerhard

Adler and Aniela Jaffé (Princeton, NJ: Princeton University Press, 1973), 459.

3. Jung, C. G. y Jaffé, A., *Memories, Dreams, Reflections*, Nueva York, Vintage Books, 1989, pág. 218 (trad. cast., *Recuerdos, sueños, pensamientos*, Barcelona, Seix Barral, 2021).

4. Robert Bosnak, *Tracks in the Wilderness of Dreaming: Exploring Interior Landscape through Practical Dreamwork* (Nueva York, Delacorte Press, 1996), 12–13.

Capítulo 12. Trabajar un sueño: Usar las llaves

1. Jung, C. G., *The Collected Works of C. G. Jung*, vol. 9, pt. 1, *The Archetypes and the Collective Unconscious* (trad. de R. F. C. Hull), Princeton, NJ, Princeton University Press, 1975, para. 278.

2. Jung, C. G. y Jaffé, A., *Memories, Dreams, Reflections*, Nueva York, Vintage Books, 1989, pág. 338 (trad. cast., *Recuerdos, sueños, pensamientos*, Barcelona, Seix Barral, 2021).

3. Shakespeare, W., *Julius Caesar*, Delhi: Fingerprint! Publishing, 2019, acto 3, escena 1, línea 273 (trad. cast. *Julio César*, Barcelona, Austral, 2012).

4. Jung, C. G., *Dream Analysis: Part I, Notes of the Seminar Given in 1928-1930*, Londres, Routledge, 1995, pág. 18.

5. Gendlin, E. T., *Let Your Body Interpret Your Dreams*. Wilmette, IL: Chiron Publications, 2004 (trad. cast., *Deja que tu cuerpo interprete tus sueños*, Bilbao, Desclée de Brouwer Editorial, 2001).

6. Bulkeley, K., *The Spirituality of Dreaming: Unlocking the Wisdom of Our Sleeping Selves*, Minneapolis, MN, Broadleaf Books, 2023.

7. Zeller, M., *The Dream: The Vision of the Night,* Sheridon, WY, Fisher King Press, 2015, pág. 2.

8. Kerr, C. W. *et al.*, «End- of- Life Dreams and Visions: A Longitudinal Study of Hospice Patients' Experiences», en *Journal of Palliative Care*, 17, núm. 3, marzo 2014, págs. 296-303, doi 10.1089/jpm.2013.0371.

9. Hannah, B., *Jung, His Life and Work: A Biographical Memoir*, Wilmette, IL, Chiron Publications, 1997, pág. 344.

10. Jung, C. G. y Jaffé, A., *Memories, Dreams, Reflections*, Nueva York, Vintage Books, 1989, pág. 28 (trad. cast., *Recuerdos, sueños, pensamientos*, Barcelona, Seix Barral, 2021).

Apéndice 1. Cómo recordar los sueños

1. Backus, F., «CBS News Poll: How Often Do You Remember Your Dreams?», en *CBS News*, CBS Interactive, 3 diciembre 2021, cbsnews.com/news/remember-dreams-opinion-poll/.

2. Kim, A., «The Nerve Blog», *The Nerve Blog RSS*, 1 mayo 2018, <sites.bu.edu/ombs/2018/05/01/vitamin-b6-may-improve-dream-recall/>.

3. LaBerge, S., LaMarca, K. y Baird, B., «Pre-Sleep Treatment with Galantamine Stimulates Lucid Dreaming: A Double-Blind, Placebo-Controlled, Crossover Study», en *PLOS ONE*, 13, núm. 8, 8 de agosto de 2018, <doi: 10.1371/journal.pone.0201246>.

AGRADECIMIENTOS

La semilla de este libro se plantó en lo más profundo de la consciencia hace más de veinte años, cuando Lisa, Joseph y Deb eran candidatos en formación junguiana. Convertirse en analista junguiano es una aventura que se asemeja a las maravillas y los terrores simbólicos de un cuento de hadas: nos encontramos con magos, monstruos y castillos encantados mientras nos abríamos camino a través de la selva psíquica. Jamás habríamos hallado nuestra senda sin la guía de maestros sabios, supervisores y, sobre todo, de los analistas que nos acompañaron semana tras semana, a través de avances y crisis.

Nuestro más profundo agradecimiento a tres lectoras especiales por su atenta revisión y sus comentarios reflexivos: las analistas junguianas Linda Leonard y Pat Cochran, y la terapeuta gestalt Deborah Ullman. Nuestras familias han soportado nuestras ausencias físicas debido a la asistencia a seminarios mensuales, conferencias semestrales, y las incontables horas y días en los que estábamos completamente absortos en la lectura y la escritura. Deb agradece a su marido su paciencia mientras ella estaba, en cierto modo, «lejos», incluso estando en la habitación de al lado, así como su interés y sus aportaciones en su primer... segundo... y cuarto borrador. Lisa agradece a su marido su paciencia y apoyo mientras se encerraba en su estudio y descuidaba todo tipo de tareas domésticas. También está agradecida a su hijo por el interés entusiasta que ha demostrado por este proyecto y por el mundo de los sueños. Joseph desea agradecer a Deb y Lisa su visión dinámica, su fe inquebrantable en el proceso, su sabiduría y aquellas piedras lanzadas a altas horas de la noche contra la ventana de su dormitorio para invitarle a salir a jugar.

Queremos expresar un agradecimiento especial a los expertos guías que, con sus brújulas, nos han ayudado a mantener el rumbo firme hacia la publicación. Nuestra agente, Adriana Stimola, siempre ha estado disponible para responder preguntas y orientarnos con entusiasmo. Haven Iverson, nuestra editora en Sounds True, nos proporcionó una dirección tan clara y precisa que parecía que la hubiéramos concebido nosotros mismos. Sus agudas recomendaciones han hecho que este libro sea inconmensurablemente mejor.

A lo largo de todo este proceso, hemos profundizado en nuestro trabajo y en el mundo de los sueños junto a nuestros clientes. Ellos han sido y siguen siendo el centro de todo lo que hacemos. Nos han conmovido y nos siguen conmoviendo de innumerables maneras; una verdad menos conocida sobre el proceso terapéutico es la medida en que este trabajo tan profundo reta, conmueve, involucra y transforma al terapeuta. La disposición de nuestros clientes a compartir sus sueños con el fin de facilitar el aprendizaje y crecimiento de otras personas que nunca conocerán es extraordinaria.

Gracias, gracias, gracias a todos nuestros compañeros y ayudantes. Sabemos que no trabajamos solos.

ACERCA DE LOS AUTORES

Lisa Marchiano, Deb Stewart y Joseph Lee son el equipo detrás del popular pódcast de psicología profunda *This Jungian Life*. Lisa acorraló a Deb y a Joseph durante una pausa en una reunión para proponerles hacer un pódcast juntos. El trío grabó por primera vez en 2018 alrededor de una mesa para jugar a las cartas en la oficina de Lisa, conversando sobre temas diversos y concluyendo siempre con la interpretación del sueño de un oyente. Pronto comenzaron a grabar de forma virtual solo con audio, y en 2023 añadieron también vídeo. En 2020, lanzaron Dream School, un curso en línea sobre interpretación de sueños que los alumnos pueden seguir a su propio ritmo. Se han inspirado —y se siguen inspirando— en las ideas de los oyentes, la interacción con los participantes y la conexión con una comunidad mundial.

Lisa es autora de *Maternidad, un viaje heroico: Historias míticas, cuentos y fábulas para descubrirse como hija y como madre* y de *El fuego femenino: Reivindica tus energías silenciadas y recupera tu chispa vital.* Vive y ejerce en Filadelfia.

Deb reparte su tiempo entre Cape Cod y Florida, donde le encanta pasar tiempo con su familia, especialmente con sus nietos. Ha sido directora de admisiones de la Inter-Regional Society of Jungian Analysts y participa activamente en la Philadelphia Association of Jungian Analysts.

Joseph mantiene su práctica analítica en Virginia Beach, da conferencias con frecuencia sobre la Cábala Hermética y acompaña a nuevos docentes en esa tradición. La mayoría de los fines de semana se le puede ver en las tranquilas aguas de la zona costera rural de Carolina del Norte, cerca de Edenton.

Sueños sabios ha sido posible gracias al trabajo de sus autores, Lisa Marchiano, Deborah Stewart y Joseph Lee, así como de la traductora Montserrat Asensio, la correctora Teresa Serra, el diseñador José Ruiz-Zarco, el equipo de Realización Planeta, la directora editorial Marcela Serras, la editora ejecutiva Rocío Carmona, la editora Ana Marhuenda, y el equipo comercial, de comunicación y marketing de Diana.

En Diana hacemos libros que fomentan el autoconocimiento e inspiran a los lectores en su propósito de vida. Si esta lectura te ha gustado, te invitamos a que la recomiendes y que así, entre todos, contribuyamos a seguir expandiendo la conciencia.